BASTEI LÜBBE

Sandra Brand

Und dennoch leben

Als »Arierin« überstand die Jüdin Sandra die Jahre des Holocaust

BASTEI LÜBBE

BASTEI-LÜBBE-TASCHENBUCH
Band 61 124

1. Auflage Mai 1988
2. Auflage Mai 1990

Deutsche Erstveröffentlichung
Titel des Originals: I DARED TO LIVE

Printed in West Germany 1990
Einbandgestaltung: Graupner & Partner
Satz: ICS Communikations-Service GmbH, Bergisch Gladbach
Druck und Bindung: Ebner Ulm
ISBN 3-404-61124-1

Der Preis dieses Bandes versteht sich einschließlich
der gesetzlichen Mehrwertsteuer

1

An einem trüben Nachmittag des Jahres 1941 betrat ich die menschenleere Eingangshalle eines schäbigen Wohnhauses in der Kopernikusstraße in Lwow, griff nach der weißen Armbinde, die den blauen Davidsstern trug, zog sie von meinem Ärmel und stopfte sie in meine große Schweinsledertasche.

Ich nahm sie ab mit dem Vorsatz, sie nie wieder zu tragen. Dann beschloß ich, ein wenig zu warten, bis die Passanten, die mich vielleicht hatten eintreten sehen, weit weg wären.

In mir fand eine Verwandlung statt. Indem ich die Armbinde entfernte, die ich seit vier Monaten auf Befehl der deutschen Besatzungsbehörden getragen hatte, schüttelte ich meine Schwäche und Furchtsamkeit ab. Ein paar Augenblicke lang stand ich fröstelnd in dem kaum beleuchteten Eingang und ging dann hinaus auf die Straße.

Mein Name war nicht länger Roma Brand. Von jetzt an hieß ich Cecylia Szarek.

Würde ich daran denken, auf meinen neuen Namen zu antworten? Tat ich das Richtige, indem ich eine falsche Identität annahm und alle, die mir teuer waren, zurückließ?

Ich hatte keine Zeit mehr, darüber nachzudenken, denn ich mußte meinen Freund Fischer treffen, der mir angeboten hatte, mich mit dem Wagen nach Warschau mitzu-

nehmen, wo ich, wie ich hoffte, vor Entdeckung sicher war.
Der Opel, der kleine deutsche Wagen, wartete an der Ecke der Legionowstraße. Mein Freund Fischer saß neben dem Fahrer, und Danka Bracka saß auf dem Rücksitz. Ich setzte mich neben sie. Ich vertraute Danka, weil sie, obwohl sie Katholikin war, mir anvertraut hatte, daß sie nach Warschau ging, um den Versuch zu machen, ihrem jüdischen Verlobten zu helfen, der ins Ghetto gebracht worden war.
Als wir Lwow verließen, wich die Dämmerung der Dunkelheit, und die Luft war feucht und kalt.
Ich begann, an Bruno zu denken, mein einziges Kind, das ich in der Obhut seines Vaters in Zloczow, nicht weit von Lwow entfernt, zurückgelassen hatte. Ich war entschlossen, in Warschau eine Polin zu finden, die ein fünf Jahre altes Kind aufnehmen und versorgen würde.
Plötzlich spürte ich in der Stille, daß Fischer sich umgedreht hatte, um mich anzuschauen, aber es war schon zu dunkel, um seinen Gesichtsausdruck erkennen zu können. Jedenfalls hatte ich den Eindruck, daß er mir aufmunternd zulächelte.
Wir näherten uns Rawa-Ruska. Fischer fand es eigentlich unklug, in Rawa-Ruska anzuhalten, aber ich wollte meiner ältesten Schwester auf Wiedersehen sagen, und er hatte meinen Bitten nachgegeben.
In der Dunkelheit sah die Stadt friedlich aus. Ich eilte über den Marktplatz zu Annas zweistöckigem Haus und klopfte an die mit Glasscheiben versehene Eingangstür.
»Wer ist da?« Annas Stimme klang ängstlich.
Immer war es die Frau, die zur Tür ging, es war weniger wahrscheinlich, daß sie verhaftet wurde, als der Mann.
Ich hörte Schritte auf der Straße und trat schnell zur Seite, um nicht in dem Licht zu stehen, das durch die Glasscheiben fiel.

»Wer ist da?« wiederholte Anna.
Ich wartete, bis die Schritte verklangen. »Ich bin's, Roma, mach auf!«
Auf Annas zartem Gesicht spiegelte sich die Freude, mich zu sehen. Ich sagte ihr, daß ich nur einen Augenblick bleiben konnte, und sie rief Hersch, ihrem Mann, zu, er könne jetzt aus dem Versteck kommen. Sie fragte mich, wo mein kleiner Junge sei, und ich erzählte ihr von meinen Plänen für Bruno und davon, daß Mark, mein Mann, beabsichtigte, ebenfalls unter angenommenem Namen in Warschau zu leben, wenn ich mich erst einmal dort eingewöhnt hatte. Natürlich mußte unsere kleine dreiköpfige Familie getrennt wohnen, so daß die übrigen vielleicht überlebten, wenn einer verhaftet wurde.
Mein Schwager nickte zustimmend.
»Was sagt Vater zu alledem?« fragte ich. Ich wußte, daß es in den Augen meines Vaters so aussah, als ließe ich mein Volk im Stich. »Was sagt Vater dazu?« wiederholte ich meine Frage.
»Er ist einverstanden«, sagte Hersch lächelnd.
»Tatsächlich?« Ich hatte mich gefragt, ob mein Vater, ein tiefgläubiger Jude und Belzer Chassid, der sein ganzes Leben lang nur für seinen Glauben gelebt hatte, mich wohl verstehen konnte.
»Ich wünschte, mehr von uns hätten deinen Mut.« Obgleich niemand im Haus war außer Anna und mir, warf Hersch einen Blick über die Schulter und senkte die Stimme. »Ich habe deinen Vater in der letzten Woche getroffen, und er sagte mir, er würde dreimal täglich für dich beten. Das werden auch dein Bruder und ich tun.«
Wir umarmten uns.
Ich suchte in meiner Tasche nach der Armbinde und drückte sie Anna in die Hand. »Verbrenn sie!« sagte ich. Draußen hatte ich plötzlich Angst, daß der Wagen nicht da wäre, und ich begann, über den Platz zu rennen.

Das Auto war da. Fischer beeilte sich, mir die Tür zu öffnen, und drückte im Dunkeln meine Hand.

2

Sechs Wochen später war ich im Zug von Warschau zurück nach Lwow. Da ich nicht nach Zloczow gehen konnte, weil mich dort zu viele Leute erkennen würden, hatte ich im voraus mit Mark verabredet, daß er Bruno sofort zu der richtigen Cecylia Szarek, die mir ihre Ausweispapiere gegeben hatte, bringen würde, sobald er ein Telegramm aus Lwow bekam.

Die ›Cecylia Szarek‹, die jetzt nach Lwow fuhr, hatte nicht nur die Geburtsurkunde und den Taufschein ihrer Freundin, sondern auch Papiere, die bestätigten, daß Warschau ihr Wohnort und sie als Dolmetscherin im Vinetta-Großhandel beschäftigt war, dessen Besitzer – Berler, ein deutscher Zivilist – kein Polnisch sprach.

Um meine Reise zu rechtfertigen, hatte ich meinem Chef versprochen, einige Aufträge zu beschaffen.

In Lwow begrüßte mich die echte Cecylia Szarek herzlich. Sie ging sofort zum Postamt, um ein Telegramm an Mark zu schicken, und ich ging ins Promtorg-Gebäude, wo Fischer eine beachtliche Bestellung bei meiner Firma in Auftrag gab. Die Nachricht, daß er häufig nach Warschau kommen würde, und der große Auftrag für Vinetta versetzten mich in glückliche Stimmung. Ich verließ Fischer und eilte mit raschen Schritten zu meinen nächsten geschäftlichen Verabredungen.

»*Pani* Roma, *Pani* Roma!« schreckte mich die Stimme eines Mannes auf.

»Mein Name ist Cecylia Szarek«, sagte ich.

Es war Iwan, ein nicht-jüdischer Bekannter aus Niemirow, meiner Heimatstadt. Erwischt! Ich war ohne Armbinde entdeckt worden!
Mein Gesicht muß meine Verzweiflung verraten haben, denn Iwans erste Worte, als er mich eingeholt hatte, waren: »Haben Sie keine Angst, *Pani* Roma, ich bin Ihr Freund.«
Obgleich sein Ton mir Vertrauen zu geben versuchte, zitterte ich. Es waren so viele Geschichten darüber erzählt worden, wie alte Nachbarn Juden bei den Behörden denunziert hatten, daß ich bestrebt war, so schnell wie möglich von ihm loszukommen, ohne zu zeigen, daß ich Angst hatte. »Haben Sie meinen Vater in letzter Zeit gesehen?« fragte ich.
»Gestern. Ich habe ihn gestern in Niemirow gesehen. Ich bin heute geschäftlich hierher gekommen und fahre morgen wieder zurück. Ihrem Vater geht es gut, und Ihrer Familie auch. Was ist mit Ihnen, wie geht es Ihnen?«
Da mein rechter Arm ohne die verräterische Armbinde war, was konnte ich ihm da schon sagen? »Bitte verzeihen Sie mir, Herr Trusiewicz, ich komme zu spät zu einer Verabredung. Bitte, grüßen Sie meinen Vater. Und bitte, Herr Trusiewicz, erzählen Sie niemandem sonst, daß Sie mich gesehen haben.« Ich berührte sein Handgelenk. »Können Sie mir das versprechen?«
Er nickte.
»Danke schön, tausend Dank, Herr Trusiewicz . . .«
Seit wir einander kannten, war er für mich Iwan gewesen, warum sprach ich ihn jetzt als Herrn Trusiewicz an?
Ich eilte davon und fühlte mich schuldig, weil ich einen anständigen Menschen verdächtigt hatte.
Unter meinem Hut versteckt, den Kragen hochgeschlagen, stahl ich mich zu meiner nächsten Verabredung.
Ich erwartete, daß Mark und Bruno am nächsten oder übernächsten Tag eintreffen würden. Als sie nicht kamen,

schickte ich ein weiteres Telegramm und erhielt zur Antwort: »Dr. Mark Rathauser und seine Familie sind ausgesiedelt.« Das Telegramm war vom Judenrat unterzeichnet (Leitung der Jüdischen Gemeinde, von den Deutschen eingerichtet, auch um als Verbindungsglied zu den Deutschen zu dienen). Ich konnte nicht verstehen, warum mein Mann keine Anschrift hinterlassen hatte, wenn er weggezogen war. Und was war mit seinen Eltern und mit seiner Schwester, die auch bei ihm wohnten? Vielleicht war es die Idee seiner Schwester, denn sie war von Anfang an dagegen gewesen, Bruno mit mir nach Warschau gehen zu lassen. Ich wollte Fischer um Rat fragen, aber die Sperrstunde hinderte mich daran.

Meine Hochzeit hatte 1936 in Lwow stattgefunden, in der Zweizimmerwohnung eines verarmten Rabbis, der für fünfundzwanzig Zloty eingewilligt hatte, die Zeremonie ohne die spezielle elterliche Genehmigung vorzunehmen, die für Minderjährige unter Achtzehn erforderlich war. Der Hochzeitsbaldachin stand mitten in einem Zimmer mit alten Schränken, Bücherregalen, zerkratzten Tischen und zerbrochenen Stühlen, die gegen Wände gelehnt waren, von denen sich die Farbe löste und die dem Ganzen das Aussehen eines Lagerhauses gaben.
Es gab zwei Trauzeugen, dazu hatte der Rabbi zehn Männer besorgt (den erforderlichen Minyan), um die Gebete zu sprechen. Weder Marks Eltern noch meine eigenen waren bei der Zeremonie anwesend. Unsere beiden Familien waren gegen die Heirat, also liefen wir von zu Hause fort. Mein Vater weigerte sich, uns seinen Segen zu geben, weil Mark total assimiliert und doppelt so alt war wie ich, wohingegen Marks Familie wollte, daß ihr verwöhnter Liebling eine Frau mit Geld heiratete. Selbst nach der Geburt unseres Sohnes ein Jahr später gab es noch Spannungen zwischen den beiden Familien.

Als allererstes zeigte ich Fischer am nächsten Morgen das Telegramm. »Was bedeutet das?« rief ich. »Wenn das so ist, werde ich nach Zloczow gehen und Bruno holen. Wenn Mark mitkommen will, dann ist es gut. Wenn nicht –«
»Du kannst nicht nach Zloczow gehen . . .« Er schaute mich nicht an.
»Zloczow ist eine kleine Stadt, ich werde sie finden. Und außerdem muß der Judenrat wissen, wo sie sind.«
Jetzt schaute er mich an. »Cecylia, wenn in dem Telegramm gestanden hätte *umgesiedelt*, dann bestünde Hoffnung, daß Mark freiwillig die Wohnung gewechselt hätte. Aber *ausgesiedelt* bedeutet etwas völlig anderes.«
»Deportation?« Ich holte tief Luft.
»Diese Dinge geschehen so schnell«, sagte er und nahm meine Hand. »Es ist sinnlos, dorthin zu fahren. Außerdem wird gerade jetzt in Zloczow eine Aktion durchgeführt. Du könntest ihnen nicht helfen.« Er zögerte. »Und für dich könnte es tödlich sein.«

Ich ging geradewegs zum Bahnhof und kam drei Stunden später in Zloczow an.
Die Gegend war verlassen. Aber in der Mickiewiczastraße, wo meine Schwiegereltern gewohnt hatten, sah ich etwa dreißig Männer und Frauen mit Armbinden an den Ärmeln, die paarweise in meine Richtung kamen, von bewaffneten Aufpassern bewacht. Ich hatte den verzweifelten Wunsch herauszufinden, ob jemand dabei war, den ich kannte, aber ›Cecylia Szarek‹ hielt mich zurück.
Was, wenn mich jemand ansprach? »Geh nicht nach Zloczow!« hörte ich Fischer sagen. »Es könnte tödlich für dich sein . . . tödlich . . .«
Nachdem die Kolonne vorbeigezogen war, erschien eine größere Gruppe. Die Aktion, die Fischer erwähnt hatte,

war in vollem Gange. Ich senkte den Kopf und rannte zurück zum Bahnhof, wobei ich nicht nach rechts und nicht nach links schaute. Ich fragte nicht beim Judenrat nach. Ich erkundigte mich nicht nach der neuen Adresse meiner Schwiegereltern.
Unterwegs rief eine Frauenstimme: »*Pani* Rathauser, *Pani* Rathauser!«
Ich schaute auf. Es war eine polnische Nachbarin meiner Schwiegereltern. Ich winkte ihr zu, aber als mir einfiel, daß sie, anders als Iwan, mich vielleicht wegen des Verbrechens, nicht die verräterische Armbinde zu tragen, anzeigen würde, rannte ich davon.
Drei Stunden lang skandierten die Räder des Zuges, der mich nach Lwow zurückbrachte: »Ich muß Ihnen etwas Wichtiges sagen, *Pani* Rathauser, etwas Wichtiges ...«

3

Wieder in Warschau, ohne Bruno, ohne Mark, mußte ich wie üblich zur Arbeit gehen.
Auf der Masowieckastraße kam ich an dem Antiquitätenladen von Frau Lesniewska vorbei, der das Gebäude gehörte, in dem die Büros des Vinetta-Großhandels untergebracht waren. Die knarrende Tür, der dunkle Flur, die abgetretenen Stufen hinauf zum Treppenabsatz des zweiten Stocks und die schweren Türen zu beiden Seiten des fensterlosen Ganges, das alles trug zu einer insgesamt unheimlichen Atmosphäre bei.
Die Angestellten gingen durch die Tür auf der rechten Seite. Nur Berler, der Chef, hatte einen Schlüssel für die Tür auf der linken Seite.
Da die fünfzehn anderen Angestellten in dem großen

Hauptbüro mit dem Rücken zu mir saßen, konnte ich unbemerkt in meine abgetrennte Ecke schlüpfen. Ich hängte meinen Mantel auf, strich mein Haar zurecht und betrat Berlers Büro, um von den Bestellungen zu berichten, die ich aus Lwow mitbrachte.

Berler belohnte mich für die Aufträge, die ich seiner Gesellschaft gesichert hatte, indem er mir die Kontrolle der Waren übertrug, die von Ghettobewohnern hergestellt wurden.

Mein Telefon klingelte ununterbrochen, und immer stand eine Schlange von Kunden vor meinem Pult. Alle Zweifel, die ich gehabt hatte, ob ich mit Berler fertig werden würde, verschwanden sofort.

Meine Aufgabe, mit der BBH, der jüdischen Herstellungsfirma im Ghetto, zu verhandeln, verschaffte mir ideale Kontaktmöglichkeiten mit meinem Volk. Berler gab mir Anweisungen, wie ich mich entsprechend der üblichen Verfahrensweise zu verhalten hatte, wie sie von der Transferstelle, der offiziellen Kontaktstelle zwischen dem Ghetto und der arischen Seite der Stadt, vorgesehen war. Dort bekam man einen Passierschein für das Ghetto und die Erlaubnis, BBH-Produkte zum Vinetta-Großhandel zu transportieren.

Meine neuen Pflichten gaben mir Gelegenheit, mit dem BBH-Manager zu reden, wenn er zu Besprechungen mit Berler in die Vinetta-Büros kam. Wir sprachen auch telefonisch miteinander. Er war der einzige Jude, den ich in Warschau traf, aber er erfuhr nie, daß ich ebenfalls jüdisch war. Bisweilen änderte sich mein höfliches Benehmen ihm gegenüber abrupt mitten in der Unterhaltung, weil jemand meine Büroecke betreten hatte. Mein Verhalten zeigte ihm jedoch eindeutig, daß ich auf seiner Seite war.

Vom Vinetta bezog die BBH deutsche Arbeitsbescheinigungen für ihre Beschäftigten, die diese mehr schätzten als ihre Gehälter, denn zu dieser Zeit boten diese Dokumente Schutz bei Razzien und berechtigten ihre Inhaber zu zusätzlichen Lebensmittelbezugsscheinen.

Der Manager der BBH kam sowohl in unwichtigen wie in bedeutsamen Angelegenheiten zu mir. Oft fragte er nach Arbeitsbescheinigungen für ›Beschäftigte‹, von denen ich wußte, daß sie nicht für die BBH arbeiteten. Bei anderen Gelegenheiten bat er mich persönlich für ein Mitglied seiner – wie es schien, verdächtig weitläufigen – Familie, um einen Passierschein für die arische Seite der Stadt.

Wenn er irgend etwas wollte, beispielsweise, daß er schneller sein Geld bekam, eine Nachricht an jemanden außerhalb des Ghettos übermittelt wurde, man bei Berler ein gutes Wort für ihn einlegte oder daß eine unvermeidbare Verspätung bei der Fertigstellung eines Auftrags entschuldigt wurde, dann wandte er sich ebenfalls an mich um Hilfe.

Mit oder ohne Fischers Rat war ich in der Lage, die meisten dieser Probleme zu lösen.

Für einen Nichtjuden war es so schwierig, ins Ghetto zu kommen, wie es für einen Juden schwierig war, herauszukommen. Da ein Antragsteller, der in der Transferstelle um einen Passierschein nachsuchte, unzählige Fragen beantworten mußte und nur in den seltensten Fällen eine Erlaubnis erhielt, stellten nur wenige Leute einen Antrag.

Ich hungerte nach Nachrichten über das Leben im Ghetto, aber ich hatte Angst, daß mich meine Gefühle verraten würden, selbst wenn ich nur dem Klatsch zuhörte.

Einmal sprach ich vom Manager der BBH als »Herrn Korman«, woraufhin meine Kollegen in Gelächter ausbrachen und einer von ihnen fragte: »Seit wann nennen Sie einen Juden ›Herrn‹?«

Es bedurfte all meiner Verstellungskünste, um den Eindruck auszulöschen, daß ich mit den Juden sympathisierte. Aber ich konnte die Frage nicht unterdrücken: »Glaubt ihr wirklich, daß sie alle schlecht sind? Glaubt ihr nicht, daß es auch ein paar gute gibt?«
»Natürlich«, meinte Zosia, die Schreibkraft.
Plötzlich fand ich Zosias kleine, tiefliegende Augen schön. Ich wollte ihre Freundin sein.
Von Danka, die mit mir nach Warschau gekommen und in mein Zimmer in der Pension in der Hozastraße gezogen war, sah ich wenig. Normalerweise verbrachte sie die Nacht nicht zu Hause und wollte mir nicht sagen, wo sie gewesen war. Wann immer ich sie danach fragte, wie man ihren Verlobten aus dem Ghetto holen könnte, antwortete sie mir ausweichend. Trotz der Tatsache, daß ich die Miete zahlte und ihr geholfen hatte, Arbeit im Vinetta zu bekommen – und ihr vor allem mein Geheimnis anvertraut hatte, schien sie mir nicht zu trauen.
Solange ich beschäftigt war, konnte ich mich dazu zwingen, nicht nachzudenken. Aber sobald ich einen Augenblick für mich hatte, besonders vor dem Zubettgehen, wurde ich von Bildern von Männern, Frauen und Kindern mit Armbinden verfolgt, die mit anklagenden Augen an mir vorbeizogen. Das Schlimmste war, daß ich meinen Bruno unter ihnen erblickte und seine Stimme hörte, die rief: ›Mama, verlaß mich nicht. Ich will mit dir gehen. Bitte, verlaß mich nicht.‹
Nein, Bruno konnte unmöglich mit in diesem Zug sein. Ich mußte einfach glauben, daß mein Kind nicht deportiert worden war. Als Mark bewußt wurde, daß eine Aktion unmittelbar bevorstand, hatte er Bruno ganz sicher bei polnischen Freunden in Zloczow untergebracht.
In der Einsamkeit meines Zimmers sprach ich laut zu meinem Sohn: »Bruno, mein Liebling, ich wollte dich mit

mir nehmen. Aber Vati bestand darauf, daß du bei ihm bliebst, bis ich ein Heim für dich gefunden hätte. Und sobald ich das getan hatte, bin ich gekommen, um dich zu holen, aber es war zu spät. Ich liebe dich, mein Liebling, und ich werde dich bald finden.«

Aber dann war ich von Angst erfüllt. *Wie* würde ich herausfinden, bei *wem* Mark Bruno gelassen hatte? Es würde unmöglich sein.

Aber nach dem Krieg würde ich einen Weg finden. Ich würde einen Weg finden müssen.

4

Fräulein Szarek!« rief Berler. »Wir gehen mit ein paar Kunden ins Ghetto.«

Die Mädchen im Büro, die das hörten, machten ihre Kommentare: »Paß auf, die Juden sind dreckig –«

»Sie haben Läuse –«

»Halte dich von ihnen fern –«

»Sieh zu, daß du badest, bevor du wieder ins Büro kommst«, riefen sie durcheinander.

Zosia zwinkerte mir zu und flüsterte: »Du hast Glück. Ich wünschte, ich könnte gehen.«

Im Warschau jener Zeit wurde ein Besuch im Ghetto als erstklassige Unterhaltung betrachtet.

Wir fuhren mit einem Mercedes hin. Außer mir kamen Berler, Fischer, der Promtorg vertrat, und Herr Widerko für eine ukrainische Firma mit. Die Gestapo-Wache überprüfte unsere Zutrittsberechtigungen und ließ uns passieren.

Mein Herz schlug wie wild.

Wir betraten einen summenden Bienenstock.
Überall an den Häuserwänden kauerten zerlumpte, ausgemergelte Gestalten in der Sonne, und sobald jemand seinen Platz verließ, nahm ein anderer ihn ein. Auf den ersten Blick schienen es alte Leute zu sein, beim zweiten genaueren Hinsehen jedoch erkannte ich, daß sie vorzeitig gealtert waren.
Ein Mann, der neben unserem langsam fahrenden Wagen einhertrottete, schaute mir direkt in die Augen. Seine rissigen Lippen bewegten sich, ohne daß ein Ton zu hören war. In dem Blechbecher, der an einem Strick um seinen faltigen Hals hing, klapperten Münzen. Seine Kleider waren so oft geflickt worden, daß man nicht unterscheiden konnte, was Flicken und was der ursprüngliche Stoff war. Besondere Sorgfalt war darauf verwendet worden, die Ärmel ordentlich zu reparieren, damit die Armbinde auf ihnen getragen werden konnte.
Ich wollte gerade nach einer Münze greifen, als ich bemerkte, daß Berler mich neugierig beobachtete, und griff statt in meinen Geldbeutel nach meinem Taschentuch. Ich erhaschte einen letzten Blick auf die schmutzigen geöffneten Handflächen des Bettlers und hörte im Geist meinen Vater sagen: »Niemals soll sich ein Bettler mit leerer Hand von dir abwenden.«

Einmal, als ich noch ein Kind war, hatte mein Vater mich gefragt, ob ich ein Geheimnis bewahren könnte. Ich hatte zu ihm aufgeschaut und gesagt: »Natürlich kann ich das.« Er gab mir einen Zehn-Zloty-Schein und senkte seine Stimme zu einem Flüstern. »Gib dies Fischel oder seiner Frau und sprich nie mit jemandem darüber!«
»Aber Vater, er ist ein Pferdedieb.«
»Auch ein Dieb muß essen«, war seine Antwort.
Danach war ich bei vielen ähnlichen Gelegenheiten sein Bote.

Jetzt spielte ich als Verbindungsglied zwischen dem Ghetto und der Welt draußen vielleicht immer noch dieselben kindlichen Spiele geheimer Wohltätigkeit, die ich mit meinem Vater geteilt hatte. Oder vielleicht betrog ich ihn auch, indem ich mich von dem Bettler abwandte, um meine Fassade als Nicht-Jüdin aufrechterhalten zu können. Meine Position war ambivalent, und ich wurde von Schuldgefühlen geplagt.
Fischer lenkte meine Aufmerksamkeit auf Plakate, die Kabarett- und Tanzveranstaltungen in Nachtclubs ankündigten, für diejenigen, die noch Geld dafür hatten. Künstler, die früher Tourneen durch die größten Konzertsäle Europas gemacht hatten, spielten jetzt hier für eine warme Mahlzeit. In vielen Restaurants gab es Kammermusik. Berler nannte einige, die von der Gestapo nach Dienstschluß häufig besucht wurden.
Die vielen zerlumpten und die wenigen eleganten Menschen bewegten sich, als hätte eine Krankheit sie ergriffen. Fiebrige Augen, die in den abgemagerten Gesichtern riesenhaft wirkten, starrten das Auto an und wendeten sich dann ab. Die Lebensmittelration betrug einhundertvierundachtzig Kalorien am Tag.
Der Wagen hielt vor der BBH an. Berler stieg als erster aus und stolperte über ein langes Bündel, das mit Zeitungspapier bedeckt war. Er stieß mit seinem Stock mit Silberknauf danach. Es war eine Leiche.
Täglich starben so viele, daß die Bestattungsunternehmer nicht schritthalten konnten.
Widerko nahm sich viel Zeit, um die Qualität der Ledertaschen zu bewundern, die für den Transport ins Vinetta vorbereitet wurden. Heute verdreifachte er seinen Auftrag. »Sie produzieren bessere Sachen als wir draußen. Woher bekommen sie das Material?«
Ich lächelte ihm zu, und er fuhr fort:
»Bestechen sie die Wachen?«

»Die Deutschen sind nicht bestechlich!« sagte Berler, und das Thema wurde fallengelassen.
An diesem Abend sagte Fischer in meinem Zimmer hinter verschlossenen Türen: »Hast du die Plakate gesehen, die Konzerte ankündigen? Sie sind halbverhungert, aber sie gehen in Konzerte . . .«
Verriet er sich nicht selbst durch diesen plötzlichen Ausbruch stolzer Identifikation?

Meine Freundschaft mit Fischer war entstanden, als wir beide in einem Kaufhaus gearbeitet hatten, das von den Russen, die Lwow von 1939 bis 1941 besetzt hielten, nationalisiert worden war. Im Juni dieses Jahres übernahmen die Deutschen diese Firma und feuerten alle Juden, nachdem sie die Russen aus Lwow verjagt hatten. Bis dahin hatte man es als selbstverständlich angesehen, daß Fischer Jude war. Danach legte er Wert darauf, einen anderen Eindruck zu erwecken. Er gab zu verstehen, daß er – ebenso wie seine Frau, die von ihm getrennt lebte, und wie seine Kinder – protestantisch war. Er wurde sogar Volksdeutscher (ein polnischer Bürger deutscher Abstammung, der, nachdem er bei den Deutschen einen Antrag gestellt hatte, ein Deutscher zweiter Klasse wurde). Seine Behauptung schien richtig zu sein, denn nicht nur, daß er nicht entlassen wurde wie die Juden, er wurde sogar befördert. Ich jedenfalls hatte ihm geglaubt, denn ich sah keinen Grund, warum er nicht völlig offen zu mir sein sollte.

Jetzt, als er die Bewohner des Ghettos rühmte, kamen mir einige Zweifel. Kein Mensch, der bei klarem Verstand war, würde so etwas tun. Ich wollte ihn gerade ohne Umschweife fragen, ob er Jude sei, als Dankas Rückkehr unser vertrauliches Gespräch unterbrach.

5

Die Pension auf der Hozastraße, die von Kasia geleitet wurde, war mein neues ›Zuhause‹ geworden. Aber ich wollte ausziehen, als ich hörte, wie Kasia sagte: »Hitler ist ein schlechter Mensch, aber er hat etwas Gutes für uns getan – er hat uns von der jüdischen Pest befreit.« Ich blieb trotzdem. Sie hatte Respekt vor Mietern, die Berler ihr empfahl, und würde niemals einen seiner Schützlinge verdächtigen. Sie hielt unsere Zimmer makellos sauber und weckte uns jeden Morgen, so daß wir rechtzeitig zur Arbeit kamen.

Das Frühstück wurde im Wohnzimmer serviert, das der Mittelpunkt des Hauses war. Hier begann der lange Flur mit den vielen Türen der Mieter auf der einen Seite. Von der anderen Seite aus führten Türen in die große Küche, das gemeinsame Badezimmer, Kasias Zimmer und in die Räume der Vermieterin.

Ein kalter Winter war vergangen, in dessen Verlauf Amerika in den Krieg eingetreten war.

Die Hoffnung auf ein schnelles Ende des Kampfes verschwand bald. Die Tage wurden länger, und das Wetter wurde milder.

Eines Abends klopfte Kasia an meine Tür. »Können Sie einen Augenblick herkommen?« fragte sie. »Hier sind zwei Herren, die Berler geschickt hat. Sie brauchen für eine Nacht ein Zimmer. Ich habe ihnen gesagt, daß nichts frei ist, aber sie wollen nicht gehen.«

Ich folgte Kasia ins Wohnzimmer und sah Widerko, den Mann, der im Ghetto die jüdische Handwerkskunst gelobt hatte, und einen anderen Mann, den ich nicht kannte. Ich wandte mich zu Kasia um und sagte, daß die beiden Männer umfangreiche Bestellungen beim Vinetta in Auftrag gegeben hätten und daß wir etwas tun sollten, um sie unterzubringen. Ich schlug vor, Kasia solle sie in meinem Zimmer einquartieren. Ich würde auf einer der Couches im Wohnzimmer schlafen, und falls Danka für die Nacht nach Hause käme, könnte sie auf der anderen schlafen, wie wir es schon früher getan hatten.

Ich holte das, was Danka und ich brauchten, aus meinem Zimmer und wartete darauf, daß die Bewohner der Pension sich zurückzogen, damit ich mich entkleiden und ins Bett gehen konnte.

Ich konnte die Wassertropfen hören, die aus dem undichten Wasserhahn in der Küche fielen. Ich hätte die Küchentür schließen sollen, aber ich saß in einem hölzernen Lehnstuhl und war zu müde, um mich zu rühren. Ich nahm einen Umschlag aus meiner schweinsledernen Tasche, vergewisserte mich, daß keine Schritte zu hören waren, und holte Brunos Fotografie hervor.

Jedesmal, wenn ich darauf schaute, wurde sein Gesicht lebendig. Die Augen wurden blau, das Haar blond. Ich konnte den Duft von Heu riechen, den es ausströmte. Bei seiner Geburt war er groß und gesund gewesen, aber nachdem ihm die Masern zu schaffen gemacht hatten, war er schrecklich dünn geworden. »Iß, mein Kind, iß!« murmelte ich. Aber ist er denn hungrig? Ist ihm kalt? Ist da jemand, der ihn liebhat? Wie ich mich danach sehnte, ihn an mich zu drücken, unsere Nasen aneinander zu reiben, wie wir es immer getan hatten!

Plötzlich wurde die Küchentür krachend ins Schloß geworfen. Ich sprang auf und sah mich zwei deutschen Soldaten gegenüber.

»Haben Sie sich in der Türe geirrt?« fragte ich auf Deutsch.

»Nein«, sagte einer von ihnen. Er hatte ein Glasauge, und ich empfand sein Starren als entnervend. »Wir suchen nach einem Mädchen, das kürzlich aus Lwow gekommen ist.«

»Ich kenne niemanden aus Lwow. Vielleicht weiß die Vermieterin etwas«, sagte ich.

»Wo können wir sie finden?«

Ich hantierte hinter meinem Rücken herum, und es gelang mir, Brunos Foto unter meine Tasche zu schieben.
»Dort«, sagte ich und deutete auf den Flur, der zur Tür der Vermieterin führte.
»Komm, gehen wir, Hans«, sagte der Deutsche mit dem Glasauge.
Sobald sie mir den Rücken zugekehrt hatten, steckte ich das Foto schnell in meine Tasche und sank auf dem Stuhl nieder. Sie suchten nach mir. Ich war das Mädchen aus Lwow.
Ich hörte, wie sich die Tür der Wirtin öffnete, und einen Augenblick später waren sie wieder bei mir.
»Wir brauchen Sie als Übersetzerin. Kommen Sie mit.«
Nein, sie waren nicht meinetwegen gekommen.
Mit der Wirtin vorneweg begaben wir uns zu den Zimmern der Mieter. Die Deutschen überprüften jedes. Jetzt war die französische Lehrerin an der Reihe. Glasauge starrte die Frau mit dem lockigen Haar an. »Sind Sie Jüdin?« fragte er.
Sie waren hinter mir her!
»*Mais non! Que pensez-vous?* Ich bin Französin!«
»Sind Sie aus Lwow?«
»Ich bin aus Paris!«
Ich mußte mich setzen, meine zitternden Knie zusammenpressen und meine Zähne zusammenbeißen.
Glasauge befahl Hans, das Zimmer zu durchsuchen.
»Was ist das?« fragt Hans und öffnete eine alte Zigarrenkiste, die den Schmuck der Lehrerin enthielt.
Glasauge schaute darauf. »Trödel«, sagte er. »Laß uns weitergehen!« Er drehte sich zur Wirtin um und fragte: »Wer wohnt nebenan?«
»Herr und Frau Bielinski!«
»Uninteressant. Wir suchen nach einem Mädchen.«
Es blieben nur noch zwei Zimmer übrig, und keines war von einem Mädchen allein bewohnt. Ihnen mußte doch

inzwischen klargeworden sein, daß es um mich ging. Warum sagten sie es nicht offen heraus?
»Sie haben mich noch nicht überprüft!« rief ich.
Glasauge und Hans starrten mich beide an. »Tatsächlich, das Mädchen hat recht. Ihre Papiere, junge Dame!«
»Meine Papiere sind in meinem Zimmer!« log ich. »Zwei Kunden des Vinetta, der deutschen Firma, bei der ich arbeite, wohnen dort. Herr Berler hat mich persönlich gebeten, dafür zu sorgen, daß diese Besucher für die Nacht eine Unterkunft haben.«
»Wir wollen auf jeden Fall ihr Zimmer untersuchen«, sagte Glasauge.
Sie weckten die beiden Einkäufer auf. Als Widerko seine Ausweispapiere und seine Arbeitskarte hervorholte, griff Glasauge nach der ganzen Brieftasche und leerte den Inhalt aus. Ein Bündel Geldscheine fiel auf den Tisch. Dann schrie Hans mich an. »Beeilung, Beeilung, wir haben nicht die ganze Nacht Zeit!«
Ich zeigte meine Papiere vor, zusammen mit einer Bescheinigung, die von der katholischen Kirche und dem Bürgermeister von Bratkowka unterschrieben und gestempelt war und die versicherte, daß ›meine Vorfahren‹ auf beiden Seiten seit drei Generationen römisch-katholisch waren. Hans reichte die Papiere an Glasauge weiter, der sie flüchtig anschaute. Dann blickte er auf meine Armbanduhr. »Wissen Sie nicht, daß Polen keinen Schmuck tragen dürfen? Ich muß Ihre Uhr beschlagnahmen.«
»Alle meine Kolleginnen tragen Schmuck, und unser Chef, ein Deutscher, hat uns kein Wort gesagt.«
»Das ist ein neues Gesetz«, sagte Glasauge. »Ihr Chef kennt es vielleicht noch nicht.«
Ich nahm die Uhr ab und reichte sie ihm. Die kleinen Diamanten funkelten im Licht, und Hans sagte: »Die sind echt. Sie sollten uns lieber alles geben, was Sie an

Schmuck haben. Damit sparen Sie sich eine Menge Ärger.«

Ich hätte ihnen die beiden Armbänder und die beiden Goldketten aus der Schublade meines Nachttisches gegeben, aber das hätte Mißtrauen erregt, denn Ukrainer und Polen gaben ihre Wertgegenstände nie kampflos auf. »Ich habe keinen Schmuck«, sagte ich.

»Wenn wir irgend etwas finden, wird es Ihnen leid tun«, sagte Glasauge. Dann schnauzte er Hans an: »Such! Du nimmst den Schrank und ich die Kommode.«

Hans öffnete den Schrank und fegte mit zwei raschen Bewegungen die Schuhe und den elektrischen Kocher heraus und warf sie polternd zu Boden. Hans hockte sich nieder und steckte seine Hand zuerst in einen braunen und dann in einen weißen Schuh. Mir klopfte das Herz bis zum Halse, als ich sah, wie er nach dem elektrischen Kocher griff. Im angeschraubten Boden hatte ich dreißig Zwanzig-Dollar-Goldmünzen verborgen.

»Alles wertloser Kram«, sagte Glasauge. »Ihre Handtasche!«

Er griff danach, drehte sie herum, und alles fiel auf den Tisch. Er hob den Schnappschuß von Mark auf. »Komm her, Hans, schau dir diesen Juden an. Das ist ein Jude. Wer ist das?«

»Ein Freund, aber er ist kein Jude.«

»Und wer ist das?«

»Das ist sein Kind.«

»Das sind Juden, und du bist auch einer.«

»Das sind Polen, und ich bin es auch.«

»Wenn du weiterhin lügst, dann nehmen wir dich mit.«

Ich holte tief Luft und sagte: »Ich wünschte, das würden Sie tun. Die Polizei wird die Sache aufklären.«

»Hast du keine Angst? Vielleicht kommst du nicht zurück?«

»Warum? Ich habe nichts verbrochen. Hier, nehmen Sie

meinen Schmuck«, sagte ich, öffnete die Nachttischschublade, nahm die beiden Armbänder und die beiden Ketten, die unter Schals und Taschentüchern lagen, und warf sie auf den Tisch.
Glasauge packte meinen Schmuck, Widerkos Geld und unsere Ausweispapiere und stopfte sie in die Taschen seiner grüngrauen Uniform. »Niemand darf das Haus bis morgen früh verlassen! Morgen bekommen Sie ihre Papiere zurück, natürlich nur, wenn wir feststellen, daß alles in Ordnung ist.« Sie drehten sich um und verließen mein Zimmer. Ich hörte ihre Schritte unten auf der Treppe und dann das Zuschlagen der Haustür.
Widerko schlug die Hände vors Gesicht. »Das Geld gehört mir nicht. Es gehört der Firma!« rief er.
Ich war unfähig, mich zu bewegen. Sie hatten gesagt, daß sie morgen wiederkommen würden, und vielleicht würden sie dann wissen, daß ich nicht Cecylia Szarek war. Ich lief ins Badezimmer, schloß mich ein, zerriß die Fotos von Mark und Bruno und warf die Stücke in die Toilette. Ich griff nach dem Porzellangriff, der an der Kette hing und zog daran. Das Geräusch des herunterstürzenden Wassers und der Anblick der zerrissenen Stücke, die hinuntergespült wurden, gaben mir ein Gefühl, als ob ich meinen Mann und mein Kind ermordete.
Dann hörte das Geräusch auf, und ich sah ein Stück Papier, das immer noch in dem schäumenden Wasser herumwirbelte. Die Hälfte von Brunos Gesicht war darauf. Fast konnte ich seine Stimme hören: »Mama, bitte verlaß mich nicht!«
Ich griff hinein und fischte das Stück heraus.
In diesem Augenblick klopfte jemand, und ich schob es in den Halsausschnitt meines Kleides. Ich schauderte, als die kalten Tropfen an meinen Brüsten entlangliefen. Um zu verbergen, warum ich im Badezimmer gewesen

war, zog ich erneut am Griff, ließ den Toilettendeckel herunterfallen und rief: »Ich bin gleich fertig!«
Inzwischen waren alle Mieter im Wohnzimmer versammelt und diskutierten das Geschehene. Einer von ihnen behauptete, wir seien Opfer eines ganz gewöhnlichen Überfalls geworden. Er schlug mir vor, ich solle die Polizei anrufen, um das festzustellen. Ich weigerte mich. Daraufhin rief er, ohne sich mit uns zu besprechen, die Polizei und die Gestapo an. Triumphierend kehrte er ins Wohnzimmer zurück. Keine Behörde wußte etwas von einem Durchsuchungsbefehl für die Mieter der Hozastraße.
Und ich hatte die Fotos vernichtet! Die einzigen, die ich besaß.
Ich lief zum Schauplatz meines Verbrechens, als ob ich das, was ich getan hatte, ungeschehen machen könnte. Auf jeden Fall war dies der einzige Ort, an dem ich mich gehenlassen konnte. Ich umklammerte das Stück Foto, das ich gerettet hatte, und weinte.

Als ich wieder ins Wohnzimmer zurückkam, hoffte ich, daß die Mitbewohner den Zustand, in dem ich mich befand, dem Verlust meines Schmucks zuschreiben würden. Alle redeten gleichzeitig und hatten schon entschieden, was zu tun war. Die drei Opfer, Widerko, sein Kollege und ich, sollten am nächsten Morgen zur Polizei gehen, um den Diebstahl anzuzeigen.
»Das sind Deutsche. Wir werden nichts zurückbekommen! Warum sich die Mühe machen . . .«, protestierte ich.
»Was haben wir zu verlieren?« fragte Widerko. »Die Polizei faßt vielleicht die Räuber. Das ist unsere einzige Hoffnung, unser Geld und Ihren Schmuck zurückzubekommen. Macht Ihnen der Verlust nichts aus?«
»Natürlich!« Ich wollte eigentlich etwas Entschiedeneres sagen, aber mir fiel nichts ein.
»Dann ist das abgemacht«, sagte Widerko. »Als allererstes

gehen wir morgen früh zur Polizei, Fräulein Szarek. Und nun wollen wir noch etwas schlafen.«
»In Ordnung.« Was konnte ich sonst tun? Das Netz um mich herum hatte sich zugezogen.
Es war Mitternacht, als wir ins Bett gingen.
Fünfmal zog ich mich an, um zu fliehen, aber wohin sollte ich gehen? Es gab keinen Ort, an dem ich mich verstecken konnte.
Viele Stunden lang konnte ich nicht einschlafen.
Als ich es endlich doch tat, hatte ich einen Alptraum. Ein Auge verfolgte mich, es wurde größer und größer und rollte wie ein Stein auf mich zu, um mich zu zermalmen.

6

Auf dem Weg zum Hauptquartier der Kriminalpolizei wandte ich mich beständig von Widerko zu meiner Rechten zu seinem Gefährten zu meiner Linken und flirtete mit beiden, damit sie nicht merkten, welche Angst ich hatte.
Wegen der deutschen Nationalität der Räuber schickte uns die polnische Polizei zur deutschen Polizei.
Widerko klopfte an die Tür von Zimmer 313 im dritten Stock und schubste mich vor, damit ich als erste eintrat.
Ein Deutscher in Uniform stand hinter seinem Schreibtisch auf, um uns die Hand zu schütteln. »Rolf Rechter«, stellte er sich vor.
Er war dünn und beugte den Oberkörper nach vorn, als ob er sich nach etwas ausstrecke. Als er seine durchdringenden Augen auf mich richtete, fürchtete ich, ich würde nicht fähig sein, die Wahrheit vor ihm zu verbergen.
Widerko schlug vor, ich solle für uns alle sprechen.

Ich mußte schlucken, bevor ich ein Wort herausbrachte. »Nun ... ich bin immer noch aufgeregt von gestern. Verzeihen Sie bitte. Anstatt Fragen zu beantworten, würde ich Ihnen lieber erzählen, was geschehen ist.«
Stotternd, schluckend, stockend beendete ich die Geschichte.
Rolf Rechter ließ mich die Räuber beschreiben und sagte: »Ich verspreche Ihnen, alles zu tun, was in meiner Macht steht, um diese Gauner zu verhaften. Was für eine Schande, daß deutsche Soldaten ein solches Verbrechen begehen! Ich hoffe, daß ich Ihnen Ihr gestohlenes Eigentum zurückgeben kann.«
Er ahnte nicht, wie sehr ich hoffte, daß seine Suche vergeblich sein würde. Würden die Gauner, wenn sie verhaftet wären, ihn dann nicht zu der ›einzelnen‹ Jüdin aus Lwow führen?
Ich erinnerte den Deutschen daran, daß die Gauner auch unsere Ausweispapiere mitgenommen hatten. Ohne sie konnte Widerko nicht nach Hause nach Lwow fahren. Ohne Papiere hatte jeder Probleme.
Am Ende stattete Rolf Rechter uns mit Behelfsausweisen aus. Was für ein unerwarteter Glücksfall! Ein Ausweispapier, das die Siegel der deutschen Kriminalpolizei trug, bedeutete für mich neues Leben.
Bei einer Razzia und überall sonst würde kein Deutscher und erst recht kein Pole die Autorität der deutschen Polizei in Frage stellen.

7

Papiere reichten nicht aus, damit ich mich sicher fühlte. Jeder, der mir auf der Straße mehr als einen flüchtigen Blick zuwarf, ließ mir den Atem stocken.
Als Fischer erschien, verlor ich meine Selbstbeherrschung. »Ich ertrage es nicht länger«, sagte ich zu ihm. »Ich habe solche Angst. Was geschieht, wenn die Gauner gefaßt werden? Und dieser Rechter! Du hättest seine Augen sehen sollen! Es war so, als hätte er mich völlig durchschaut. Ich verlasse besser Warschau.«
»Wohin kannst du gehen?«
»Zurück nach Lwow.«
»Du bist nicht bei Sinnen.«
»Oder ins Warschauer Ghetto.«
»Lieber Himmel!« rief Fischer.
»Ich habe gehört, daß einige Leute sich daran gewöhnen, im Ghetto zu leben.«
»Das ist keine Zuflucht, das ist eine Hölle.«
»Ich würde sie mit Tausenden anderen meines Volkes teilen. Ich müßte nicht lügen und etwas vortäuschen. Ich könnte weinen, ohne mich verstecken zu müssen. Hier erstickt Roma Brand.«
»Cecylia!«
»Ich muß es aussprechen!«
»Du mußt dich zusammenreißen!«
»Wozu? Ich hab' es für Bruno getan. Jetzt weiß ich nicht einmal, wo Bruno ist. Für mich selbst kann ich nicht die Kraft aufbringen, beständig zu lügen und Leute zu betrügen, die zu achten ich gelernt habe. Ich bin kein Lügner, und ich bin nicht gut darin, zu lügen. Eines Tages werde ich über eine harmlose Bemerkung stolpern.«
»Du machst das alles hervorragend.«
»Das tu ich nicht. Erst kürzlich kam unter den Mädchen im Büro die Rede aufs Heiraten. Ich sagte, daß sie es viel zu

eilig hätten, unter den Baldachin zu kommen. Die Mädchen brachen in Gelächter aus. Glücklicherweise sagte Zosia rasch Traualtar statt Baldachin. Wenn eines der Mädchen ein bißchen aufmerksamer gewesen wäre, hätte dieser Fehler mein Ende sein können.«

»Cecylia . . .«

»Ganz ähnlich war es, als die italienische Gräfin im Wohnzimmer der Pension aufgebahrt lag. Ich hatte das Pater noster auswendig gelernt. Ich weiß, wie man mit dem Rosenkranz umgeht und wie man das Kreuzzeichen macht, aber was muß ich tun, wenn ich an einem Sarg vorbeigehe? Weiß du das, Fischer?«

»Ich weiß es nicht, ich bin Protestant. Was hast du gemacht?«

»Ich machte das Kreuzzeichen und murmelte ›Im Namen des Vaters und des Sohnes und des Heiligen Geistes‹ und wünschte, ich wäre tot.«

»Ich weiß. Ich verstehe, was du durchmachst. Glaub mir, ich verstehe es. Aber du darfst nicht aufgeben.«

»Ich weiß nicht . . .«

»Denk dran, es geht um dein Überleben.«

»Und wenn ich überlebe, was wird dann von mir übrig sein? Wie soll ich Bruno finden?«

»Du wirst dieselbe alte Roma sein. Du wirst dein Kind finden, vielleicht auch Mark, und du hast immer noch ein ganzes Leben vor dir. Aber du mußt kämpfen!«

Ich schaute ihn an und fragte mich: Hing die Kraft des Protestanten Fischer von der Kraft der ›Katholikin‹ Cecylia Szarek ab?

Er lächelte sein sanftes Lächeln und umarmte mich. »Ich brauche dich«, sagte er. »Ich kann dir nie genug dafür danken, daß du mich so akzeptierst, wie ich bin. Ich weiß, daß ich häßlich bin. Jetzt habe ich mir sogar einen Termin bei einem Zahnarzt geben lassen.«

8

Versuchen Sie, sich zu konzentrieren, Fräulein Szarek, vielleicht erkennen Sie die Verbrecher«, sagte Rolf Rechter und reichte mir im Raum 313 einen Stapel Fotografien.

Ich schaute mir eine Fotografie nach der anderen an, wobei ich mir die ganze Zeit bewußt war, daß Rechter mich beobachtete. Plötzlich starrte Glasauge mich an. Ich versuchte, gleichgültig zu erscheinen, aber Rechter sagte: »Ist er das?« und kam hinter seinem Schreibtisch hervor.

»Ich denke ja ... Ja, er ist es«, sagte ich.

»Vielen Dank, Fräulein Szarek.«

»Kann ich jetzt gehen?«

»Nein, noch nicht.« Er drückte auf einen Klingelknopf.

Er wird mich verhaften lassen. Jetzt weiß er, daß ich das jüdische Mädchen aus Lwow bin. Ich sah mich selbst zusammen mit den anderen Juden dahinziehen, von bewaffneten Wächtern vorwärtsgetrieben, und ich hörte wieder den Ruf aus der Ferne: ›Ich muß Ihnen etwas sagen ... muß Ihnen etwas sagen ...‹

Aber es war Rechter, der sagte: »Ich kann Ihnen mitteilen, daß der Mann, den Sie identifiziert haben, verhaftet worden ist. Er ist Anführer einer Bande, die für sechzehn Überfälle und drei Morde verantwortlich ist. Sie haben Pelze, Diamanten, Kameras und andere Dinge gestohlen, die auf einen Wert von 100 000 Zlotys geschätzt werden. Wir haben alles oben gelagert. Ich habe nach jemandem geklingelt, der Sie dorthin bringen wird. Ich hoffe, Sie finden Ihr Eigentum, aber zuerst möchte ich, daß Sie die Gauner identifizieren.«

Glasauge wurde, mit Handschellen gefesselt, hereingebracht. Dann begleitete mich ein Volksdeutscher, Herr Schleger, damit ich nach meinem Eigentum suchen konnte. Es war nicht da, und ich hoffte, damit wäre der Fall für mich erledigt.

Diese Hoffnung schwand, als Rolf Rechter mich einige Tage später rufen ließ und wir zu einem Juwelierladen fuhren, wo ich meine Diamantuhr wiederfand. Jedoch war auch dann der Fall noch nicht abgeschlossen. Rechter sagte, daß er die Uhr mit ins Büro nehmen müsse und mit mir in Verbindung bleiben würde.

Als ich ins Büro zurückkam, fragte mich Berler, warum Danka nicht zur Arbeit gekommen war. Sie war kürzlich umgezogen und hatte ihre neue Adresse nicht angegeben. In der Vergangenheit hatte sie Spritztouren unternommen, die manchmal zwei oder drei Tage dauerten. Bei solchen Gelegenheiten hatte ich versucht, sie zu decken, weil ich glaubte, daß sie vielleicht Wege gefunden hätte, ins Ghetto zu schlüpfen, wo sie ihren jüdischen Verlobten besuchte. Jetzt wußte ich nicht, was ich Berler sagen sollte. »Ich weiß nur, daß Danka sich nicht wohl fühlte«, sagte ich.

Dann bekam ich eine Postkarte von ihr. Sie trug den Stempel des Pawiak, des Hauptgefängnisses von Warschau.

Sie bat mich, ihr ein Lebensmittelpaket zu schicken und ihrer Schwester nichts zu erzählen.

Danka im Gefängnis? Weswegen? Was würde geschehen, wenn man ihr die Freiheit versprach unter der Voraussetzung, daß sie Spitzel würde?

Als ob das noch nicht genug war, fand ich eines Tages Rechter in meiner abgetrennten Ecke, als ich von einem Geschäftsgang mit Berler wiederkam. Er sprach polnische Worte nach, die Zosia ihm beibrachte. Zosia ging schnell weg. Rechter schien verwirrt. »Ich habe Ihre Uhr mitgebracht«, sagte er.

»Aber ich hätte sie doch abgeholt. Vielen Dank!«

»Wissen Sie, Sie haben eine wichtige Rolle bei der Lösung

dieses Falles gespielt. Ihre Beschreibung und später Ihre Identifizierung der Verbrecher waren ausschlaggebend. Heute abend werde ich meine Beförderung in einem Nachtclub feiern. Ich habe meinen Übersetzer und seine polnische Verlobte eingeladen. Würden Sie mir die Freude machen, mitzukommen?«
Mit einem Deutschen in einen Nachtclub gehen? Ich machte mir an der Uhr zu schaffen. Er streckte die Hand aus, um mir zu helfen, sie anzulegen. »Nein, danke. Es geht schon.« Ohne ihn anzuschauen, fügte ich hinzu: »Ich habe nicht mehr getanzt, seit der Krieg begann, und so will ich es auch weiter halten. Das habe ich mir geschworen.«
»Wir müssen nicht in einen Nachtclub gehen. Wir können in ein Restaurant gehen.«
Würde ich es wagen, nein zu sagen –?
»Bitte . . .«, sagte er.
»Ich habe eine Menge Arbeit.«
»Sie müssen abends arbeiten?«
»Wenn es nötig ist.«
»Ich werde mit Herrn Berler reden und versuchen, daß Sie für einen Abend frei bekommen.«

Im Jahre 1939 beschuldigte eine deutsche Zeitung fälschlich Polen, Truppen auszusenden, die eine Radiostation in Gleiwitz angreifen sollten, und kurz danach, am 1. September, erklärten die Deutschen Polen den Krieg. Angesichts dieser Krise befolgte mein Vater meinen Ratschlag, all sein Bargeld in Waren anzulegen, und ich bot mich an, nach Lwow zu fahren und Stoffe für unseren Laden in Niemirow einzukaufen. Ein paar Tage nach meiner Rückkehr waren die Deutschen in der Stadt.
Schließlich trafen Hitler und Stalin ein Abkommen, in dem Polen zwischen den Deutschen und den Russen aufgeteilt wurde, die Grenze sollte der Fluß San bei

Przemysl sein. Glücklicherweise fiel Niemirow in das Gebiet, das den Sowjets gehörte, und diejenigen Truppenteile der deutschen Armee, die die vereinbarte Demarkationslinie überschritten hatten, waren gezwungen, sich zurückzuziehen.

Während die Deutschen in Niemirow waren, war Vater aus seinem Haus ausgezogen, wo ihn die Deutschen und einige Taugenichtse aus dem Ort mißhandelt hatten. Er bat mich, zu ihm in die Bettlerhütte zu ziehen, in der er jetzt wohnte, wobei er behauptete, daß er sich sicherer fühle, wenn ich in der Nähe sei, und daß meine Kenntnis der deutschen Sprache hilfreich wäre, wenn man mit der Besatzungsmacht konfrontiert würde. Mark war entschieden dagegen, daß ich hinging, aber nachdem Vater zusammengeschlagen worden war, gab er nach.

Bruno spielte in der Bettlerhütte genauso fröhlich wie zu Hause. Häufig tat er so, als wäre er der Vater von Lisa, der kleinen Tochter meines Bruders Abner. Er spielte den Zahnarzt, als er herausfand, daß ich Zahnschmerzen hatte, und er rannte hundertmal von der Hütte zur Scheune und wieder zurück. Manchmal versteckte er sich unter der Dachschräge und tat so, als höre er unser Rufen nicht, so wie Mark, Vater und Abner es taten, wenn sie Angst hatten, vom Feind gefangen zu werden.

Seine Verspieltheit wurde für Mark zu einer Quelle der Irritation. »Hier kann er nur schlechte Manieren lernen. Siehst du nicht, was aus unserem Kind wird? Du hast mich gefragt, ob du für eine Nacht hierher kommen kannst, und ich habe zugestimmt. Fünf Nächte sind jetzt vergangen. Genug ist genug. Wir gehen nach Hause«, sagte er, während sich Bruno wieder einmal unter der Dachschräge versteckt hatte.

Ich ging nach drinnen und fand Bruno hinter einem Faß mit eingelegten Gurken. Seine Wangen waren rosig vor Aufregung, sein flachsfarbenes Haar war in Unordnung,

er lachte herzlich, überzeugt davon, daß ich ihn nie gefunden hätte, wenn er sich nicht selbst bemerkbar gemacht hätte.
An diesen kindlichen Scherzen konnte ich nichts Schädliches finden, noch konnte ich irgendeine Verschlechterung seines Benehmens feststellen.
Ich umarmte ihn, wir rieben unsere Nasen aneinander, dann schickte ich ihn in die Hütte, damit er seinen Vater besänftigte.
Wenn Mark abfällige oder beleidigende Bemerkungen über das eine oder das andere Mitglied meiner Familie machte, hielt ich mich zurück, und ich hoffte, daß auch sie ruhig bleiben würden, was immer sie auch davon hörten.
Bruno genoß es, so viele Leute um sich herum zu haben. Was für uns in der neuen Behausung Unbequemlichkeiten waren – der Mangel an Intimität etwa oder das Warten darauf, daß die draußen gelegene Toilette frei wurde – das alles waren für Bruno Abenteuer. Meine ganze Familie versuchte, Mark zu besänftigen, damit er Bruno und mir erlaubte, bei ihnen zu bleiben. Deswegen kamen seine Wünsche und seine Bequemlichkeit immer vor ihren eigenen.
Unser nicht-jüdischer Freund Trusiewicz informierte meinen Vater davon, daß er von den Deutschen zum Tode verurteilt worden sei, weil er sowohl Berater der örtlichen jüdischen wie der polnischen Verwaltung gewesen war. Mein Vater verkleidete sich als Bettler, und ein echter Bettler begleitete ihn in das Dorf Radroz. Dort versteckte er sich in einem Schuppen bei einem seiner ehemaligen Angestellten, einem Nichtjuden.
Die drei Wochen, die die Deutschen brauchten, um sich an den Fluß San zurückzuziehen, waren für die Einwohner von Niemirow ein einziger Alptraum.

Und nach all dem, was meine Familie und meine Freunde

durch die Deutschen erlitten hatten, mußte ich nun mit einem von ihnen ausgehen.
Bei meinem ganzen Widerwillen gab es einen Lichtblick für mich. Vielleicht gelang es mir, aus Rechter den Grund für Dankas Verhaftung herauszubekommen, und vielleicht würde dies meine Angst ausräumen, daß sie eines Tages meine Identität enthüllen könnte.
Ich war dankbar, daß Rechter zweierlei bedacht hatte: Er trug Zivilkleidung und er führte mich nicht in ein Restaurant, das »Nur für Deutsche« war. Er nahm mich in eines mit, in dem sowohl Deutsche wie Polen bedient wurden. Herr Schleger, Rechters Dolmetscher, und seine polnische Verlobte waren schon da.
Seitdem ich Cecylia Szarek geworden war, hatte ich vor der Begegnung mit neuen Menschen soviel Angst wie ein Schauspieler vor der Premierenvorstellung. Mit dem einzigen Unterschied: Wenn ich ein Stichwort verpaßte oder meinen Text vergaß, dann würde ich nie wieder vor einem Publikum erscheinen.
Schlegers Verlobte trug ein leuchtendgrünes, enganliegendes Seidenkleid mit tiefem Ausschnitt. Eine Schlange mit Rubinaugen glitzerte auf ihrer Brust. Obgleich sie auf mich den Eindruck machte, ziemlich dumm zu sein, hatte ich Angst vor ihr, denn Polen waren eher in der Lage, einen Juden zu entdecken als Deutsche.
Ich saß auf dem Stuhlrand und knotete den schmalen Schal, den ich um den Hals trug, auf und zu. Ich wollte mir gerne einreden, daß Schlegers Verlobte keinen Grund zum Verdacht hatte, da ich ja Rechters Gast war. Schleger schien ein gutmütiger Bursche zu sein. Sein Lachen war freimütig, und sein Kinn bekam dabei ein Grübchen. Aber wie ich sehr gut wußte, verwandelten sich Lämmer in Löwen, wenn sie einen Juden entdeckten.
Rechters prüfende Blicke ließen mich unruhig hin und her rutschen.

»Wir sind hier nicht im Dienst«, sagte er mit sanfter Stimme. »Wir sind hier, um einen angenehmen Abend zu verbringen. Wir wollen auf Schlegers und Wandas Glück trinken.« Wir tranken alle.

»Wo sind Sie zur Schule gegangen?« fragte Wanda.

»In Schlesien . . .«, antwortete ich, um so meine Kenntnis der deutschen Sprache zu erklären, und versteckte mich hinter dem Tischschmuck aus roten Nelken.

»Ich bin hier in Warschau zur Schule gegangen«, sagte Wanda und kicherte, als wäre das die lustigste Sache von der Welt. Flüsternd wandte sie sich an Schleger, und mein Herzschlag setzte aus. Dann lachte sie wieder und sagte, es sei wirklich schade, daß wir nicht in einen Nachtclub gegangen seien, denn sie tanze so gerne. Ich murmelte eine Entschuldigung, daß ich ihr den Spaß verdorben hätte. Mein Glas wurde erneut gefüllt.

Rolf Rechter nahm meine Hand. Die Sanftheit seiner Berührung erstaunte mich. »Sie müssen wirklich eine Menge Mut haben«, sagte er.

Ich erstarrte.

»In Wirklichkeit sind Sie ein schüchternes Mädchen«, meinte er. »Und doch haben Sie die ganze Geschichte mit dem Überfall sachgemäß geregelt.«

»Ja, ich bin schüchtern«, sagte ich und lehnte mich zurück.

Wanda lachte hysterisch, und ich bemerkte, daß Rechter seine Augen zusammenkniff. Dann lächelte er und füllte erneut mein Glas.

Das gute Essen, die leise Musik und der Wein, den ich nie zuvor in solchen Mengen getrunken hatte, brachten mich schließlich dazu, daß ich mich entspannte. Dieser Rolf Rechter in seinem schlecht sitzenden Anzug war ein freundlicher Mann.

»Was macht Ihr Vater beruflich?« fragte er.

»Er war Straßenbauer.«

»Ingenieur?«
»Nein, Unternehmer.« Ich holte tief Luft. »Und Ihr Vater?« fragte ich.
Er senkte seine Stimme und antwortete: »Ich habe meinen Vater nie gekannt. Ich bin unehelich geboren.«
»Haben Sie das gesagt, um mich zu schockieren?«
»Sind Sie schockiert?«
»Nein.«
Er lächelte. »Meine Großeltern haben mich großgezogen. Sie hatten ein Stenographen-Büro. Aber ich werde Ihnen ein anderes Mal von mir erzählen.« Er beugte sich über sein Glas.
Die graublauen Augen, die ich als hart und durchdringend in Erinnerung hatte, waren nun warm und liebevoll, als er auf mich schaute.
Ich probierte den Sauerbraten und die Klöße, die ich bestellt hatte, um Wanda zu gefallen, die behauptet hatte, das sei ihr Lieblingsgericht.
Später, als ich mit ihr zur Toilette ging, schlug sie vor, ich solle mich doch schminken. »Sie sehen so blaß aus«, sagte sie.
Um so besser, dachte ich. Meine Farblosigkeit würde sie um so strahlender erscheinen lassen, und sie würde keinen Grund haben, mich nicht zu mögen.
Als wir an den Tisch zurückkehrten, hatte ich ein fast friedliches Gefühl. Die Musik war einschmeichelnd, die Nelken leuchteten auf den Tischen, Schleger mit dem Grübchenkinn und der um mich besorgte Rechter schienen außerordentlich liebenswert zu sein. Ich fand mich in einer Welt wieder, wie ich sie einst, vor langer Zeit, wie mir schien, gekannt hatte. Die Geigen sangen: »Tausend kleine Vöglein singen, habt euch lieb.« Ein Tisch voller junger Leute brüllte: »Tief im Herzen hör ich's klingen, habt euch lieb.«
Wanda und Schleger hakten einander unter und bewegten

sich zur Musik hin und her. Rechter schlug mit dem Fuß den Takt, und ich sang laut: »Habt euch lieb.«

9

Obgleich es erst ein Uhr mittags war, war es in meinem abgeteilten Winkel so dunkel geworden, daß ich das elektrische Licht anknipsen mußte. Ich legte die Briefe, die ich gerade übersetzt hatte, zur Seite und nahm mein Butterbrot heraus. Die Butter roch ranzig. Ich hielt mir die Nase zu und biß hinein.

Wenn ich mich nicht bemüht hätte, Rechter aus dem Wege zu gehen, dann hätte ich mir aus der »Gondel« einen Eintopf holen können. Doch seit unserem gemeinsamen Abend vor einigen Wochen ging die Welt wieder ihren ›normalen‹ Gang. Ich hatte beschlossen, ihn auf Abstand zu halten.

Aber die Mädchen im Büro mochten ihn nicht nur, sie wollten zudem nicht den Kontakt zu einer solch einflußreichen Persönlichkeit verlieren. Sie luden ihn häufig zum Mittagessen in die »Gondel« ein und nahmen es mir jedesmal übel, wenn ich nicht mitkam. Offenbar hatte Rolf Rechter deutlich zu verstehen gegeben, daß er ihren Einladungen nur folgte, weil er hoffte, mich zu sehen.

Sie versuchten, meine Abwesenheit wettzumachen, indem sie willig auf alle seine Launen eingingen, ihn zum Lachen brachten und in Verzückung gerieten, wenn er sich im Restaurant ans Klavier setzte.

Ihre Anstrengungen waren schon belohnt worden. Beispielsweise hatte Rechter eingegriffen und Zosias Cousin befreit, der in ein Arbeitslager nach Deutschland geschickt werden sollte.

Gerade als ich mein Butterbrot gegessen hatte, platzte Zosia ins Büro. »Rat mal, wer dich grüßen läßt?«
»Ich weiß nicht.«
»Rolf Rechter. Wie gewöhnlich hat er mit uns in der ›Gondel‹ gegessen, aber diesmal war er *mein* Gast. Er bestand darauf, daß wir dich morgen mitbringen. Ich habe es versprochen.«
Ich drehte mich zum Fenster, so daß sie nicht sehen konnte, wie ich rot wurde.
»Ich verstehe nicht, wie du ihm widerstehen kannst«, fuhr sie fort. »Er ist toll. Ich wünschte, er wäre in mich verliebt. Was um alles in der Welt hast du gegen ihn?«
»Ich bin Polin. Sie haben unser Land überfallen. Sie haben uns erobert. Rechter ist einer von ihnen. Das kann ich nicht vergessen. Kannst du es?« Ich lächelte gezwungen.
»Rolf ist eine Ausnahme, ein anständiger Bursche. Das hat er bewiesen, als er meinem Cousin half. Ich mag ihn«, sagte Zosia.
»Einem hat er geholfen«, sagte ich, »aber wie vielen hat er geschadet?«
»Das ist mir zu kompliziert«, erwiderte sie. »Wenn ein anständiger Mann, und dazu noch ein gutaussehender, mich um ein Rendezvous bittet, dann sage ich ja, und ich wünschte, du würdest es auch. Wir haben nicht viel Gelegenheit, uns zu amüsieren.«
»Du kannst ihn haben«, sagte ich kurz angebunden.
»Keine Bange, wir haben alle versucht, ihn uns zu schnappen. Aber keine Chance. Er sitzt die ganze Zeit da und schaut auf die Eingangstür. Überhaupt«, sie unterbrach sich, um Luft zu holen, »warum ißt du eigentlich immer dein Mittagessen im Büro?«
»Ich bin mit meiner Arbeit im Verzug, Zosia«, sagte ich ungeduldig.
In diesem Augenblick trat Berler in mein Büro und sagte:

»Hier können Sie eine alte Freundin begrüßen: Fräulein Maria Lasocka.«
Mein Herz klopfte mir bis zum Hals. Der Ersatz für Danka war niemand anders als Mira Hendler, eine jüdische Kassiererin aus einer Firma in Lwow, in der wir beide während der russischen Besetzung beschäftigt gewesen waren.
»Sie hat gesagt, daß sie Sie kennt, und wir haben ihr Arbeit gegeben«, sagte Berler.
Steif schüttelten wir uns die Hand. Mein Chef bat mich, Maria herumzuführen, dann verließ er uns. Zosia folgte ihm.
»Wie heißt du?« fragte ich nach Luft ringend.
»Maria Lasocka.«
»Ich bin Cecylia Szarek.«
»Ich weiß«, sagte sie. Wir starrten einander mit offenen Mündern an.
»Wann bist du angekommen? Wie bist du ins Vinetta gekommen?« fragte ich.
Sie zuckte mit den Achseln.
»Sind dein Mann und dein Kind auch hier?«
»Ich bin mit Brustiger, unserem alten Hauswirt, hierhergekommen. Er nennt sich jetzt Kowalski.«
»Hat Brustiger, ich meine Kowalski, dir irgend etwas von meinem Bruno oder von Mark erzählt?«
»Ich habe nie mit ihm über deine Verwandten gesprochen.«
Sie hatte sich wenig verändert. Sie hatte immer noch ihr Lächeln und interessierte sich vor allem für sich selbst.
Wir hörten, wie die übrigen Büroangestellten vom Mittagessen zurückkamen und vereinbarten, uns nach der Arbeit zu sehen.
Wir trafen uns zwei Häuserblocks vom Vinetta-Büro entfernt und gingen Brustiger-Kowalski besuchen.
Ein hagerer und blasser Kowalski umarmte mich. Er war

bei einer Razzia in Lwow verhaftet worden und in das Todeslager von Janowska gebracht worden. Teichholz, ein Mann aus dem Judenrat von Lwow, hatte ihm – wie schon vielen anderen zuvor – geholfen, zu flüchten. Kowalski teilte die allgemeine Meinung, daß wir alle umkommen würden. Dann sagte er: »Ich wußte, daß ich mich auf dich verlassen konnte, Maria eine Stelle zu besorgen.«

Ich hatte Maria nie für eine Stelle im Vinetta empfohlen. Sie mußte den Namen der Firma von Kowalski gehört haben. Ich bemerkte, wie ihr Doppelkinn zitterte, und ich stellte keine Fragen. »Sagen Sie mir, Kowalski, haben Sie etwas von meinem Kind, von meinem Mann gehört?«

»Überhaupt nichts«, sagte er. »Cecylia, hör auf zu weinen.«

»Vielleicht entscheide ich mich doch noch dafür, ins Ghetto zu gehen«, schluchzte ich.

»Weißt du, was in den Ghettos geschieht?« fragte Kowalski. »Das Ghetto von Lwow ist bis auf die Grundmauern niedergebrannt worden.«

»Was?« Ich erschauerte. »Aber ich halte es hier nicht länger aus. Ich werde zu den anderen hinter den Mauern gehen. Ich gehöre zu ihnen.«

»Cecylia, es wird noch schlimmer werden«, sagte Kowalski. Er legte seine Hände auf meine Schultern, fixierte mich mit den Augen, als versuche er, mich zu hypnotisieren, und fügte hinzu: »Die Deutschen haben beschlossen, Polen ›judenfrei‹ zu machen.«

»Was heißt das?«

»Das bedeutet den Tod für alle Juden.«

»Das glaube ich nicht!« schrie ich. »Sie werden uns lieber arbeiten lassen, werden jeden Tropfen Blut aus uns herauspressen. Im übrigen gibt es drei Millionen Juden in Polen. Es ist technisch völlig unmöglich, so viele Menschen zu töten.«

Kowalski antwortete nicht.
»Erinnere dich an Dreyfus!« rief ich.
»Sie begreift es nicht«, sagte Maria.
»Du hast eine bessere Chance als jeder andere von uns«, sagte Kowalski. »Du siehst wie eine wirkliche Arierin aus.«
»Ich habe das Gefühl, mit gefälschten Papieren, wie ihr sie habt, wäre mir besser gedient.« Ich hörte die Panik in meiner Stimme und versuchte, mich zu beherrschen.
»Gib nicht auf, Cecylia«, sagte Kowalski sanft. Er trat auf mich zu und umarmte mich nochmals.
Auf dem Heimweg faßte ich den Entschluß, die schrecklichen Neuigkeiten auf irgendeine Weise ins Ghetto und meiner Familie in Niemirow und Rawa-Ruska zu übermitteln.

10

Nachdem ich mich stundenlang unruhig im Bett herumgewälzt hatte, wurde mir klar, daß Blume, meine jüngste Schwester, die einzige war, die ich retten konnte. Mein Vater, meine Stiefmutter, meine Schwestern Anna und Adela, mein Bruder Abner, seine Frau und seine kleine Tochter Lisa würden allein schon durch ihr Aussehen als Juden entdeckt werden.
Ich wußte, daß es in Warschau Stellen gab, wo man gegen Bezahlung gefälschte Papiere erhalten konnte. Kowalski machte mich mit Julek bekannt, ebenso ›arisch‹ wie ich, der mir für Blume eine Geburtsurkunde brachte, auf der der Name Frania Stanislawska, geboren in Warschau, stand. Julek beschaffte mir auch einen polnischen Kurier, der Blume die Dokumente in Niemirow übergeben und sie zu mir bringen sollte.

Der Kurier kam ohne sie zurück. Sie hatte sich geweigert, jetzt schon wegzugehen. Ich konnte ihr keine Vorwürfe machen, denn sie hatte keine Ahnung, daß die Zeit knapp wurde.

Ich hatte mich nicht dazu überwinden können, von dem Schicksal zu sprechen, das die Juden erwartete. Statt dessen schickte ich einen Brief, in dem ich Warschau als die angenehmste Stadt der Welt beschrieb.

Gnadenlos verging die Zeit. Halb wahnsinnig vor Ungeduld wartete ich auf Fischers nächsten Besuch. Er war in der Lage, zu Blume zu gehen und ihr die Wahrheit zu sagen. Aber als er endlich kam, weigerte er sich.

Er war zur Gestapo von Lwow bestellt und dort verhört worden. Schließlich hatte man alle Anschuldigungen gegen ihn fallengelassen – aber er hatte Angst.

»Was hat man dir vorgeworfen?« fragte ich.

»Ich hab' dir doch gesagt, es hat sich alles aufgeklärt . . .«, antwortete er mir.

»Aber was hat man dir denn vorgeworfen?«

»Sei nicht so neugierig. Cecylia, jetzt bin ich hier und lebe – noch!«

Ich war sicher, daß man ihn verdächtigt hatte, Jude zu sein.

»Geh nicht zurück nach Lwow, Fischer«, sagte ich. »Bleib in Warschau.«

»Man hat nicht nur alle Anschuldigungen gegen mich fallengelassen«, sagte Fischer, »der Untersuchungsbeamte hat mich für die Loyalität gelobt, die ich meiner Firma gegenüber bewiesen habe. Er hat sogar der Firma dazu gratuliert, daß ich zu den leitenden Angestellten gehöre.«

Zwei rote Flecken brannten auf seinen Wangen.

»Fischer, bitte, bleibe hier!« sagte ich.

»Das würde heißen, daß ich davonlaufe, und ich habe nicht vor, mich einschüchtern zu lassen«, sagte er. Er grinste. »Das ist ein gutes Prinzip, an das du dich erinnern solltest.«

Zwei Wochen später wurde Fischer verhaftet. Da jeder von

unserer Freundschaft wußte und ich durch ihn meine Stelle bekommen hatte, wartete ich darauf, daß man auch mich holen kam.
Plötzlich verstand ich, warum er mir gegenüber niemals zugegeben hatte, daß er Jude war. Was ich nicht wußte, konnte man auch nie aus mir herausquetschen, und so würde ich sicher sein.
Sollten sie nur kommen. Dann sollte es eben so sein. Wenn Fischer nicht gewesen wäre, dann wäre ich in Lwow geblieben und jetzt deportiert. Er hatte gegen meine Ahnungslosigkeit gekämpft, er hatte mein Zögern überwunden, mich als jemand anders auszugeben, er hatte mir geholfen zu glauben, es könnte für mich eine Zukunft geben. Er war dabeigewesen, als ›Cecylia Szarek‹ ihre ersten Schritte in einer fremden Welt machte, und er war es, der mir geholfen hatte, eine Stelle in Warschau zu bekommen. Ich hatte das Gefühl, es wäre Teil einer höheren Gerechtigkeit, wenn ich zusammen mit ihm unterging.
Früher oder später mußte es sowieso geschehen. Davon war ich überzeugt. Die deutsche Armee war im Juni 1941 nach Lwow gekommen, und jetzt, im August 1942, war sie auf dem Weg nach Stalingrad. Die Deutschen siegten an allen Fronten.
Wie lange würde es noch dauern, bis ich eine falsche Bewegung machte? Diese Vorstellung trieb mich in den Wahnsinn. Mehr als je zuvor wollte ich ins Ghetto gehen. Was immer das Schicksal seiner fünfhunderttausend Einwohner wäre, würde auch mein Schicksal sein.
Aber zu wem konnte Blume gehen, wenn sie in Warschau ankam und ich fort war?

Ich fragte Berler, wessen Fischer beschuldigt wurde. Als er andeutete, daß Fischer große Summen Geldes veruntreut habe, sagte ich voll fester Überzeugung: »Unmöglich, nicht er!«

Aber ein schrecklicher Verdacht stieg in mir auf. Kürzlich hatte Fischer eine große Menge Waren vom Vinetta gekauft und, um einen Rabatt zu bekommen, drei Monate vor dem Lieferdatum bar bezahlt. Konnte es sein, daß Berler Fischer aus dem Wege haben wollte, so daß er die beträchtliche Summe Geldes in die eigene Tasche stecken konnte?

Berler war die meiste Zeit pleite, und niemand wußte, warum. Er hatte sich seines polnischen Partners, mit dem er das Geschäft aufgebaut hatte, entledigt, beschäftigte jetzt fünfundzwanzig Leute und verdiente doppelt soviel wie zuvor. Was er mit seinem Gewinn machte, wußte niemand. Er bat seine Angestellten häufig um Anleihen und bekam sie auch. Er gab Gesellschaften in teuren Restaurants, aber seine Einladungen wurden gemieden, denn es kam oft vor, daß ein Gast aus seiner eigenen Tasche bezahlen mußte, weil Berler behauptete, pleite zu sein.

Wenn er Fischer aus dem Weg haben wollte, was würde er dann mit mir machen, die ich die einzige Zeugin des Geldgeschäfts war? Vielleicht würde er mich nicht jetzt sofort verhaften lassen, weil Fischers Aussage und meine Aussage einander bestätigen würden.

»Glauben Sie, daß wir mit in die Untersuchung von Fischers Fall hineingezogen werden?« fragte ich Berler.

»Möglicherweise«, antwortete er. »Das wäre unangenehm für Sie, weil Sie beide doch enge Freunde waren, wie ich bemerkt habe.« Er starrte an die Decke und spielte mit dem Silberknauf seines Spazierstocks. Dann sagte er: »Es gibt da eine Villa namens Juni, die man mir als Ferienhaus für meine Angestellten zur Verfügung gestellt hat. Sie liegt in Konstancin, nur eine halbe Stunde mit dem Schnellzug entfernt. Warum fahren Sie nicht für einen kurzen Urlaub dorthin, bis diese Unannehmlichkeiten vorüber sind?«

Ich nickte und schluckte. Mir fiel ein, daß Berler in Konstancin lebte. Früher war es ein Wohnort für die Reichen, jetzt aber waren alle Villen zugesperrt, weil die Bewohner entweder geflohen waren oder es vorzogen, nicht zuzugeben, daß sie hier ein Haus besaßen. Ich war sicher, daß ich in der einsam gelegenen Villa Juni ermordet werden würde.
»Mein Verwalter wird die Villa Juni für Sie aufschließen und dafür sorgen, daß Sie es bequem haben. Ihr Urlaub beginnt morgen.«
Ich mußte fahren. Es gab keinen Ort, an dem ich mich verstecken konnte.
In dieser Nacht schrieb ich, nachdem ich meinen Koffer gepackt hatte, an Blume und sagte ihr, sie solle sich bei ihrer Ankunft in Warschau mit Maria in Verbindung setzen.

Der Schnellzug, der am Belweder-Bahnhof abfuhr, kam dreißig Minuten später in Konstancin an. Ich folgte Berlers Anweisungen, ging über die leere Hauptstraße, wandte mich zweimal nach links und sah vor mir den Wald.
Ich ging über einen Waldweg. Die Sonne fiel durch die Zweige der Tannen, und die Vögel sangen. Ich spürte den Frieden, aber auch eine schreckliche Einsamkeit.
Ich folgte dem Weg, bis ich schließlich an ein schmiedeeisernes Tor kam. Am anderen Ende der Einfahrt, über die sich die Zweige der Bäume neigten, konnte ich eine gelbe Mauer schimmern sehen. Außer dem Gesang der Vögel hörte man keinen Laut.
Ich drehte den Schlüssel im Torschloß, und das Geräusch erschreckte mich. Ich schaute hinter mich. Nichts. Das Knarren der rostigen Türangeln schien ohrenbetäubend. Das Herz klopfte mir bis zum Hals, als ich mich dem Haus näherte.

Berler hatte mir drei Schlüssel gegeben: einen für das Tor, einen für die Eingangstür und einen Universalschlüssel, der für alle neun Räume paßte, drei zu ebener Erde und sechs in den oberen Stockwerken.
Ich trat in die Eingangshalle. Die Luft roch nach Moschus. Ich lief nach oben, wo ich mich sicherer fühlen würde. Jemand, der ums Haus schlich, würde nicht in meine Fenster schauen können. Als ich den Treppenabsatz erreichte, blieb ich stehen und lauschte. Vielleicht hatte sich Berler versteckt und wartete auf mich? Die tiefe Stille ließ mich erschaudern. Auf Zehenspitzen ging ich zur nächstgelegenen Tür, legte mein Ohr daran, schaute durch das Schlüsselloch und öffnete dann leise die Tür. Der Raum war leer.
Ich suchte mir einen Raum mit einem Balkon aus, von dem man auf die Einfahrt und das Tor schauen konnte. Das Bett war gemacht, aber sonst war das Zimmer fast leer. Es gab nur einen einfachen Fichtentisch und eine Korbbank.
Ich riß die Glastür zum Balkon auf, um das Zimmer zu lüften, und nahm einen tiefen Atemzug von der nach Kiefern duftenden Luft. Die Zweige einer großen Fichte hingen quer über das eiserne Geländer des Balkons, und Fichtenzapfen waren auf die wettergebleichten Bodenbretter gefallen.
Von hier oben konnte ich auf einen wildwuchernden Garten hinabsehen. So vernachlässigt wie er war, entzückte er mich doch, trotz meiner bösen Vorahnungen.
Später ging ich zu der Gemischtwarenhandlung, die ich in der Nähe des Bahnhofs gesehen hatte, um dort Lebensmittel zu kaufen.
Bei meiner Rückkehr holte mich die Dämmerung ein, und zum ersten Mal in meinem Leben war ich bei Dunkelheit allein im Wald. Verängstigt eilte ich weiter, als wären mir Gespenster auf den Fersen. Ich erreichte das

schmiedeeiserne Tor und hantierte atemlos ungeschickt daran herum, stieß es auf und warf es hinter mir wieder zu. Einen Augenblick lang fühlte ich mich sicher. Als ich mich dem Haus näherte, fragte ich mich jedoch, ob der Mörder drinnen auf mich wartete. Ich schlich die Treppe hinauf, stürzte in das Zimmer und drehte den Schlüssel hinter mir um.

Auf den Glasscheiben der Balkontür tanzten die Schatten sich bewegender Zweige. An den Fenstern und an der Balkontür gab es keine Vorhänge. Am nächsten Tag würde ich Packpapier kaufen, um die Fenster zu verhängen, so daß ich Licht anmachen konnte. Ich durchwühlte meine Habseligkeiten nach meiner Taschenlampe, knipste sie an, nahm den Schnipsel von Brunos Fotografie heraus, wischte mir ein paar Tränen weg und murmelte: »Wenigstens mein Kindchen soll sicher sein, wo immer es ist.«

Ich knipste die Taschenlampe aus und legte sie unter das Kopfkissen. Im Dunkeln aß ich ein Stück Brot und etwas Wurst und ging dann zu Bett.

Der Schlaf wollte nicht kommen.

Ich dachte an Blume, fremd in Warschau, zum ersten Mal fort von den Eltern, ganz allein. Mir hatte Fischer beigestanden, aber wer würde bei Blume sein? Vielleicht war es falsch von mir gewesen, darauf zu bestehen, daß sie nach Warschau kam. Ich konnte nicht für ihre Sicherheit garantieren. Die Unsicherheit meiner Situation war für sie auf jeden Fall eine Bedrohung.

Jedes kleine Geräusch ließ mich hochfahren – ein Windstoß, das Rascheln trockener Blätter. Als ein Fichtenzapfen auf den Balkonboden fiel, sprang ich aus dem Bett und preßte mich gegen die kalten Scheiben der Tür. Ich hielt sogar meinen eigenen Atem für ein fremdes Geräusch.

Tagsüber gelang es mir, meine Nervosität zu beherrschen, aber jede Nacht bildete ich mir ein, einen Eindringling zu hören, der auf Zehenspitzen die Treppe heraufkam.
Jedermann im Vinetta wußte, wo ich war, und ich wartete begierig auf eine Nachricht von Maria, daß Blume angekommen wäre.
Am Sonntag ließ mich das Geräusch mädchenhaften Gelächters zum Fenster eilen und hinausschauen. Maria, Zosia und die Buchhalterin Waclawa Ksiazkiewicz standen vor dem Tor. Aufgeregt rief ich nach ihnen und eilte treppab und die Einfahrt entlang, um ihnen das Tor zu öffnen.
Alle drei begannen gleichzeitig, mir die letzten Neuigkeiten aus dem Vinetta zu erzählen. Ich fand einen Augenblick lang Gelegenheit, mit Maria allein zu sein, und fragte sie, ob sie etwas von Blume gehört habe. Aber es gab keine Nachricht von ihr, und auch keine Neuigkeiten, was Fischers Fall betraf. Rolf Rechter jedoch war ins Büro gekommen und hatte sich erstaunt gezeigt, mich nicht dort zu finden.
»Wir haben ihm nicht gesagt, wo du bist«, sagte Zosia. »So wolltest du es doch, nicht wahr?«
Maria fügte hinzu: »Vielleicht hat Berler es ihm gesagt, als er mit ihm in der ›Gondel‹ aß.«
Sie hatten Frankfurter Würstchen und Sauerkraut mitgebracht, die wir auf einer elektrischen Kochplatte warm machten. Die Mädchen waren enttäuscht, daß ihre Ferienunterkunft noch nicht mit Geschirr ausgestattet war, und sagten, sie hätten es sich luxuriöser vorgestellt. Aber es schien ihnen nichts auszumachen, vom Tisch zu essen, der mit Packpapier belegt war, und Tee aus Blumenvasen und Kochtöpfen zu trinken und zum Essen ihre Finger zu benutzen anstatt Messer und Gabel. Sie tollten auf der Wiese und in der Einfahrt umher, und

Zosia kroch sogar in die Hundehütte und streckte uns die Zunge heraus. Erschöpft verließen sie mich bei Einbruch der Nacht und versprachen, am nächsten Sonntag wiederzukommen.
Allein in meinem Zimmer, starrte ich auf die Schatten auf den Fensterverkleidungen. Es schien mir, als sähe ich Fischers Profil mit seiner eingedrückten Nase. Hatte er den Termin bei seinem Zahnarzt noch geschafft, bevor er verhaftet worden war? In meiner Erinnerung würde ich ihn immer mit einem fehlenden Vorderzahn sehen.

11

Bitte, beeilen Sie sich doch!« rief ich dem Mann zu, der mich in einem Fahrzeug fuhr, das wie eine Rikscha aussah.
Blume war angekommen und in ein Hotel gegangen, wodurch sie sich selbst zum Ziel einer polizeilichen Überprüfung machte. Sie hatte versucht, mich beim Vinetta zu erreichen, und glücklicherweise war es Maria gewesen, die ihren Anruf entgegengenommen hatte.
Ich stürzte in ihr Zimmer.
Wir umarmten einander und lachten und weinten gleichzeitig.
Sie begann, mir die Neuigkeiten zu erzählen, aber ich unterbrach sie. »Wir müssen sofort weg von hier. Erzähl mir nur, ob du etwas von Mark gehört hast.«
»Nein. Aber Vater und Perele . . .«
»Nicht jetzt. Such deine Sachen zusammen, wir wollen von hier verschwinden. Um Himmels willen, warum bist du bloß in ein Hotel gegangen?«
Blume riß die Augen weit auf. »Aber Jan Kulok, der mich

hierher gebracht hat, schlug vor, ich solle in einem Hotel bleiben, bis ich Kontakt mit dir aufgenommen hätte.«
»Wer ist Jan Kulok? Weiß er, wer du bist?«
»Natürlich nicht. Anne hat ihm gesagt, daß ich die Tochter ihrer Freundin bin, nicht ihre Schwester, und hat ihn gebeten, während der Reise ein Auge auf mich zu haben, weil ich erst achtzehn wäre. Er ist sehr nett.«
»Solange er nichts weiß, ist alles in Ordnung.«
Ich drängte sie die Treppe hinunter, aber als wir uns der Hotelhalle näherten, sagte ich ihr, sie solle langsamer gehen. Draußen holte ich eine ›Rikscha‹ herbei.
»Zum Belweder-Bahnhof«, sagte ich.
»Weißt du was?« flüsterte Blume. »Letzte Nacht wurde im Hotel gegen meine Tür gepoltert. Zwei polnische Polizisten kamen herein und fragten nach meinen Papieren. Also habe ich ihnen die Geburtsurkunde gezeigt, die du mir geschickt hast, und natürlich habe ich ihnen gesagt, daß ich eine entsprechende Taufbescheinigung besitze . . .«
»Du hast was . . .?«
»Was ist falsch daran? Ich habe eine entsprechende . . .«
»Oh, Blume!« unterbrach ich sie. »Wer wird auf dich aufpassen, wenn mir etwas zustößt?«
»Sie haben mich ›Lippa‹ genannt«, sagte Blume mit ängstlicher Stimme. »Was heißt das?« Sie sah verschreckt aus.
»Das heißt Schwindlerin!«
»O Roma.«
»Cecylia! Cecylia! Nenn mich nie wieder Roma!«
Jetzt füllten sich ihre Augen mit Tränen.
»Du mußt unsere alten Namen vergessen. Du mußt vergessen, daß wir Schwestern sind. Du mußt unsere Vergangenheit vergessen.« Ich sah sie streng an. »Du bist jetzt Frania – sogar im Schlaf!«
Frania weinte.
Mir wurde klar, was für ein Kind sie noch war und wie alt

ich geworden war. Ich legte meinen Arm um sie und trocknete ihre Augen mit meinem Taschentuch. »Es ist schwierig, mein kleiner Schatz, ich weiß, es ist schwierig für dich ...«

Auf dem Bahnhof gab ich ihr Anweisungen. »Im Zug werden wir nicht zusammen sitzen. Ich werde an einem Bahnhof mit dem Namen Konstancin aussteigen, und du wirst mir folgen. Wir werden zum Haus meines Freundes Julek gehen. Du wirst bei ihm und seiner Frau bleiben, bis ich ein möbliertes Zimmer für dich gefunden habe, wo du, vorschriftsmäßig bei der hiesigen Polizei gemeldet, wohnen kannst.«

Mit zitternder Stimme sagte Frania: »Wenn ich gewußt hätte, daß wir nicht zusammen wohnen, wäre ich nicht gekommen!«

Ich schaute sie an, völlig erschlagen von ihrer erbarmungswürdigen Unwissenheit, und tätschelte ihre Schulter. »Ich wünsche mir nichts mehr, als daß wir zusammensein könnten. Aber jetzt ist es unmöglich, Schätzchen.«

Wir bestiegen den Zug. Frania setzte sich mir gegenüber auf die andere Seite des Gangs und starrte unverwandt aus dem Fenster.

Als der Zug in den Bahnhof von Konstancin einfuhr, ließ ich sie zuerst aussteigen und ging dann langsam über den Bahnsteig, damit die anderen Reisenden sich zerstreut hatten, bevor ich mich zu ihr gesellte. Ich fand sie verloren vor der Bahnhofstür auf ihrem Koffer sitzend. »Das hast du sehr gut gemacht, Frania!« sagte ich.

Sie schaute nicht auf.

Ich hob ihren schweren Koffer auf und trug ihn den ganzen Weg bis zu Juleks Wohnung.

Als ich sie das nächste Mal besuchte, sah sie sehr blaß aus. Sie mußte in ihrem Zimmer bleiben, weil Julek es nicht zulassen konnte, daß nichtregistrierte Besucher in seiner Wohnung gesehen wurden. Sie beklagte sich, daß sie sogar in das Badezimmer, das sie mit den anderen teilte, nur spät in der Nacht gehen durfte, wenn alle im Haus schliefen und niemand sie sehen konnte. Ich war versucht, ihr von Fischers Verhaftung zu erzählen, der Grund, warum ich gezwungen war, mich zu verstecken, und daß vor einer Woche ›Glasauge‹ und sein Komplize zum Polizeigefängnis gebracht worden waren, um dort vors Kriegsgericht gestellt zu werden, und daß ich als Zeugin vorgeladen worden war. Aber warum sollte ich das arme Kind mehr erschrecken, als unbedingt notwendig war?

Als ich das nächste Mal kam, um Frania zu besuchen, bat Julek, sie aus seiner Wohnung wegzubringen, weil sie seiner Meinung nach jüdisch aussah und deshalb die Sicherheit seiner Familie gefährdete.

Ich hatte keine andere Wahl, als sie mit zur Villa Juni zu nehmen.

Wie ich mit den plötzlichen Besuchen von Berlers Verwalter fertig werden sollte, und was ich tun würde, wenn Berler Wind von einem uneingeladenen Gast bekam, der nichts mit dem Vinetta zu tun hatte, daran wollte ich nicht denken.

Beim ersten Mal, als ich sah, wie Berlers Verwalter sich der Villa näherte, hatte ich mich unter dem Bett versteckt, weil ich diesen seltsam aussehenden Mann für einen gedungenen Mörder hielt. Später, als ich ihn im unteren Stockwerk hämmern hörte, wurde mir klar, daß es Schone sein mußte, den Berler erwähnt hatte, und daß er gekommen war, um Reparaturarbeiten zu erledigen. Ich ging nach unten, um mich vorzustellen.

Schone war Ende Dreißig, trug einen grauen Anzug, einen grauen Filzhut mit breiter Krempe und Tennisschuhe. Er hörte auf zu hämmern und führte schnell ein weißes

Taschentuch an seine Nase. »Bitte um Entschuldigung, ich habe Heuschnupfen«, sagte er. Und, wie um es zu beweisen, räusperte er sich, putzte sich die Nase und hustete, wobei er sein Gesicht hinter dem Taschentuch halb versteckt hielt. Er fragte: »Wie lange werden Sie hierbleiben?«
»Zwei Wochen!«
»Ferien an einem solchen Ort . . .?«
»Ich mag das einfache Leben.«
»Ist Ihnen nicht kalt? Ich werde Ihnen einen elektrischen Heizofen aus Berlers Villa bringen. Was brauchen Sie sonst noch?«
»Ich werde mit dem auskommen, was da ist.«
Er warf mir einen mißtrauischen Blick zu, und ich wußte nicht, was ich davon halten sollte.
Als er mir ein paar Tage später den Heizofen brachte, erwähnte ich, daß ich eine Freundin eingeladen hätte, ein paar Tage bei mir zu verbringen. »Vielleicht hätte ich das nicht tun sollen. Vielleicht ist es Herrn Berler nicht recht, aber es ist ziemlich einsam hier«, sagte ich. »Was meinen Sie, Herr Schone? Ich kann ihr immer noch sagen, sie soll nicht kommen.«
»Ich werde es Herrn Berler nicht erzählen«, sagte Schone und zuckte mit den Achseln.

Unter verschiedenen Vorwänden kam Schone jeden Tag zur Villa. An dem Tag, als ich Frania hierher brachte, überprüfte er das Dach auf undichte Stellen.
Prüfend betrachtete er Frania und fragte mit einem gewissen Nachdruck: »Ist *das* die Freundin, von der Sie gesprochen haben?«
»Ja.«
Er lächelte und nahm zu meinem Erstaunen zum ersten Mal sein Taschentuch vom Gesicht und stopfte es sich in die Tasche.

Ich sah, daß er eine enorme Hakennase hatte.
Er setzte sich auf die Korbbank, nahm seine Pfeife heraus und fragte Frania: »Wo leben Sie?«
Sein Verhalten ließ erkennen, daß er wußte, daß Frania Jüdin war. Mir wurde sofort klar, daß er jetzt auch *meine* wahre Identität vermuten mußte. Das, was ich verhindern wollte, war geschehen. Um weiteren Nachforschungen zu entgehen, fragte ich ihn: »Arbeiten Sie schon lange für Berler?«
»Also«, sagte er, »vor einiger Zeit begann ich beim Vinetta zu arbeiten. Dann hat mich Berler zum Verwalter seiner Wohnung gemacht, der Villa Vera in Konstancin. Ich ziehe sowieso das Leben auf dem Lande vor.« Er räusperte sich und sah mir voll ins Gesicht. »Ich bin Jude!« sagte er. Schockiert darüber, daß er den Mut hatte, sein Geheimnis zu enthüllen, verstummten wir.
Dann erzählte er uns, daß er früher Rechtsanwalt in Krakau gewesen war, daß er verheiratet war und daß er und seine Frau getrennt lebten, um ihr eine bessere Überlebenschance zu geben. Er wies auf seine Nase.
»Es muß Sie überraschen, daß ich mich Ihnen anvertraue«, sagte er. »Aber mein Geheimnis frißt mich auf.«
Er schaute auf Frania und fügte hinzu: »Irgend etwas gibt mir Vertrauen zu Ihnen.«
Was ich gefürchtet hatte, war geschehen: Schone wußte alles.
»Kennt Berler Ihr Geheimnis?« fragte ich.
Schone zuckte mit den Schultern. Offenbar wollte er die Art seiner Beziehungen zu Berler nicht offenlegen. Er drehte den Kopf zur Seite, zeigte uns sein Profil und fragte: »Finden Sie nicht, daß meine Nase eher römisch als semitisch aussieht?«
»Das tut sie«, stimmte ich ihm zu. »In Spanien oder in Frankreich bliebe sie vielleicht unbeachtet, aber Sie wissen ja ... Unter diesen Umständen ...«

Ich hatte das Gefühl, daß ich ihm mein eigenes Geheimnis erzählen sollte, aber meine übliche Angst ließ das nicht zu.

Nachdem Schone gegangen war, sagte Frania: »Cecylia, ich muß dir erzählen –«

»Wir wollen jetzt auspacken«, sagte ich. Ich sah Tränen in ihren Augen.

»Ich muß dir von Niemirow erzählen«, sagte Frania.

Ich wollte nicht, daß sie weiterredete. Ich hatte Angst vor dem, was sie mir vielleicht erzählte. Aber ich setzte mich auf das Bett und sagte: »Also, sprich . . .«

Frania rieb sich die Augen. »Es war vor ungefähr zwei Monaten«, begann sie. »Es geschah am Morgen. Sie kamen mit vier Lastwagen und zwei Autos, und sie hielten auf dem Marktplatz. Vom Fenster aus sahen wir, wie acht Deutsche in Uniform zum Judenrat gingen. Fünfzehn Minuten später verteilte die jüdische Miliz Flugblätter mit dem Befehl, einhundert Juden, die über einundzwanzig Jahre alt sein mußten, sollten sich innerhalb von vier Stunden auf dem Marktplatz einfinden. Wir beobachteten weiter. Ungefähr dreißig Juden kamen. Später begannen die Deutschen, ein Haus nach dem anderen nach weiteren siebzig Juden zu durchsuchen.

Vater beschloß, sich im Keller zu verstecken, und einige Nachbarn, die wohl der Ansicht waren, daß er einen besonderen Pakt mit der Vorsehung habe, gingen mit ihm.

Meine Freundin Golda Bruh und ich schoben den Eßtisch über die Falltür zum Keller und bedeckten ihn mit einem riesigen Tischtuch, das fast bis auf den Boden hing.

Dann rannten Golda und ich auf den Dachboden und versteckten uns hinter einem alten Schrankkoffer. Plötzlich hörten wir unten Stimmen, und wir wußten, daß das Haus durchsucht wurde. Dann hörten wir ihre Schritte in der Nähe der Speichertreppe. Ich bereute, daß ich nicht nach Warschau gegangen war. Ich konnte nicht verstehen, wie ich so dumm gewesen sein konnte. Ich wußte, wenn es mir irgendwie gelang, aus dieser Situation herauszukommen, dann würde ich sofort weggehen.«

»Erzähl weiter, erzähl weiter«, drängte ich.

»Auf der Treppe erschien die Mütze eines Deutschen. Dann sein Gesicht, dann stand er in ganzer Größe da. Er hatte ein Gewehr in der Hand. ›Ist jemand hier?‹ rief er. Es klang schrecklich laut. Mit dem Gewehr im Anschlag schaute er sich nach allen Seiten um. Ich sprach ihn auf Deutsch an, kam hinter dem Koffer hervor und warf mich ihm zu Füßen.«

»Was hast du getan?« fragte ich.

»Er hätte uns auf jeden Fall gefunden ... Er starrte mich lange Zeit an und fragte, wie alt ich sei. Ich sagte es ihm, und er erzählte irgend etwas von seiner Schwester.

Er richtete sein Gewehr auf Golda, die uns jetzt beobachtete, und schrie: ›Versteckt euch wieder!‹ Dann drehte er sich um und ging die Treppe hinunter, und ich hörte ihn sagen: ›Da oben ist nichts!‹

Wir hörten sie unten herumtrampeln, und dann war Stille. Wir blieben auf dem Dachboden, bis wir hörten, wie die Lastwagen davonfuhren.

Als wir wieder nach unten kamen, sahen wir, daß der Eßtisch über der Falltür weggeschoben worden war. Wir riefen in den Keller hinunter, aber niemand antwortete. Wir gingen nach unten, um nachzuschauen, aber es war niemand da.

Draußen hatten sich einige Juden an der Ecke der Lubaczowstraße versammelt. Vater sah ich nicht unter ihnen. Aber ich sah Abner vorbeilaufen. Er schaute mich einen Augenblick lang völlig verstört an. Ich fragte: ›Wo ist Vater?‹ Seine Lippen bewegten sich, aber er sagte kein Wort und rannte weiter.

Manek von der jüdischen Miliz war dabeigewesen, als die

Deutschen unser Haus durchsucht hatten. Irrtümlicherweise hatte er angenommen, daß wir alle in den Wald gerannt waren und daß niemand im Haus war. Jedenfalls behauptete er das. Um die Deutschen zu beschwichtigen, die einen Höllenärger machten, weil sie niemanden gefunden hatten, zeigte Manek ihnen die Falltür in den Keller. Er sagte, er hätte sich umbringen können, als er Vater sah. Ausgerechnet Lejzor Brand!

Nachdem Vater, Perele und unsere Nachbarn zum Marktplatz gebracht worden waren, suchte Manek nach Abner und sagte ihm, daß man ihm als Mitglied des Judenrats erlauben würde, einen Verwandten zu befreien, der bei der Razzia aufgegriffen worden war.«

Mit einer Stimme, die nicht meine eigene zu sein schien, fragte ich: »Abner ein Mitglied des Judenrats?«

»Vater hatte sich geweigert, vom Stadtrat zum Judenrat überzuwechseln. So bestanden sie darauf, daß Abner an seiner Stelle das Amt übernahm.« Sie schwieg. »Also, wo war ich stehengeblieben? Also: Abner eilte zum Marktplatz und sah Vater, der im Gebet den Oberkörper vor und zurück bewegte und Psalmen sang. Abner begann, Vater mit sich in Richtung auf die Wachen zu ziehen. Aber Vater stieß ihn zurück und wies auf Sara, die in der Nähe auf einem Sack saß. Abner hatte nicht gewußt, daß auch seine Frau mitgenommen worden war. Vater sagte ihm, er solle zuerst für Saras Entlassung sorgen. Aber Abner rührte sich nicht. Vater mußte ihn schütteln und ihm sagen: ›Du bist in erster Linie deiner Frau verpflichtet! Geh, geh, mein Sohn.‹ Und er fügte dann tonlos hinzu: ›Vielleicht kannst du danach etwas für mich und meine Perele tun . . .‹

Sara erzählte mir später, daß Vater, als Abner sich zu ihr wandte, wieder begann, sich vor und zurück zu bewegen, vor und zurück . . .«

Ich hielt Frania in meinen Armen.

»Hat Vater je geschrieben?« fragte ich.
»Nein.«
»Weiß jemand, wohin sie gebracht wurden?«
»In ein Arbeitslager, sagt man. Die jungen Leute schaufeln Gräben, und die alten Leute rupfen den ganzen Tag lang Federn für Steppdecken.«
»Das ist nicht so schlimm«, sagte ich.
»Nach ein paar Tagen«, fuhr Frania fort, »wurde den dreihundert von uns, die in Niemirow übriggeblieben waren, der Umzug nach Rawa-Ruska befohlen. Glücklicherweise hatten wir Anna und Hersch dort, und sie nahmen uns auf.«
Frania legte sich zurück aufs Bett.
»Hersch bestand darauf, daß ich zu dir ginge, aber Abner war dagegen. Er sagte, mein Platz sei bei ihnen. ›Du bist genauso selbstsüchtig wie Roma!‹ sagte er mir, und ich fühlte mich scheußlich. Aber Hersch gab mir ein Zeichen, mich nicht zu streiten. Später erzählte Hersch mir, Abner sei durcheinander und wisse nicht, was er sage.« Sie holte tief Luft. »Er ist nicht mehr er selbst, Roma. Er streitet sich sogar mit Sara und schreit die kleine Lisa an ... Aber bevor ich wegging, saß er einfach die ganze Zeit da und grübelte.«
»Haben die Deutschen dich in Rawa-Ruska in Ruhe gelassen?«
»Es gab eine ›Aktion‹ nach der anderen. Es war schrecklich. Aber Hersch hatte ein Versteck gebaut. Er zog eine falsche Decke ein, unter der soviel Platz war, daß seine Mutter, Anna, Adela, Sara, das Baby und ich hineinkriechen und uns verstecken konnten.
Hersch und Abner waren derzeit sicher, weil sie zu Totengräbern gemacht worden waren. Ich kann dir nicht erzählen, wie furchtbar es war, in dem engen Raum ohne Luft zusammengedrängt zu sein, während die Deutschen nur ein paar Zentimeter über unseren Köpfen herum-

trampelten. Nachdem ich das zum ersten Mal erlebt hatte, sagte ich Anna, daß ich zu dir gehen wolle, und Anna richtete es dann so ein, daß Jan Kulok mich mitnahm.«

Das schrille Klingeln der Schelle am Tor ließ uns hochspringen. Draußen in der hellen Sonne standen Waclawa, Zosia, Maria und Kowalski.
»Auf den Dachboden, Frania! Hier entlang!« Wir liefen aus dem Zimmer, zur Speichertreppe auf dem Gang.
Ich schaute zu, wie sie verschwand, puderte rasch mein vom Weinen gerötetes Gesicht und ging nach unten.
Meine Freunde sahen, daß ich geweint hatte. Ich erzählte ihnen, ich hätte schreckliche Zahnschmerzen und könne nichts dagegen tun, weil Sonntag sei.
Zosia wühlte in ihrer Tasche und holte zwei Aspirin hervor. »Das wird dir helfen«, sagte sie, als wir in mein Zimmer kamen. Dann schickte sie die Mädchen hinaus und wandte sich an Kowalski: »Wir wollen in den Garten gehen!« Kowalski rührte sich nicht. »Geben Sie ihr einen Schluck Wodka«, meinte sie. »Das wird sie auf die Beine bringen.« Und sie ging kichernd hinaus.
Als ich mit Kowalski allein war, erzählte ich ihm, daß ich gerade die Nachricht von der Deportation meiner Eltern erhalten hätte. Er kannte meinen Vater. Er würde verstehen, was ich durchmachte.
Er legte seine Arme um mich. »Vielleicht finden sie Bruno«, sagte er.
»Nicht Bruno!« Ich befreite mich aus seiner Umarmung. »Bruno ist in Sicherheit. Bruno ist bei einer katholischen Familie irgendwo in der Nähe von Zloczow.«
Ich schluchzte.
»Cecylia, hör auf. Willst du, daß Waclawa und Zosia Verdacht schöpfen? Pudere deine Nase und laß uns zu den Mädchen in den Garten gehen.«

12

Am folgenden Sonntag kam Zosia allein zur Villa Juni, um mich zu warnen. Wenn ich meine Stelle behalten wolle, solle ich lieber wieder zur Arbeit kommen, denn Maria versuche, meinen Platz einzunehmen. Sie verbrachte mehr Zeit in Berlers Büro, als notwendig schien, und in letzter Zeit hatte sie meinen Schreibtisch in dem abgeteilten Winkel benutzt statt ihres eigenen, der in der Registratur stand.

»Hat es irgendwelche Untersuchungen im Zusammenhang mit Fischers Fall gegeben?« fragte ich Zosia.

»Nicht daß ich wüßte.«

»Niemand ist gekommen, um nach mir zu fragen?«

»Meinst du Rechter? O ja, der hat mehrmals in der ›Gondel‹ nach dir gefragt.«

Am Montag kehrte ich zum Vinetta zurück. Soweit ich es beurteilen konnte, war Berler froh, daß ich wieder da war. Vielleicht hatte er den Gedanken, mich loszuwerden, aufgegeben. Vielleicht hatte Rechters Interesse an mir Berler davon abgehalten, etwas zu unternehmen.

Obgleich es für mich schwierig war, jeden Tag hin und her zu fahren, mußte ich um Franias willen in der Villa Juni leben. Zur gleichen Zeit fand ich in Warschau ein neues Zimmer in Waclawas Wohnung. Solange Frania nicht bei der Polizei registriert war, konnte sie keine Kennkarte beantragen und wagte es nicht, auf die Straße zu gehen. Jeden Morgen schloß ich sie ein und ließ einen weiteren Schlüssel bei ihr, für den Notfall. Sie sollte unser Zimmer nicht verlassen, denn trotz der isolierten Lage der Villa konnte jemand vorbeikommen und sie sehen.

Tatsächlich kamen Arbeiter. Sie machten sich daran, das Dach und die Wasserleitungen zu reparieren und zerbrochene Fenster zu ersetzen. Eines Tages tauchte der

Klempner spät am Nachmittag auf und hämmerte eine ganze Stunde lang. Am nächsten Tag kam niemand. Am Tag danach klapperten die Dachdecker über unseren Köpfen und weckten uns früh am Morgen auf. Alles, was Schone für uns tun konnte, war, dafür zu sorgen, daß in *unserem* Zimmer keine Reparaturarbeiten vorgenommen wurden.

Frania mußte vorsichtig sein, durfte nicht niesen oder husten. Sie mußte sich auf bloßen Füßen bewegen, um keine Neugierde zu erwecken.

Tagsüber bei der Arbeit malte ich mir in meiner Angst die gräßlichsten Horrorgeschichten aus. Meine Phantasien waren so zwanghaft, daß ich während der Bahnfahrten komplizierte Pläne entwarf, wie ich sie retten konnte, so, als ob ihre Verhaftung unausweichlich wäre.

Wieder und wieder fand ich Frania in Sicherheit, und eines Tages bemerkte ich, daß ihr Gesicht und ihre Arme von der Sonne gerötet waren. Ich wußte, daß die Fichten den Balkon den ganzen Tag lang beschatteten. Es war klar, daß sie meine Anweisungen, drinnen zu bleiben, nicht befolgt hatte, aber mein Mitgefühl mit ihrer Gefangenschaft gestattete mir nicht, sie zur Ordnung zu rufen.

Sie war mit einem kleinen, dicken Baumwollbeutel angekommen, der an einer Schnur um ihren Hals hing und den sie in den Büstenhalter gesteckt hatte. Nachts schob sie ihn unter die Matratze. Ich wußte, daß sie versuchte, ihn vor mir zu verbergen. Vielleicht hatte Anna ihr einen Notgroschen gegeben.

Eines Nachts wälzte ich mich im Bett herum, mein Körper glühte in einer ungesunden Hitze. Die Laken schienen erdrückend schwer. Ich warf sie von mir. Sogar die Goldkette, die ein einfaches goldenes Kreuz an meinem Hals festhielt, schien mir eine unerträgliche Last. Plötzlich wurde sie zur Schnur von Franias kleinem Baumwollbeutel, die mich erstickte. Da war eine Hand,

die sie enger und enger zog, Franias Hand, die zu grotesker Größe wuchs.
Ich schrie und wachte zitternd auf.
Es dauerte lange Zeit, während der ich im Bett saß und ins Dunkel starrte, bevor ich in der Lage war, mich zu entspannen und wieder einzuschlafen.
Was hatte mich dazu gebracht, Frania als Bedrohung anzusehen? Wenn ich von der Arbeit zurückkam, rannte ich die Treppe hoch und fand sie, ein verlorenes kleines Bündel, auf dem Bett, und ich zog das Laken und die Decke beiseite und nahm sie in meine Arme und tröstete sie.
Sie umarmte mich und fragte mich, wie ich den Tag verbracht hatte, ohne sich je über die schrecklichen Stunden, die sie allein gewesen war, zu beklagen.

13

Dank irgendwelcher geheimnisvoller Beziehungen besaß Weinstein, der Geschäftsführer des Antiquitätengeschäfts von Frau Lesniewska im Untergeschoß, der auch Verbindungen zur BBH-Fabrik im Ghetto hatte, einen Dauer-Passierschein für den arischen Teil der Stadt und durfte weiterhin den Antiquitätenladen in unserem Gebäude leiten. Wir waren uns einige Male begegnet, aber ich versuchte, Abstand zu halten.
Als er mein Büro betrat, war die Armbinde auf seinem Ärmel von einem Trenchcoat verdeckt, der über seinen Schultern hing.
»Fräulein Szarek«, sagte er leise, »ich bin gekommen, um Sie um einen Gefallen zu bitten.«
»Ja?«

»Fünfundzwanzig BBH-Arbeiter sind aufgegriffen worden und werden auf dem Umschlagplatz (Sammelstelle für die Deportation von Juden aus dem Ghetto) festgehalten. Berler erzählte mir, daß Sie einen deutschen Freund haben. Könnte er eingreifen?«
Warum war er zu mir gekommen? Ahnte er, daß ich Jüdin war? Aber wenn Weinstein mich wirklich verdächtigte, dann hätte er Herrn Korman von seiner Entdekkung erzählt. Erst zwei Tage vorher hatte ich bei einer Inspektion des BBH-Lagerhauses im Ghetto gehört, wie Herr Korman auf Jiddisch zu seinem Partner sagte: »Wenn es diese ›goldene Schickse‹ (Christin mit dem goldenen Herzen) nicht gäbe, was würden wir dann tun?«
»Ich pflege nicht mit Deutschen zu fraternisieren!« sagte ich scharf.
(An dieser Stelle muß erklärt werden, daß es als Schande angesehen wurde, wenn man als Pole vertraulichen Umgang mit einem Deutschen pflegte, und für einen Juden war es eine noch viel größere Schande. Was, wenn Weinstein den Verdacht hatte, daß ich, eine Jüdin, mich mit einem Nazi angefreundet hatte? Das wäre ein totaler Verrat an unserem Volke.)
»Warum sollte Rechter helfen?« fragte ich Weinstein.
»Fräulein Szarek, nicht nur ein oder zwei menschliche Wesen sind in Gefahr, sondern fünfundzwanzig. Wie flüchtig auch immer Sie diesen Mann kennen mögen, Sie sollten jeden Einfluß nutzen, um zu helfen!«
Mein ganzes Herz schlug für Weinstein, für die fünfundzwanzig auf dem Umschlagplatz.
»Herr Berler hat mir erzählt, daß Rechter Zosias Cousin geholfen hat«, fuhr Weinstein fort. »Er scheint ein anständiger Mensch zu sein . . .«
»Es gibt keine anständigen Deutschen!« fiel ich ihm ins Wort.

»Sie müssen ja nichts weiter tun, als ihn fragen. Ja? Wir sollten einander helfen.«
Warum sagte er *wir*?
»Zosias Cousin ist Pole, *Ihre* Männer sind Juden«, sagte ich, um keinen Zweifel an meiner Identität aufkommen zu lassen, falls er Verdacht geschöpft hatte.
»Ich flehe Sie an, Fräulein Szarek, sprechen Sie mit Herrn Rechter.«
Ich zuckte mit den Achseln und tat so, als gäbe ich nach, um Weinstein loszuwerden.
Rechter nahm selbst den Anruf entgegen. Ich fragte, ob ich ihn sofort sprechen könnte. »Natürlich!« Er klang überglücklich. »Geben Sie mir nur einen Augenblick Zeit, damit ich Zivilkleider anziehen kann.«
»Dieses Mal würde ich Sie lieber in Uniform sehen, weil es eine offizielle Angelegenheit ist. Ich werde in zwanzig Minuten in Ihrem Büro sein.«
Weinstein hatte schon meinen Regenschirm genommen und hielt ihn mir entgegen. »Nehmen Sie einen Schirm mit«, sagte er fürsorglich, »es regnet in Strömen. Und, Fräulein Szyarek«, fügte er mit eigenartiger Stimme hinzu, »kein Opfer von Ihnen ist zu groß, wenn es das Leben von fünfundzwanzig unschuldigen Menschen rettet. Gott segne Sie.«

In Rechters Büro erklärte ich hastig: »Zu viele Arbeiter des BBH sind deportiert worden. Wir können mit unseren Aufträgen nicht Schritt halten. Unsere Kunden beklagen sich. Wenn wir noch mehr Arbeiter verlieren, werden wir großen finanziellen Schaden erleiden, gar nicht zu reden von dem Ärger, den das für uns bedeutet. Herr Berler hat mich gebeten, mich mit Ihnen zu treffen«, log ich. »Er fragt sich, ob Sie nicht irgend etwas tun können, um diese fünfundzwanzig Juden wieder zurück zur Arbeit zu bekommen.«

Ich sah, wie Rechter die Stirn runzelte, und fügte schnell hinzu: »Es mögen ja bloß Juden sein, aber sie sind geschickt und absolut unersetzlich.«
»Die Abteilung Vier der Gestapo ist die Spezialabteilung, die die Judenangelegenheiten regelt«, sagte Rechter. »Der Chef der Abteilung ist Sturmbannführer Brandt. Möglich, daß einer meiner Kollegen ihn persönlich kennt. Entschuldigen Sie mich einen Augenblick.«
Derselbe Name wie meiner. Das war makaber, um es milde auszudrücken. Rechter kehrte zurück und bat mich, ihm zu folgen. Draußen rief er ein Fahrradtaxi herbei. »Zum Ghetto«, sagte er.
»Welcher Eingang?« fragte der Fahrer.
»Ich werde Ihnen den Weg zeigen!«
Der Fahrer trat heftig in die Pedale. Der Regen trommelte auf das Segeltuchdach. Rechter sah verbittert aus.
»Werden Sie etwas tun können?« fragte ich.
»Meine Kameraden haben mir geraten, nichts zu unternehmen, aber ich habe schon Sturmbannführer Brandt angerufen, und er hat eingewilligt, die fünfundzwanzig Arbeiter gehen zu lassen. Sie werden Sie identifizieren müssen.«
»Ich? Ich kenne sie nicht«, sagte ich und erschrak über mein Eingeständnis.
»Es bleibt keine Zeit, jemanden zu rufen, der das tut«, sagte Rechter. »Wir werden versuchen müssen, sie herauszufinden.«
Das Fahrradtaxi holperte, und ich wurde gegen ihn geschleudert. Seine Hände, die mich festhielten, verwirrten mich. Rechter fragte: »Haben Sie einen Passierschein fürs Ghetto?«
»O Gott, den habe ich nicht bei mir. Ich wußte ja nicht . . .«
»Wir werden direkt zum Umschlagplatz gehen. Dort kann ich Sie hineinbringen.«

Als Rechter den Fahrer anhalten ließ, öffnete ich meinen Schirm und trat in den Matsch.

»Passen Sie auf, wohin Sie treten«, sagte Rechter und nahm meinen Arm. »Es ist glitschig.« Er führte mich um die tieferen Pfützen herum ins sogenannte Niemandsland, einen unbewohnten Bereich des Ghettos.

Dort erschienen im grauen Dunst undeutlich Deutsche in Uniform, und hinter ihnen war eine lange, dunkle Linie, die ein Teil der Landschaft zu sein schien, sich aber bewegte. Es war eine Kolonne heruntergekommener menschlicher Gestalten, von Bündeln niedergedrückt, die sich langsam vorbeischob. Ein kleines Kind klammerte sich an die Hand eines dünnen, gebeugten Wesens.

»Warten Sie hier, ich bin in einer Minute zurück. Ich gehe bloß und hole mir die schriftliche Zustimmung von Sturmbannführer Brandt«, sagte Rechter.

Rechter war fort, und ich hielt meinen Schirm fest und stand allein im Regen.

Ein Wesen verließ die Kolonne und warf sich vor der Gruppe uniformierter Männer in den Matsch. Ich hörte ein Wimmern. Die Männer befahlen ihm aufzustehen. Dann ertönte ein Schuß, und das Wimmern hörte auf.

Vielleicht hätte ich laut aufgeschrien, denn zwei der Männer drehten sich um und kamen auf mich zu.

»Passierschein!« sagte einer von ihnen.

Meine Knie zitterten. »Ich habe meinen Passierschein nicht bei mir«, sagte ich. »Ich bin eine Angestellte des Vinetta. Ich bin hier im Auftrag von Herrn Berler. Ich bin mit einem Ermittlungsbeamten der *deutschen* Polizei hier.« Die Worte kamen wie aus einem Automaten.

»Wo ist er? Du bist eine Jüdin, nicht wahr?«

Ich versuchte, meine Stimme fest klingen zu lassen. »Wäre ich hierhergekommen, wenn ich Jüdin wäre? Ich bin Polin!«

»Kennkarte, bitte!«

Ich griff in meine Tasche, holte die provisorische Kennkarte und meine Arbeitserlaubnis hervor und reichte beides dem Fragenden.
Die Deutschen schauten aufmerksam erst auf mich und danach auf die Fotografie auf meiner Arbeitserlaubnis. Und dann sagte derjenige, der das Verhör geführt hatte: »Komm mit!«
»Herr Rechter wird jeden Augenblick zurückkommen«, wandte ich ein.
Was ließ ihn derartig grinsen?
»Beweg dich!« sagte er. Zwischen den beiden eingeklemmt, wurde ich zu einem vierstöckigen Gebäude gebracht, wo ungefähr zwanzig Juden, mit erhobenen Armen und dem Gesicht zur Wand, an einer grauen Mauer aufgereiht standen.
Andere durchnäßte Juden saßen auf einem langen Holzblock. Manche hatten ihre Gesichter in den Händen vergraben, andere starrten ins Leere.
Vor einigen Minuten noch eine schockierte Zuschauerin, war ich jetzt eine von ihnen, das verirrte Schaf, das zur Herde zurückgebracht worden war.
Was würde aus Frania werden?
»Bitte, warten Sie noch einen Augenblick«, bat ich die beiden Gestapo-Männer, »oder bringen Sie mich zu Sturmbannführer Brandt.«
Der Name Brandt schien sie in Aufregung zu versetzen. Sie flüsterten miteinander, und dann verschwand derjenige, der die Befragung durchgeführt hatte. Der andere brachte mich in die schäbige Eingangshalle des Verwaltungsgebäudes. Ich machte äußerste Anstrengungen, so verärgert auszusehen, wie es ein Pole in diesem Falle gewesen wäre. Ich ging geradewegs zu einer der Holzbänke, zählte die schicksalsschweren Minuten und starrte auf die braunen Türen, den matschverschmierten Fußboden und die Steinstufen, die nach oben führten.

1941, als die Deutschen nach Lwow kamen und allen Juden befahlen, eine weiße Armbinde mit einem blauen Davidsstern zu tragen, wurde ich auf der Straße von ein paar Polen angegriffen, die mich beschuldigten, eine katholische Sympathisantin der Juden zu sein, und es bedurfte einiger Schachzüge, um mich dem bedrohlichen Mob zu entziehen.

All dies geschah wegen meines sogenannten ›guten Aussehens‹, ein Ausdruck, mit dem zu jener Zeit eine Erscheinung bezeichnet wurde, die nicht spezifisch jüdisch war und die nichts mit äußerer Attraktivität zu tun hatte. Meine Freunde gratulierten mir wegen meiner nicht-jüdischen Gesichtszüge zu meinen ausgezeichneten Überlebenschancen.

Und jetzt wurde ich ohne Armbinde und mit katholischen Personalpapieren als Jüdin verhaftet.

Was, wenn Rechter dabei seine Hand im Spiel hatte? Mir wurde mit einem Male klar, wie sehr ich Rechter mochte und daß ich einen solchen Verrat nicht ertragen konnte. Als ich draußen seine Stimme hörte und ihn durch die Tür treten sah, mußte ich mich zurückhalten, um nicht in seine ausgestreckten Arme zu stürzen.

Er war bleich. »Cecylia! Ich mußte auf Sturmbannführer Brandt warten, deshalb hat es so lange gedauert.« Er nahm mich bei der Hand und wandte sich an den Ermittlungsbeamten: »Wir werden jetzt die Juden suchen gehen«, sagte er und dann zu mir: »Gehen wir, Fräulein Szarek.«

Auf dem Weg zum Ausgang senkte er die Stimme: »Wie furchtbar! Was für ein schreckliches Erlebnis! Wenn Ihnen etwas zugestoßen wäre, hätte ich mir das nie verziehen.« Seine Finger umklammerten fest die meinen. »Gott sei Dank bin ich rechtzeitig gekommen. Gott sei Dank!« wiederholte er. »Und sehen Sie«, dabei zeigte er mir ein Papier, »ich habe Brandts Erlaubnis, fünfundzwanzig Arbeiter von hier mitzunehmen.«

Der Regen hatte aufgehört. Graue Wolkenmassen trieben über uns dahin. Rechter trat zu den Juden, die auf dem Holzblock saßen. »Wenn unter euch ein Arbeiter der BBH ist, dann soll er aufstehen.«
Niemand bewegte sich.
Wie konnte ich ihnen ein Zeichen geben, daß dies keine Falle war? Ihre furchterfüllten Augen gaben mir zu erkennen, was sie dachten. Nur ein Paar schwarze Augen, die einem jungen Burschen gehörten, schauten kühn zu mir hoch. Zu Rechter sagte ich: »Vielleicht verstehen sie kein Deutsch, darf ich es auf polnisch sagen?«
Rechter nickte zustimmend.
»Wir haben die Erlaubnis, fünfundzwanzig BBH-Arbeiter zu befreien. Tretet vor!«
Vier von denen, die an der Wand standen, ließen ihre Arme sinken und drehten sich um.
»Kommt hier herüber!« rief Rechter.
»Wer noch?« fragte ich und schaute jedem einzelnen ins Gesicht. »BBH-Arbeiter sollen vortreten!« wiederholte ich.
Zwei weitere Männer wendeten sich von der Wand ab, aber keiner von denen, die auf dem Klotz saßen, reagierten. Mehr und mehr außer mir rannte ich hin und her, von den Männern auf der Bank zu den Männern an der Wand. »Es müssen fünfundzwanzig BBH-Arbeiter unter euch sein!« und fügte rasch in Polnisch hinzu: »Wir haben die Erlaubnis, fünfundzwanzig zu befreien – laßt die BBH außer acht – ergreift diese Chance!«
Ich fieberte danach, ein paar Worte auf Jiddisch zu sagen, wagte es aber in Gegenwart von Rechter nicht. Ich suchte nach einem Wort, einem einzigen Wort, als Erkennungszeichen für diese Leute, daß ein Freund sprach. Schweigend flehte ich meinen Vater an, mir ein Wort zu geben. Ich eilte zu dem schwarzäugigen Burschen, richtete fest

den Blick auf ihn und stieß hervor: *»A wade«*, das jiddische Wort für ›selbstverständlich‹. Um mich vor Rechter zu decken, fügte ich auf deutsch hinzu: »Ihre Wade ist sichtbar!«
Der junge Mann sprang auf. Er flüsterte den anderen etwas zu. Dann marschierte er nach vorne und gesellte sich zu der Gruppe von sechs Männern neben Rechter.
Einer nach dem anderen trat vor. Aber nur einundzwanzig wagten es, diese Chance zu ergreifen.
Rechter ließ sie Aufstellung nehmen und führte sie vom Umschlagplatz in Richtung des bewohnten Teils des Ghettos. Dann überreichte er dem vordersten Mann die Papiere, die Brandt unterzeichnet hatte. »Bring diese Leute zur BBH und melde sie zur Arbeit zurück!«
Als sie davongingen, lächelte der junge Bursche mir zu und nahm mit einer ganz leichten Verbeugung die Mütze ab, so, als wolle er mir danken.
Rechter und ich schauten ihnen nach, bis sie außer Sicht waren.
»Vielen Dank, Herr Rechter!« sagte ich.
»Soll Berler mir für seine Arbeiter danken. Das hier ist doch eine geschäftliche Angelegenheit, nicht wahr?«
»Bitte ... Es ist nicht notwendig, so förmlich zu sein. *Ich* danke Ihnen an seiner Stelle.«
»Ihr Dank ist natürlich viel willkommener, als es der Berlers je sein könnte!« sagte er herzlich. Und er nahm mich bei der Hand und führte mich aus dem Ghetto.

Weinstein bat zwei weitere Male darum, daß Rolf Rechter zugunsten von BBH-Arbeitern intervenieren solle. Zwei weitere Male hatte Rolf Erfolg. Einmal wurden vierzehn ›unentbehrliche‹ Arbeiter vom Umschlagplatz freigelassen und später zwölf. Aber ich ging nicht wieder mit ihm ins Ghetto.

14

Versuch doch, ein bißchen leiser zu sprechen, Frania, und ohne mit den Händen zu gestikulieren«, sagte ich.

Es war Sonntag, und ich beobachtete durch das Fenster das Tor der Villa Juni. Um Franias willen mußten wir Wache halten, da jederzeit eine meiner Kolleginnen erscheinen konnte, um den Tag auf dem Lande zu verbringen.

»Du denkst, du weißt alles besser«, sagte Frania. »Meine politische Lehrerin in Niemirow hat mehr mit den Händen geredet als irgendeine Jüdin, die ich kenne!«

In normalen Zeiten konnte man für rebellische Teenager Verständnis aufbringen, aber in unserer Situation stand unser Leben auf dem Spiel. Polnische Abteilungen waren darauf trainiert worden, auf der Straße, in der Straßenbahn und den Restaurants Juden, die sich als Arier ausgaben, aufzuspüren, und sie wurden für jeden Fang, den sie zur Gestapo brachten, bezahlt.

Egal, wie sehr Frania meine Hartnäckigkeit verabscheute, ich konnte mir nicht die Bequemlichkeit erlauben, nachlässig zu sein.

Eines Tages würde sie ihre eigene Wahl treffen, ihre eigenen Entscheidungen fällen und ihre eigenen Fehler machen, aber jetzt mußte sie am Leben bleiben, selbst wenn es damit endete, daß sie mich haßte.

»Siehst du diesen Muff, Frania?« sagte ich. »Weil auch ich mit den Händen rede, halte ich meine Hände darin verschränkt. Ich bedaure nur, daß Muffs nicht im Sommer und nicht im Büro getragen werden.«

Arme Frania! Aber soviel Mitgefühl ich auch mit ihr hatte, so machte sie mich doch ungeduldig dadurch, daß sie alle Schmeicheleien Schones über ihr ›gutes arisches Aussehen‹ schluckte, statt auf meine Warnungen zu

hören, daß sie ihr Gesicht nicht zeigen solle, außer, es war absolut notwendig.
Das Wichtigste war, daß ihr Unwille ihr nicht zum Verderben wurde.
Ich ging zu ihr, legte meinen Arm um ihre Schultern und ging mit ihr zum Fenster zurück, wo wir eine Zeitlang standen und schweigend hinausschauten. Ich dachte plötzlich an Vater. Wenn er einen Wunsch frei gehabt hätte, dann hätte er gewollt, daß Blume (jetzt Frania) überlebte. Er glaubte, daß sie seine Neigungen zur Orthodoxie teilte. Dann dachte ich mit einem Mal an die Kennkarte.
Um ein solches Dokument zu erhalten, mußte man sich überprüfen lassen. Frania war erst vor kurzem nach Warschau gekommen und würde sicher verdächtigt werden. Sogar Polen waren, bevor sie einer solchen Prüfung unterzogen wurden, außerordentlich nervös, während Juden, die eine falsche Identität angenommen hatten, geradezu Traumatisches durchmachten. Frania, der ich davon erzählt hatte, zeigte keinerlei Beklommenheit.
Julek, Kowalski, Maria und ich hatten die ganze Angelegenheit endlos miteinander diskutiert – was man sagen sollte, was man nicht sagen sollte und wie das Antragsformular auszufüllen war. Mir war der Rat gegeben worden, daß es am besten sei, die Sache lässig anzugehen, es aber darin nicht zu übertreiben.
Einige, wie Schone, die sich klarmachten, wie semitisch sie aussahen, konnten sich nicht dazu überwinden, ihren Antrag persönlich abzugeben. Sie kauften eine gefälschte Kennkarte auf dem schwarzen Markt.
»Frania, wir müssen die Antworten üben, wenn du ausgequetscht wirst«, sagte ich jetzt.
»Ich weiß, was ich sagen muß«, antwortete sie, und entzog sich mir. »Wenn die Zeit da ist, werde ich wissen, was ich tun muß!«

Ich sagte nichts, ging nur zu unserem Bett, streckte mich aus und schloß die Augen. Ich ließ meine Gedanken wandern, an einen anderen Ort, in eine andere Zeit.

»Bitte, Mark, ertrage es noch ein wenig länger«, bat ich. »Ich werde es irgendwie wieder gutmachen, bitte!«
»Also, du sorgst dich mehr um das Wohlergehen deiner Familie als um das deines Sohnes!«
»Bruno wird es gutgehen. Ich verspreche dir, ich werde mich doppelt anstrengen, wenn der Krieg zu Ende ist.«
»So lange werde ich niemals mit deinen Verwandten zusammen in einer Bettlerhütte wohnen!«
»So habe ich das nicht gemeint. Ich wollte damit doch nur sagen, daß ich mich dann ganz dir und Bruno widmen werde und euch für die Zeit, die wir verloren haben, entschädigen werde. Bist du einverstanden, Mark? Aber im Augenblick sind meine Verwandten verzweifelt und auf Hilfe angewiesen.«
»Warum sind sie dir so wichtig?«
»Ist dir das nicht deine Familie auch? Komm jetzt, laß uns essen. Es gibt heute Maiskolben, und die mögt ihr doch so gerne, du und Bruno!«
Rufe, die Tür zu öffnen, und lautes Klopfen an die Tür hinderten Mark daran, mir zu antworten. Er verschwand sofort im angebauten Schuppen, und ich rief Abner aus dem Nebenzimmer, damit er ihm folgte. Dann öffnete ich die Tür.
Zwei Deutsche in Uniform und ein Ukrainer waren gekommen, um Vater zu holen.
»Herr Brand ist nicht hier«, sagte ich.
Sie durchsuchten den Dachboden, den Keller und den Schuppen. Sie ließen Mark und Abner herauskommen. Der eine Deutsche, der von dem anderen als Kurt angesprochen wurde, fragte sie, in welcher Beziehung sie zu Leijzor Brand stünden, und als er hörte, daß der eine

dessen Sohn und der andere dessen Schwiegersohn war, wurde ihnen befohlen mitzukommen. Mark, der dem Befehl nur langsam Folge leistete, wurde angebrüllt: »Hörst du schwer? Judenschwein! Otto, gib ihm einen Tritt!«
Mark ging schnell weiter, und ich folgte dicht dahinter, wobei ich mich fragte, ob Mark und Abner an Vaters Stelle festgenommen wurden.
Kurt flüsterte dem Ukrainer etwas ins Ohr. Dieser ging, verschwand im ersten Haus, an dem wir vorüberkamen, und erschien kurze Zeit später wieder mit einem leeren Eimer. Kurt nahm ihm den Eimer ab, drehte sich zu Mark um und brüllte einen Befehl: »Füll den Eimer. Wir brauchen Wasser. Geh zur Pumpe und mach den Eimer voll!«
Die Pumpe war ungefähr sechs Meter entfernt. Ich verstand sehr gut, wie gedemütigt sich Mark fühlen mußte, so folgte ich mit der Absicht, ihm beim Wasserpumpen zu helfen.
Kurt rief: »He, du! Du bleibst hier!«
Mark kam bald zurück und trug mit beiden Händen den vollen Wassereimer. Bei jedem Schritt, den er machte, spritzte Wasser heraus. Beide, Kurt und Otto, schrien vor Lachen. Kurt zeigte auf Mark. »Dieser ungeschickte Ochse kann nicht mal einen Wassereimer tragen!«
»Ich bin Rechtsanwalt, kein . . .«
»Es gibt keine jüdischen Rechtsanwälte mehr. Du bist ein Schwein, das ist es, was du bist.« Kurt nahm Mark den Wassereimer ab, hob ihn hoch, schwang ihn über Marks Kopf und schüttete das Wasser über ihn aus.
Mark zitterte.
Ich zitterte ebenfalls.
Ich flehte Kurt an, meinen Mann in Ruhe zu lassen. Als Antwort darauf grölte er: »Schau dir mal dieses Weibsbild an, das behauptet, die Frau dieses Tölpels zu sein, der sich selbst einen Mann nennt. Nicht schlecht, nicht wahr!« Zu

Mark gewendet, herrschte er ihn an: »In Ordnung, Jude, du kannst gehen. – Er ist es sowieso nicht wert, daß man sich mit ihm beschäftigt.«
Mark hastete davon, Wasser tropfte an ihm herunter, seine Kleider klebten ihm am Körper, und seine goldgeränderte Brille hielt er in der Hand. Als ich ihm nacheilen wollte, hielt Kurt mich fest: »Du nicht, du bleibst hier!«
Kurt schob mich zur Pumpe, und Otto stieß Abner ebenfalls dorthin. Ich konnte spüren, wie sie sich anstrengten, um einen Plan auszudenken, der sowohl sie selbst wie die wachsende Anzahl von Zuschauern amüsieren würde. Wiederum flüsterte Kurt dem Ukrainer etwas ins Ohr. Dieser nahm den Eimer, ging ins nächste Haus, kam zurück und reichte ihn mir.
»Mach ihn voll!«
›Nichts leichter als das!‹ dachte ich. Ich stellte den Eimer unter das Wasserrohr und pumpte. Zuerst kam das Wasser langsam. Dann in einem schnellen Strahl. Aber der Eimer füllte sich nicht. Ich pumpte stärker. Mehr Wasser strömte aus dem Rohr. Der Eimer füllte sich nicht. Kurt lachte lauter, seine blauen Augen funkelten vor Vergnügen, denn sein schlauer Scherz hatte perfekt funktioniert: Er hatte Löcher in den Boden des Eimers gestoßen.
Er warf sein blondes Haar zurück, hörte auf zu lachen und brüllte: »Ich werde langsam bis zehn zählen, und wenn der Eimer dann nicht voll ist, wird deine Faulheit bestraft. Denk daran, du solltest lieber den Eimer füllen!«
Abner mußte die Strafe für meine ›Faulheit‹ über sich ergehen lassen. Sie schlugen ihn in den Magen und traten ihn, bis er am Boden lag. Sein Stöhnen in den Ohren, machte ich mich mit vermehrtem Eifer an die Arbeit. Ich pumpte schneller, schneller, schneller. Es wurde zu einem Geschwindigkeitsmarathon, durch den ich vielleicht das Leben meines Bruders erkaufte. Das Leben, das er an Stelle von Vater lassen mußte. Das Pumpen ging endlos

weiter. Ich pumpte wie eine Maschine, als hätte ich nie etwas anderes getan. Dann glitt ich aus und fiel hin.
Ein Gedanke durchdrang den Nebel in meinem Kopf: Ich muß weiterpumpen! Steh auf! Steh auf! Ich verspürte neue Kraft, als ich schon glaubte, ich hätte keine mehr. Ich faßte nach dem Eisengriff, um mich beim Aufstehen darauf zu stützen, aber ich schnitt mir die Hand an einer scharfen Kante auf und fiel in Ohnmacht.
Ich war wahrscheinlich nur für einige Sekunden ohne Bewußtsein, denn als nächstes fühlte ich, wie jemand mich am Arm packte und mich direkt unter das Wasserrohr zog: »Ich werde dieser dreckigen Jüdin gleich hier ein Bad zubereiten!« hörte ich deutlich Kurts Stimme. Kaltes Wasser strömte über mich und brachte mich wieder zur Besinnung. Durch meine Wimpern sah ich Kurts blaue Augen, und sie schienen eine Spur von Mitgefühl zu zeigen, als er auf mich und meine blutende Hand herunterblickte.
Aber ich irrte mich.
Er stieß den Pumpenschwengel nieder, zog ihn wieder hoch und drückte ihn wieder nieder mit einer Wut, als hinge sein Leben davon ab. Ich spürte diesen Wasserfall nicht länger und versuchte, nach Luft zu schnappen, und dann hörte ich, durch den Lärm hindurch, den das Aufeinanderstoßen des Metalls verursachte, Ottos Stimme: »Laß uns gehen, Kurt. Die beiden sind erledigt.«
Ich tat weiter so, als wäre ich noch ohne Bewußtsein, öffnete meine Augen nur ein ganz klein wenig, sah, wie die beiden weggingen, und stand erst auf, als sie in sicherer Entfernung waren.
Vor Schmerz zusammengekrümmt, mußte Abner den Weg zur Hütte ganz allein machen. Ich konnte ihm nicht helfen, ich war völlig kraftlos.
Obgleich er fürchterliche Schmerzen litt, hatte ich das Gefühl, daß wir dankbar dafür sein mußten, daß die

Deutschen nicht Abner und Mark als Ersatz für Vater umgebracht hatten.
Sara versorgte liebevoll Abners Verletzungen. Mit Lisa im Arm ging sie im Zimmer auf und ab.
Perele half mir aus meinen nassen Kleidern und verband meine Hand. Dann schlüpfte ich in ihr Bett. Unter der Decke ausruhend, fragte ich: »Wo ist Mark?«
Anstatt ihn zu holen, setzte sich meine Stiefmutter auf die Kante des Bettes. Sie begann zu sprechen, leise, verständnisvoll. »Mark ist genauso naß wie du nach Hause gekommen. Er erzählte mir, wie gedemütigt er sich fühlen würde, und sagte, er könne den Leuten in dieser Stadt nie wieder ins Gesicht schauen. Er ließ mich überhaupt nicht zu Wort kommen. Ich bezweifle, ob er wirklich wußte, was er sagte.«
Ich sprang aus dem Bett, zog ein anderes Kleid aus dem zerbrochenen Kleiderschrank und eilte zu unserer Wohnung.
Mark war nicht dort.
Von der Wohnung aus ging ich zu seinem Büro, das seit dem Tag, an dem der Krieg begann, geschlossen war. Auch dort war er nicht. Ich kannte seinen übertriebenen Stolz und wußte, was für ein schwerer Schlag es für ihn gewesen sein mußte, von denselben Leuten verspottet zu werden, die noch vor wenigen Wochen die Hüte gezogen hatten, sobald sie ihm begegneten. Aber lebten wir denn nicht in ungewöhnlichen Zeiten? Mußten wir nicht alles ertragen, solange wir nur am Leben blieben?
Ich setzte mich auf einen Stuhl nieder, der dick mit Staub bedeckt war. Das Büro roch modrig und unbenutzt. Ich beugte meinen Kopf über den Schreibtisch und weinte.
Ich war so in mein Unglück versunken, daß ich nicht hörte, wie Blume (Frania) das Büro betrat und zu mir kam. Sie gab mir einen Brief, und ich las:

Meine liebste Roma!

Meine Liebe zu Dir und zu unserem Sohn ist grenzenlos, trotzdem ist mein Leben in Niemirow nicht länger lebenswert. Da Deine Bindung an Deine Familie es Dir nicht gestattet, sie zu verlassen, bin ich gezwungen, Dich bei ihnen zu lassen. Ich gehe nach Zlaczow und bleibe bei meinen Eltern. Ich hoffe, Du wirst gut für unseren Sohn sorgen, wenigstens so gut, wie Du für Deinen Vater gesorgt hast. Sobald es die Umstände erlauben, werden wir wieder als eine Familie zusammenleben. Ich hoffe, daß das bald sein wird ...

Meine Bindung an die Familie ... Ich nahm Kontakt zu Waclawa, meiner neuen Vermieterin in Warschau, auf. Sie kannte Leute im polnischen Untergrund, die in die deutsche Behörde eingeschleust worden waren, die mit der Ausgabe von Kennkarten befaßt war. Ein polnischer Büroangestellter, der zur Widerstandsbewegung gehörte, brachte Frania die richtigen Antworten zu allen Fragen auf dem Antragsformular bei und erlaubte ihr, das Formular in Waclawas Wohnung auszufüllen, dort nahm er auch ihre Fingerabdrücke. Und so erhielt sie ihre Kennkarte, ohne je bei der Behörde zu erscheinen.

15

Cecylia!« schrie Frania. »Ein Nazi!«
Ich sprang hoch und spähte aus dem Fenster.
»Das ist Rechter«, sagte ich. »Lauf auf den Dachboden, schnell!«
Frania rannte aus dem Zimmer, und ich beugte mich aus dem Fenster. »Ich komme sofort nach unten!« rief ich.

Schnell ging ich zum Spiegel und schminkte mir die Lippen und strich mir das Haar glatt.
»Es ist schön hier«, sagte Rechter, als ich das Tor aufgeschlossen hatte.
»Deshalb komme ich immer hierher, wenn ich das Stadtleben leid habe«, lächelte ich ihm zu. Er war in Uniform.
»Ich hoffe, Sie nehmen es mir nicht übel, daß ich einfach so hereinplatze«, sagte er.
»Überhaupt nicht. Aber dieses Haus ist nicht auf Gastlichkeit eingestellt – ich hoffe, Sie verzeihen mir.«
»Machen Sie sich darüber keine Sorgen. Berler erwähnte, daß Sie hier sind, und da Sie mich nach einer gewissen Danka Bracka gefragt haben, kam ich vorbei, um Sie zu informieren.«
Ich war auf der Hut.
»Danka Bracka gehörte zur Bande von ›Glasauge‹, und sie war es auch, die ihm Ihre Adresse gab«, sagte Rechter. »Sie hat einen Anteil von der Beute bekommen, die man bei Ihnen gemacht hat.«
»Was für ein Miststück!« sagte ich laut, und mir wurde klar, daß die Geschichte von ihrem jüdischen Verlobten im Ghetto nur eine Tarnung war, um mein Vertrauen zu gewinnen. Und die Nächte, die sie aus der Pension wegblieb, hatte sie zusammen mit Kriminellen verbracht, mit denen sie Raubzüge plante. »Was für ein Miststück!« wiederholte ich.
»In gewisser Hinsicht bin ich ihr dankbar . . .«, sagte Rechter. »Haben Sie sie gut gekannt?«
»Sie war beim Vinetta beschäftigt.«
Wir waren langsam die Auffahrt zum Haus hinaufgegangen. Jetzt standen wir vor dem Eingang, und ich wußte nicht, was ich tun sollte. Ich mußte Frania genug Zeit lassen, sich auf dem Dachboden zu verstecken. Verlegen drehte ich mich um, damit er wieder zum Tor ginge.

»Es ist ein großes Haus«, sagte er. »Darf ich es anschauen?«
Ich öffnete die Tür und meinte: »Die Zimmer sind ziemlich langweilig, aber Sie sind herzlich willkommen!« Ich brachte ihn nicht in das modrig riechende Wohnzimmer im Untergeschoß, das die Handwerker noch nicht renoviert hatten, denn ich wollte nicht, daß er den heruntergekommenen Zustand des Hauses sah und Verdacht schöpfte, was meine Gründe, hier zu leben, anbetraf. Ich hatte keine andere Wahl, als ihn mit in mein Zimmer zu nehmen.
Er schaute sich mit großer Aufmerksamkeit um.
»Ich liebe Schlichtheit«, sagte ich.
Ich machte eine Bewegung zum Korbstuhl hin.
»Danke, Fräulein Szarek, aber ich habe nur ein paar Minuten Zeit.«
»Oh?«
»Ich bin im Dienst, und in einer halben Stunde geht ein Zug.« Er schüttelte mir die Hand, doch er ließ sie nicht los. »Cecylia, das war nur ein Vorwand, daß ich Ihnen diese Information über die Bracka bringen wollte.«
»Ein Vorwand?« Ich war mir bewußt, wie laut mein Herz schlug, und ich hatte Angst, er würde es hören.
»Cecylia, ich liebe dich.«
Plötzlich war ich in seinen Armen. Dann erstarrte ich. Nicht ich war es, die er liebte. Er liebte Cecylia Szarek.
»Lassen Sie mich los!« rief ich.
Er hielt mich nur noch fester.
»Das ist nicht dein Ernst, Cecylia. Gerade eben konnte ich spüren, daß du das nicht ernst meinst.«
»Doch, doch. Sie müssen mir glauben«, ich zögerte, »zu Ihrem eigenen Besten!«
»Zu meinem eigenen Besten? Was ist los, Cecylia? Erzähl es mir!«
»Das kann ich nicht.«

»Du kannst mir alles sagen. Sogar, wenn du ein Mitglied der polnischen Untergrundbewegung bist.«
Ich lachte. Ich lachte hysterisch.
»Verstehst du denn nicht? Ich liebe dich. Ich darf keine Beziehungen zu polnischen Frauen haben. Aber was immer du bist, das kann nichts an meinen Gefühlen ändern.«
»*Sie* verstehen nichts. Zwischen uns beiden liegt ein Abgrund . . .«
»Ach, du weißt nicht, wie sehr ich dich liebe . . .«
Bewegt lauschte ich seiner Stimme. Ich zitterte. O Gott, wie konnte ich bloß einen von ihnen lieben? »Mit mir ist etwas ganz und gar nicht in Ordnung«, flüsterte ich.
»Mit dir ist alles in Ordnung. Du liebst mich, ich fühle es.«
»Nein!« Ich protestierte. »Nein!«
Er zog mich näher an sich, seine Lippen berührten meine Augen, meinen Mund, und ich fühlte, wie ich schwach wurde. Ich stieß ihn fort. Als er mich wieder in seine Arme zog, schrie ich: »Ich bin Jüdin!« und rannte in die entfernteste Ecke des Zimmers.
Er schaute mich entgeistert an. »Unmöglich!« sagte er. Fühlte er sich beschmutzt? Von seinen bleichen Lippen kam wieder zitternd das Wort: »Unmöglich.«
»Unmöglich, daß Sie sich in einen ›Untermenschen‹ verlieben konnten?« schrie ich ihm von meiner Ecke aus zu.
»Hör auf!«
»Unmöglich, daß Sie sich in eine dreckige Jüdin verlieben konnten?«
»Hör auf!«
»Meine ganze Familie, und alle Menschen, die ich liebe, sind Juden. Mein Vater wurde deportiert, weil er darauf bestand, daß mein Bruder zuerst seine Frau retten solle. Mein Bruder – natürlich auch ein Jude – wurde verrückt über der Wahl, die er treffen mußte. Das ist die

Art von Familie, aus der ich komme, und das tut ihr uns an!«
»Hör auf! Hör auf!«
»Verhaften Sie mich. Sie werden wieder befördert werden, wie nach dem Raubüberfall, dafür, daß Sie einen Fall gelöst haben . . .«
Rechters Gesicht war weiß. Er versuchte, mich zu unterbrechen.
»Unmöglich, sagen Sie? Unmöglich, daß der Spitzenermittler mit all seiner Intelligenz getäuscht wurde? Was für ein Witz! Ich bin der ›Abschaum der Erde‹, wissen Sie. Ich sollte im Ghetto sein. Aber ich hatte Ambitionen. Ich dachte, ich könnte euer System besiegen . . .« Ich stockte keuchend, dann fuhr ich fort: »Erschießen Sie mich, warum erschießen Sie mich nicht?«
Er machte einen Schritt auf mich zu, blieb aber stehen, als ich weiterredete, nicht fähig, die Flut von Schmähungen zu bremsen, die aus mir herausdrängten. Erschöpft sank ich an der Wand zusammen. »Verhaften Sie mich!« sagte ich mit rauher Stimme.
»Ich habe kein Recht, in Konstancin Verhaftungen vorzunehmen«, erwiderte er ruhig. In starrer Haltung trat er auf mich zu, und von seinen zusammengepreßten Lippen kamen die Worte wie aus einem Automaten. »Ich muß jetzt gehen«, sagte er. »Ich bin im Dienst.« Er drehte sich hölzern um und ging langsam davon, wobei er völlig mechanisch die Treppe hinunterging, so, als sei alles Leben aus ihm gewichen.
Ich stand immer noch da, wo er mich zurückgelassen hatte, als Frania, die, ohne daß ich es gehört hatte, ins Zimmer geschlüpft war, fragte: »Was ist geschehen? Hat er dich angegriffen?«
»Pack deine Sachen«, sagte ich. »Sie werden mich holen kommen. Ich habe ihm gesagt, daß ich Jüdin bin.«
»Das glaube ich nicht!«

»Pack deine Sachen und verschwinde von hier.«
»Wir wollen nur einen kleinen Koffer nehmen, so daß wir laufen können, wenn wir dazu gezwungen sind.«
»*Ich* gehe nicht!«
»Du bist verrückt!«
»Ich kann mich jetzt nirgendwo mehr zeigen. *Allein* hast du eine bessere Chance.«
»Ohne dich habe ich gar keine Chance. Wohin könnte ich gehen? Komm mit mir!«
»Ich kann nicht. Ich bin müde. Du kannst zu Julek gehen. Du kannst zu Maria gehen.«
»Ohne dich bin ich verloren.«
Ich schleppte mich zum Bett und ließ mich fallen. »Geh. Bitte geh!«
Meine kleine Schwester legte sich neben mir nieder.
Die Dämmerung kam heran. In der tiefen Stille erklang hoffnungsvoll Franias Stimme: »Vielleicht zeigt er dich nicht an?«
Ich erzählte ihr noch einmal alles, was zwischen Rechter und mir geschehen war. Ich redete und weinte, bis ich erschöpft war, und dann schlief ich ein.
Als Frania mich aufweckte, war es dunkel. Darin geübt, jederzeit auf der Hut zu sein, war ich sofort auf den Füßen. »Sie sind hier, sie kommen uns holen«, flüsterte sie, und gleichzeitig hörte ich Schritte, die die Treppe heraufkamen.
Das Ende war da. Ich streichelte Franias Haar, während wir uns aneinanderklammerten.
Warum dauerte es so lange? Warum waren sie so still? Warum schlugen sie nicht die Tür ein?
Ich hielt die Anspannung nicht länger aus. Ich knipste das Licht an, stürzte zur Tür und riß sie auf.
Das Licht, das auf den Gang fiel, beleuchtete einen gespenstisch aussehenden Rechter.
Im nächsten Augenblick war ich in seinen Armen.

»Armer, armer Liebling«, flüsterte er. »Armer, armer Liebling. Wie konnte ich dich in einem solchen Zustand alleine lassen?«
Er erblickte Frania, sah mich an und ließ mich los.
»Das ist Frania Stanislawska, meine beste Freundin«, sagte ich. »Sie weiß alles über mich.«
Wir setzten uns auf das Bett. Seine Augen liebkosten mich und seine Hände streichelten die meinen.
Frania goß uns etwas zu trinken ein. Überglücklich sagte sie: »Auf euch beide!« Dann griff sie nach ihrem Pullover, öffnete die Balkontür und sagte: »Ich werde das Tor bewachen.«
Wir warteten, bis sie die Tür geschlossen hatte, und fielen einander dann wieder in die Arme.
»Vergib mir, Liebste«, sagte er. »Die letzten drei Stunden müssen für dich die Hölle gewesen sein. Aber ich brauchte Zeit zum Nachdenken. Ich möchte, daß du weißt, daß ich es immer gehaßt habe, Ermittlungsbeamter bei der Polizei zu sein. Jetzt bin ich für meine Stellung dankbar, denn ich werde dich schützen können. Heute abend will ich dich nur im Arm halten, in der kurzen Zeit, die ich bleiben kann. Ich muß mich bald wieder auf den Weg machen. Ich habe heute abend Dienst.«
Er küßte mich und streichelte mich, dann mußte er gehen. An der Tür drehte er sich um und sagte: »Ich bin glücklich, weil du mir vertraut hast. Morgen abend komme ich wieder.«
Ich ging zum Balkon und beobachtete, meinen Arm um Frania gelegt, wie Rolf pfeifend die Auffahrt hinunterging. Plötzlich begann er zu laufen. Als er am Tor ankam, öffnete er es nicht, sondern kletterte daran hoch und sprang auf die andere Seite.

16

Am nächsten Morgen, auf dem Weg zum Bahnhof, berührten meine Füße kaum den Boden. Am späten Nachmittag würde Frania Julek besuchen gehen, und heute abend würde ich allein mit Rolf sein. Er würde mich in seinen Armen halten.

Wie glücklich ich war!

Was würde Vater dazu sagen? Ich würde Rolf erzählen, was mit ihm geschehen war. Er wußte vielleicht, wohin man ihn geschickt hatte. Mir erschien es zu dieser Zeit so, als könne Rechter alles erreichen.

Ich tanzte über den Bahnsteig, ich sprang in den Zug. Während des ganzen Weges nach Warschau war mir, als würde ich fliegen. Ich erlaubte mir den Luxus einer Fahrradrikscha, stürzte in die Vinetta-Büros und jubelte laut: »Guten Morgen allerseits!« Maria küßte ich sogar. Die Übersetzung eines schwierigen Vertrages wurde mit einem Mal einfach. Das schreckliche Eintopfgericht in der ›Gondel‹ schmeckte köstlich. Ich lachte mit den anderen Mädchen über Berlers neueste Schwärmerei, den Buddhismus, und kehrte in übermütigster Laune, wie im Rausch, in mein winziges Büro zurück.

Das Telefon klingelte.

Es war Weinstein, der mich bat, sofort in sein Büro zu kommen.

Seit meiner erfolgreichen Intervention auf dem Umschlagplatz gab Weinstein mir immer wieder dicke Umschläge, die ich auf dem Weg zur BBH irgendwo unterwegs ablieferte. Es waren unzählige Botschaften ins Ghetto und aus dem Ghetto – mündlich und schriftlich –, und obgleich ich mitunter das Gefühl hatte, er nutze meine Bereitwilligkeit, zu helfen, aus, konnte ich es nicht abschlagen.

In letzter Zeit hatte Berler die Anzahl meiner Gänge ins Ghetto auf ein Minimum beschränkt. Vielleicht waren die Gerüchte, die sich draußen verbreiteten, auf den Straßen werde geschossen, wahr. Herr Kormans Vorbereitungen, aus dem Ghetto zu fliehen, bewiesen, wie sehr sich das Leben dort verschlechtert hatte. Unter dem Vorwand, Handelsware zu transportieren, gelang es mir, einen Teil seiner Habe aus dem Ghetto in den arischen Teil der Stadt zu bringen.

Ich ging langsam die Treppe hinunter. Im Antiquitätenladen fragte ich nach Weinstein und wurde in seinen Raum geführt.

»*Dzien dobry* (guten Tag), Fräulein Szarek!«

Weinsteins Begrüßung war wie immer äußerst herzlich. »Darf ich Sie mit Herrn Parczycki bekannt machen?« Er wies auf einen fremden Mann, der zusammengesunken auf einem Stuhl saß. Er bot mir einen Platz an, gab mir eine Zigarette und sagte: »Herr Parczycki hat eine jüdische Freundin im Ghetto. Er möchte ihr zehntausend Zloty schicken, damit sie sich einen Arbeitsplatz in einer von Deutschen betriebenen Fabrik kaufen kann. Das wird sie vor Deportation schützen, und die beiden können darauf hoffen, bald wieder vereint zu sein.«

Mir schien es ganz offensichtlich, daß Herr Parczycki selbst Jude und seine ›Freundin‹ im Ghetto seine Frau war. Was sie von mir verlangten, war, daß ich, eine – wie sie annahmen – polnische Frau, mein Leben für sie aufs Spiel setzte.

»Ich habe Ihnen in der letzten Woche gesagt, Herr Weinstein, es wäre das letzte Mal, daß ich eines Ihrer Päckchen ins Ghetto tragen würde. Es war damals schon gefährlich, und das ist es auch jetzt . . .«

Weinstein, der auf und ab gegangen war, blieb vor mir stehen und sagte, seine schwarzen Augen fest auf mich

gerichtet: »Ich bitte Sie nur noch dieses eine Mal. Bringen Sie das Geld zu ihr!«
»Ich habe keinen Passierschein mehr.«
»Sie können sich leicht einen besorgen.«
»Wenn Berler mir einen Auftrag erteilt, werde ich mir einen Passierschein besorgen und gehen.«
»Ich habe ihn schon gefragt. Er hat es abgelehnt. Ich habe gedacht, Sie würden trotzdem helfen wollen.« Er zeigte auf den Fremden, dem die Tränen über die hohlen Wangen liefen.
Ich sah ein anderes Gesicht vor mir, mit leuchtendrotem Bart – mein Vater auf dem Marktplatz, der sein eigenes Leben opferte, so daß Abner und Sara zusammen sein konnten.
»Geben Sie mir das Geld«, sagte ich.
Parczycki sprang auf und ergriff meine Hand. »Gott segne Sie, Gott segne Sie!« sagte er.

An der Transferstelle, wo ich meinen Passierschein bekam, riet der Beamte mir, mich in acht zu nehmen. Er erzählte mir, daß die Bewohner des ›kleinen‹ Ghettos ins große Ghetto umzögen. »Und Sie kennen ja die Juden . . .«
Ich rief Rolf an und erfand eine Geschichte, daß ich für Vinetta ins Ghetto gehen müsse. Ich erzählte ihm, was der Beamte mir gesagt hatte, und fragte ihn, ob er mich begleiten könne.
Es war vier Uhr nachmittags, als die Wache am Eingang zum Ghetto meinen Passierschein überprüfte, und zu meinem Erstaunen wurde Rolf nach seinem gefragt. Lässig präsentierte Rolf seinen Polizeiausweis.
»Das ist kein Passierschein«, sagte der Posten.
»Das sollte genügen«, antwortete Rolf kurz angebunden.
Der Posten sagte, seine Anweisungen würden es ihm

verbieten, selbst Hitler ohne Passierschein durchzulassen. Er fragte Rolf, was in der Tasche wäre, die Rolf mir aus der Hand genommen hatte, um sie für mich zu tragen.

»Nichts!« antwortete Rolf.

Der Posten verlangte von Rolf, er solle sie öffnen, sah ein in Zeitungspapier eingewickeltes Päckchen, riß die Verpackung auf, und ein Bündel Geldscheine wurde sichtbar. Ohne ein Wort schickte der Posten uns in eine nahegelegene Baracke. Er griff nach dem Telefon und erstattete seinem Vorgesetzten, einem Sturmbannführer, Bericht darüber, daß zwei Leute gefaßt worden seien, die versucht hätten, Geld ins Ghetto zu schmuggeln, und einer davon sei ein Deutscher.

Kurz danach fuhr der Sturmbannführer in einem Mercedes vor. Er befragte Rolf und befahl dann uns beiden, in seinen Wagen zu steigen. Wir wurden ins Hauptquartier der Kriminalpolizei gebracht. Dort fragte er nach Rolfs Vorgesetztem. Als man ihm sagte, Kommissar Korben sei schon nach Hause gegangen, befahl er, ihn zurückzurufen.

Er ließ uns auf dem Flur stehen, von einem Polizisten bewacht.

Schließlich kam Kommissar Korben. Er war ein großer, breitschultriger Mann. Obgleich er orientalische Gesichtszüge besaß, war es unmöglich, daß er eine solche Abstammung hatte, denn sonst wäre er keinesfalls in dieser Stellung gewesen. Ohne einen einzigen Blick auf mich zu werfen, befahl er Rolf, ihm in sein Büro zu folgen. Dann hörte ich, wie er Rolf anbrüllte.

Wie konnte ich nur den Mann, den ich liebte, in mein Unglück hineinziehen? Bei mir war es nur eine Frage der Zeit, aber warum hatte ich Rolf mit an den Rand des Abgrunds gezogen?

Ich stand auf.

Der Polizist war sofort alarmiert.
»Ich muß mit dem Kommissar sprechen«, sagte ich.
»Bleiben Sie sitzen und verhalten Sie sich ruhig!« befahl der Posten.
Die Tür neben dem Büro des Kommissars öffnete sich, und Schleger, der grimmig dreinblickte, kam heraus. »Es sieht nicht gut aus«, sagte er zu mir. »Ich habe gehört, wie der Kommissar aus vollem Halse brüllte, und ich habe durch die Verbindungstür gesehen, daß Rolf ihm seine Waffe geben mußte.« Dann sah Schleger den seltsamen Ausdruck auf dem Gesicht des Bewachers und kehrte schnell dahin zurück, von wo er gekommen war.
Überlegungen, wie ich Rolf aus dieser Zwangslage heraushelfen könnte, überschlugen sich in meinem Kopf. Sie liefen alle auf eine einzige Möglichkeit hinaus, und deshalb mußte ich den Kommissar noch in diesem Augenblick sprechen. Aber die Zeit schien stillzustehen. Als er endlich aus seinem Büro herauskam und den Gang entlanggehen wollte, war ich mit einem Satz bei ihm: »Herr Kommissar«, flehte ich, während er mich unbewegt anschaute, »ich muß mit Ihnen sprechen!«
»Ich bin jetzt beschäftigt!« schnauzte er. »Sie werden noch früh genug gerufen!«
»Sie müssen mich jetzt anhören! Bitte! Bevor Sie weitere Maßnahmen ergreifen!«
Ein Hauch von Neugierde kam in seine Augen. »Ich habe jetzt keine Zeit. Aber ich werde noch mit Ihnen reden, da können Sie sicher sein.«
Ich weigerte mich, mich von dem drohenden Klang seiner Stimme einschüchtern zu lassen. Ich lief hinter ihm her und rief: »Es wird Sie interessieren zu hören, was ich zu sagen habe, das weiß ich ganz bestimmt!«
Er öffnete eine Tür und warf sie mir vor der Nase zu. Der Bewacher griff nach meinem Arm und zog mich wieder auf die Bank zurück.

Plötzlich kam Kommissar Korben heraus, rief mich herein und bot mir sogar einen Platz an.
Auf der Stuhlkante sitzend, platzte ich heraus: »Sie müssen die Wahrheit erfahren. Das Geld, das Sie bei Rechter gefunden haben, ist *mein* Geld. Jetzt, wo bombardiert wird, hielt ich es für sicherer, es bei mir zu haben. Als ich heute für Vinetta ins Ghetto ging, bat ich Herrn Rechter, mit mir zu kommen, weil ich hörte, daß die Lage dort gespannt wäre. Herr Rechter trug als Kavalier meine Tasche. Ich schwöre Ihnen, er wußte nicht, was darin war, bis sie vom Posten am Tor geöffnet wurde.« Ich holte Luft. »Das ist die Wahrheit, Herr Kommissar.« Ich sah ihm gerade in die Augen.
»Was ist zwischen euch beiden?« fragte er ruhig.
»Wir sind Freunde!«
»Oh, ich verstehe, nichts als Freunde?«
»Nein, nur Freunde.«
Er warf mir ein belustigtes Lächeln zu. »Wissen Sie nicht, daß es Deutschen verboten ist, mit Polen zu fraternisieren?«
»Nein«, sagte ich.
Er drückte auf einen Klingelknopf, und Schleger kam herein. »Bleiben Sie bei ihr!« befahl er und verließ das Zimmer.
Kurz darauf hörte ich, wie draußen auf dem Hof ein Auto losfuhr. Schleger trat ans Fenster und schaute hinaus. »Korben fährt fort«, sagte er. Dann drehte er sich zu mir. »Rolf ist immer noch in Korbens Büro, zusammen mit Korbens Vertreter, Herrn Kruger. Es sieht böse aus für Rolf.«
Wir starrten einander an. Mein Herz schlug fürchterlich.
»Ich muß unbedingt telefonieren«, sagte ich.
Schleger schaute mich entsetzt an. »Unmöglich!«
»Es ist um Rolfs willen«, sagte ich. »Wenn jemand kommt, dann stürzen Sie sich auf mich, als hätte ich

gerade erst nach dem Telefon gegriffen!« Ohne auf Schlegers Antwort zu warten, griff ich nach dem Telefon und gab der Telefonvermittlung Zosias Nummer. Ich hörte, wie es klingelte, und dann Zosias: »Ja, bitte!«
»Hör zu, Zosia. Hör genau zu. Ich bin heute mittag geschäftlich für Vinetta ins Ghetto gegangen. Rolf war bei mir. Es gab ein Mißverständnis, und wir wurden verhaftet. Nimm Verbindung zu Berler auf.«
Schleger sagte: »Genug, genug!«
Ich legte auf. Hatte Zosia mich verstanden? Würde Berler seinen Kopf für uns hinhalten? Wenn nicht, würde ich der Lüge überführt werden, und Korben würde erfahren, daß wir versucht hatten, Geld ins Ghetto zu schmuggeln. Wir saßen schweigend da und warteten, Schleger bot mir eine Zigarette an.
Gegen elf Uhr kam Korben zurück. Er schickte Schleger fort und ließ Kruger rufen. Er zündete sich gerade eine Zigarre an, als sein Stellvertreter hereinkam und schon auf der Schwelle fragte: »Wie ist es gelaufen, Chef?«
»Ich hab's geschafft!« sagte der Kommissar und grinste befriedigt. »Dieser SS-Mann ist eine harte Nuß, aber Sie kennen mich ja. Der soll mir meine Männer nicht in einen solchen Schlamassel ziehen. Nicht meine Männer!«
Seine schwarzen Augen zwinkerten, und sein unergründliches Gesicht strahlte.
Kruger schüttelte seinem Vorgesetzten die Hand und sagte begeistert: »Großartig! Wirklich großartig, Chef!«
»Und was die hier betrifft –« Korben drehte sich zu mir um und blickte mich mit zusammengekniffenen Augen an, zog an seiner Zigarre und sagte: »Fräulein Szarek, ich muß darauf bestehen, daß Sie Rechter nie wiedersehen. Ich verlange, daß Sie mir das versprechen!«
»Warum?«
»Mit Polen zu fraternisieren, ist gegen das Gesetz«, sagte er. »Sie werden keinen Brief von ihm beantworten, und

Sie werden bei sich zu Hause und in Ihrem Büro mitteilen, daß Sie nicht zu sprechen sind, falls er Sie besucht. Ich empfehle Ihnen, sich an diese Anweisungen zu halten. Und hier ist Ihr Geld!« Das in Zeitungspapier gewikkelte Päckchen fiel in meinen Schoß. »Zählen Sie es. Kruger, Sie sind Zeuge. Ich will nicht, daß man die Ehrlichkeit der deutschen Polizei in Zweifel zieht.«
»Mein Geld ist mir egal!« rief ich. »Aber Herrn Rechters Freundschaft ist mir kostbar.« Ich legte das Päckchen auf den Schreibtisch.
»Sie verstehen mich nicht, Fräulein Szarek. Dieses Versprechen ist Vorbedingung für Ihre Entlassung. Um das Geld geht es nicht.«
»Unter einer solchen Bedingung will ich nicht entlassen werden!«
»Nicht nur *Ihre* Entlassung hängt davon ab, sondern auch die von Rechter.«
Er hatte mich da, wo er mich haben wollte. Ich beugte mich. »Jetzt zählen Sie das Geld. Kruger, lassen Sie sich eine Quittung von ihr unterschreiben!«
Ich unterschrieb die Quittung, und Kruger gab mir eine Bescheinigung, die es mir gestattete, noch nach der Sperrstunde nach Hause zu gehen. Er brachte mich die Treppe hinunter zum Haupteingang und sagte: »Es tut mir leid, Fräulein Szarek . . .«
Draußen warf ich einen Blick zurück auf das Hauptquartier der Kriminalpolizei und auf die vergitterten Fenster der Gefängniszellen.
Wieder einmal hatte ich eine brenzlige Situation gut überstanden.
Ich atmete tief die Nachtluft ein, atmete aus und atmete wieder ein. Nur um es zu genießen.
Ich begann, rasch zu gehen, nur um des Vergnügens willen, die Bewegung meiner Glieder zu spüren. Ich bog um eine falsche Ecke, doch das machte mir nichts aus

– ich ging einfach immer weiter und breitete plötzlich weit meine Arme aus – ich wünschte, ich könnte die ganze Stadt umarmen. Ich würde einen Weg finden, Rolf im geheimen zu sehen. Aber dann stiegen Tränen in meine Augen. Ich wischte sie weg und ging weiter.
Auf einmal wurde mir bewußt, daß ich verfolgt wurde. Ich schaute nicht zurück. Mir wurde klar, daß ich wieder angehalten und verhaftet werden konnte. Leute wurden immer unter dem geringsten Vorwand aufgegriffen.
Vor mir in der Dunkelheit tauchte eine Kirche auf. Ich eilte auf sie zu, aber die Türen waren verschlossen.
Ich fiel auf die Knie und betete zum Gott aller Menschen um Standhaftigkeit und darum, noch ein bißchen länger leben zu dürfen.

17

Die hallenden Schritte hinter mir kamen immer näher. Ich drückte mich an die Mauer und klammerte mich zitternd an ihr fest. In wenigen Augenblikken war ich der Person, die mir folgte, ausgeliefert. Die vermummte Gestalt ging in der Dunkelheit vorüber, und der Klang der Schritte wurde langsam leiser.
Ich stand auf. Der sicherste Platz für mich würde Konstancin sein, wo ich nicht polizeilich registriert war. Aber zu dieser Nachtzeit war es unmöglich, dort hinzukommen, so mußte ich das Risiko eingehen und in die Wohnung von Waclawa zurückkehren, in mein ›ordnungsgemäßes Heim‹.
Alles war genauso, wie ich es vor ein paar Tagen zurückgelassen hatte, als ich gekommen war, um einige

warme Kleidungsstücke für Konstancin zu holen. Korben hatte mein Zimmer nicht durchsuchen lassen.
Als ich anfing, mich auszuziehen, begann das Telefon im Flur zu klingeln. Zu dieser Stunde konnte es nur für mich sein. Die Person, die mir gefolgt war, hatte mich unterwegs aus den Augen verloren und stellte nun Nachforschungen an. Wenn ich nicht antwortete, dann würde es ein anderer Mieter tun. Ich lief in den Flur. Meine Stimme zitterte, als ich »Hallo!« sagte.
»Kann ich mit Fräulein Szarek sprechen?«
»Wer spricht da?«
»Mein Name ist Schleger –«
»Ich bin es, Herr Schleger!«
»Gott sei Dank. Rolf ist vor Sorge außer sich. Ich konnte ihm keine Auskunft darüber geben, was geschah, nachdem Korben mich fortgeschickt hatte.«
Ich holte tief Luft.
Dann hörte ich Rolfs Stimme: »Ich bin der glücklichste Mensch auf Erden. Gott sei Dank, du bist in Sicherheit, mein Liebling!«
»Und *du*, Rolf?«
»Mir geht es gut, wirklich gut!«
»Rolf, ich mußte deinem Chef versprechen, dich nicht wiederzusehen. Nicht einmal am Telefon mit dir zu sprechen. Ich *mußte* es tun.«
»Ich mußte auch schwören, dich nicht zu treffen. Korben und Kruger haben mich dazu gezwungen.«
»Nenn am Telefon keine Namen!«
»Ich werde mein Versprechen nicht halten!«
»Aber es war ein Befehl! Sie werden es herausfinden.«
»Ich weiß nur, daß ich dich nicht aufgeben werde. Wenn ich für mein Glück zahlen muß, dann werde ich eben zahlen. Selbst wenn das zwei Jahre in einem Konzentrationslager bedeutet –«
»Ich werde nicht zulassen, daß du dein Leben ruinierst.«

»Das können sie uns nicht antun!«
»Genau das können sie uns antun . . .!«
»Ich pfeife auf sie! Wenn sie jetzt zuhören, dann sollen sie wissen, daß du mir mehr bedeutest als der ganze verdammte Krieg!« Dann schwieg er, als ob er über die Leidenschaftlichkeit seiner eigenen Worte und die Konsequenzen, die sie haben konnten, entsetzt wäre.

Frania hatte in Konstancin ein Zimmer gemietet. Sie hatte eine Schneiderin getroffen, die ihr von ihrem Nachbarn erzählte, einem Gärtner namens Antony, der einen Mieter suchte.
Das Zimmer war winzig und befand sich in einem von einer fünfköpfigen Familie bewohnten Torhaus auf einem weitläufigen Anwesen. Ein mit allen modernen Bequemlichkeiten ausgestattetes luxuriöses Landhaus, ungefähr einhundertzwanzig Meter entfernt, stand leer, sein jüdischer Besitzer, Wirtman, war fort.
Frania hatte sich bei der Polizei von Konstancin registrieren lassen und war sofort, nachdem sie die vorgeschriebenen Ausweispapiere hatte, nach Warschau gefahren, um sich dort nach einem Zimmer umzuschauen, so daß sie im Notfall zwei Wohnungen hatte. Sie hatte ein Zimmer in der Creditowastraße nicht weit vom Vinetta gemietet und Arbeit gefunden, die sie zu Hause machen konnte: Sie häkelte und strickte Kleider.
Ich war so mit Frania beschäftigt, daß ich irgendwie in der Lage war, Rolf halbwegs aus meinen Gedanken zu verbannen. Seit jenem schrecklichen Tag waren zwei Wochen vergangen. Er hatte regelmäßig beim Vinetta angerufen und mich gebeten, mich nach der Arbeit mit ihm zu treffen. Aber ich hatte ihn unter verschiedenen Vorwänden abgewiesen. Das wurde zunehmend schwieriger, vor allem, wenn meine Kolleginnen dabei waren, deren Sympathien allesamt auf seiner Seite waren. Ich

konnte fühlen, daß mein Widerstand immer schwächer wurde, und entschied mich, Kommissar Korben zu bitten, uns von unserem Versprechen zu entbinden. Ich schrieb den Entwurf eines Briefes.

Sehr geehrter Herr Kommissar!
Gab es unter den Gemälden, die Sie je in Ihrem Leben gesehen haben, nicht eines, das Ihnen mehr bedeutete als alle anderen?
Unter all den Konzerten, die Sie gehört haben, gab es da nicht eines, das Sie stärker ergriff als die übrigen?
Und unter allen Landschaften, die Sie kennen, gab es da nicht eine, wo Sie sich am meisten zu Hause gefühlt haben?
Rolf Rechter und ich, wir fühlen, daß wir einer im anderen jenes Gemälde gefunden haben, das uns verzaubert, jenes eine Konzert, das in uns widerhallt, und jene eine Landschaft, zu der wir gehören.
In den vergangenen zwei Wochen haben wir einander nicht gesehen. Wir haben unser Versprechen gehalten. Aber schon jetzt ist es unerträglich geworden, und ich spüre, wie ich schwach werde. Da Sie mir gesagt haben, daß mein Wortbruch ihm Schaden bringen würde, weiß ich nur einen Ausweg: Ich bitte Sie, Herr Kommissar, uns von unserem Versprechen zu befreien. Ich flehe Sie an, gestatten Sie, daß inmitten all der Brutalität des Krieges etwas Schönes überlebt!
Hochachtungsvoll Cecylia Szarek

Ich legte den Brief beiseite, um ihn zu einem späteren Zeitpunkt zu verbessern. Ein weiterer Anruf von Rolf jedoch ließ mich so verzweifelt wünschen, ihn zu sehen, daß ich zu sofortigem Handeln getrieben wurde.
Ich ging zum Polizeihauptquartier und bat darum, Herrn Kruger zu sprechen.

»Ich brauche Ihren Rat«, sagte ich ihm. Zuerst ließ ich ihn den Brief an den Kommissar lesen und fragte ihn dann, ob er der Meinung sei, ich solle ihn abschicken.
»Was haben Sie zu verlieren?« fragte Kruger.
Gerade, als ich gehen wollte, trat Korben ein. Kruger, der ein wenig aus der Fassung geriet, weil er bei einer privaten Unterhaltung mit einer Polin ertappt worden war, sagte, daß ich auf ihn gewartet habe.
Ich steckte in der Patsche.
Korben bat mich in sein Büro, und da ich keine andere Wahl hatte, übergab ich ihm den Brief.
Er las ihn wieder und wieder, seine orientalischen Gesichtszüge zeigten keine Emotionen. Dann schaute er mich einen Augenblick lang an, danach stand er auf und verließ das Büro.
Ich hörte ihn fürchterlich über den Flur brüllen. Für diesen Brief wird er mich umbringen, dachte ich.
Dann öffnete sich die Tür. Ich traute meinen Augen nicht.
Es war Rolf.
»Cecylia, du?« Er war ebenso erstaunt wie ich. »Der Kommissar sagte, da wäre ein Anruf für mich.« Er lächelte mich strahlend an. »Du bist es wirklich!« sagte er, nahm mich in seine Arme und drückte mich fest an sich.
Korben gab Rolf den Nachmittag frei. Als wir weggingen, schüttelte der Kommissar mahnend den Finger. »Ihr junges Volk, seid vorsichtig. Wenn sie euch je wieder erwischen –«
Als wir am Zimmer seines Stellvertreters vorbeigingen, sahen wir, wie er uns glücklich zulächelte.
Auf dem Weg nach Konstancin jedoch wahrten wir den Schein, aber das Schweigen zwischen uns war mit einer wunderbaren Spannung geladen.
Ich mußte mein Verlangen, seine Hand, sein Haar, seine

Wangen zu berühren, unterdrücken, denn ich fürchtete die Verachtung der polnischen Mitreisenden. Aber sobald wir im Wald waren, schlangen wir unsere Arme umeinander.

Rolf trat Steine aus meinem Weg und bog tiefhängende Zweige von mir weg. Der Weg, der zur Villa Juni führte, war nicht länger von Geistern bevölkert.

Schweigend stiegen wir die schwach beleuchtete Treppe hinauf.

In meinem Zimmer nahm Rolf den Schlüssel aus meiner Hand, steckte ihn ins Schlüsselloch und drehte ihn zweimal herum.

»Ich liebe dich, Cecylia«, sagte er, und zum ersten Mal preßte sich sein Körper gegen meinen. »Ich liebe dich mehr als mein Leben, und ich fühle, daß auch du mich liebst, mein Liebling, auch wenn du es nicht fertigbringst, das zu sagen.«

18

Rolf nahm mir das Versprechen ab, ihn zu benachrichtigen, wann immer ich meine Wohnung oder mein Büro verließ, ob ich über Nacht bei Waclawa blieb und welchen Zug ich nach Konstancin nahm. Falls ich verhaftet wurde, konnte er dann ohne Verzögerung versuchen, meine Entlassung zu erwirken. Nur wenn die Gestapo beteiligt war, war er möglicherweise machtlos. Ich hielt mein Versprechen nicht immer. Ich erzählte ihm nichts von meinen Beziehungen zu Weinstein.

Weinstein hatte sich meinen Ghetto-Passierschein für seine Schwester ausgeborgt, die ihn benutzen wollte, um aus dem Ghetto in den arischen Teil der Stadt zu flüchten. Zwei Tage später rief eine Fremde mich an, nannte Weinsteins Namen und bat mich, sie am Belweder-Bahnhof zu treffen.

Malwina, die ungefähr in meinem Alter war, gab mir meinen Passierschein zurück und vertraute mir an, daß sie nicht Weinsteins Schwester war, sondern ein Flüchtling, dem er half. Morgen würde sie sich mit einer hilfsbereiten nicht-jüdischen Freundin in Verbindung setzen, aber heute nacht wußte sie nicht, wo sie schlafen sollte.

Ich konnte sie nicht zu Waclawa mitnehmen, die vielleicht mißtrauisch werden würde, und mußte eine Verabredung mit Rolf absagen, um sie nach Konstancin zu bringen.

Malwina nahm weder am nächsten Tag noch am Tag darauf Kontakt zu ihrer nicht-jüdischen Freundin auf, sie zog es vor, in der Villa Juni zu bleiben. Eine ganze Woche lang ging ich Rolf aus dem Weg, weil ich Malwina Verpflegung bringen mußte. Wir schliefen zusammen in meinem Bett, bis ich ihr sagte, daß sie nicht länger willkommen war. Danach bat mich Weinstein wieder und wieder, ihm meinen Passierschein zu leihen, bis es zur Vier-Tage-Routine wurde.

Obgleich es gewiß kein Vergnügen für mich war, mein Bett mit ungepflegten Fremden zu teilen, hatte mein Dasein, das fühlte ich, einen Sinn bekommen, der höher war, als bloß mein eigenes Leben zu retten. Den Schweiß der Malwinas, Bertas, Friedas und Reginas zu riechen, wurde zum regelmäßig wiederkehrenden Teil dieses Lebens. Die meisten von ihnen waren größer und dicker als ich, und anders als Frania, die sich an der Wand zusammenrollte, hatten sie die Neigung, mich an die Bettkante zu schubsen. Es war schwierig, sie loszuwerden, denn sie fühlten sich in dem Villa-Juni-Versteck sicher.

Kein Wunder, daß Weinstein mich drängte, sie zum schnellen Weiterziehen zu veranlassen, denn andere ›Verwandte‹ warteten darauf, an die Reihe zu kommen, und es bedeutete sofortigen Tod, wenn jemand ohne gültige Papiere außerhalb des Ghettos erwischt wurde. Obgleich ich die meiste Zeit über völlig erschöpft war und in Ruhe gelassen werden wollte, wurde ich doch, wenn ein paar Tage vergingen, ohne daß ein Flüchtling in Sicht war, ruhelos und wartete begierig darauf, daß Weinstein mich anrief.

Bisweilen wurde das Planen und Herumlaufen zu viel für mich. Die Geschichten von dem Ruhm, den ich im Ghetto genoß – mein Spitzname wurde ›die goldene Schickse‹ – trösteten mich wenig. Und vor allem eines fand ich besonders störend: Ich mußte meine Gewohnheit, auf den Rest von Brunos Fotografie zu schauen, bevor ich einschlief, aufgeben, denn ich mußte mich jederzeit vor diesen jüdischen Mädchen ebenso in acht nehmen wie vor den nicht-jüdischen. Diese kostbaren Augenblicke der Intimität mit meinem Kind mußte ich viele Male opfern.

In jüngster Zeit kam mein Sohn nicht mehr im Traum zu mir, sondern tauchte vor mir auf, wenn ich aß. Bleich, abgemagert, ohne Glanz in seinen flachsblonden Haaren, wankte er auf spindeldürren Beinen heran und starrte mit gräßlicher Intensität auf meinen Teller.

Verhungerte mein Kind? Wurde es mißhandelt? Machte es mir Vorwürfe?

Machte es mir Vorwürfe? Ich sah seinen schlanken Körper auf dem Schoß seines Großvaters zusammengerollt, während er Tischgebete sang. Es war Freitagabend am Eßtisch. Vater war aus seinem Versteck in Radroz nach Hause gekommen, einen Tag, nachdem die Deutschen hinter die vereinbarte Grenzlinie am San zurückgegangen

waren. Doch für Bruno und mich war das Glück unserer Wiedervereinigung getrübt. »Du hast nichts von Mark gehört, nicht wahr?« fragte Vater.
Bruno drehte sich zu mir um und starrte mich an. Machte er mir Vorwürfe? »Nein, das habe ich nicht.«
Die Lichter der sechs Kerzen in den silbernen Kerzenleuchtern auf dem Tisch flackerten.
»Du wirst bald von ihm hören«, sagte Vater, und sein Gesicht strahlte wieder Glück und Heiterkeit aus wie einen Augenblick zuvor. »Danken wir Gott dafür!« fügte er hinzu.
»Es ist noch nicht vorbei«, sagte Abner. »Noch ein paar Tage, und die Russen sind hier. Wer weiß, wie die Kommunisten uns behandeln werden?«
Vaters Lächeln verschwand für einen Augenblick, aber seine Worte klangen vertrauensvoll und zugleich prophetisch: »Die Russen mögen uns vielleicht einige Sorgen bereiten, aber niemals so wie die Deutschen. Wie es auch kommt, Gottes Wege sind uns Sterblichen unbekannt. Möge sein Wille unser Gesetz sein.«
Ein Gedanke zuckte plötzlich durch meinen Kopf: Von den beiden Männern, Mark und meinem Vater, war der letztere der bei weitem Stärkere. Nach den Gesetzen der Thora lebend, hatte er sein Gleichgewicht gefunden. Er verlangte wenig vom Leben und akzeptierte es, wenn er noch weniger erhielt.
Mark war ebenso entschieden wie Vater. Sein Ziel war es jedoch, von den Christen akzeptiert zu werden. Seiner Meinung nach war die Haltung der Chassidim und der Orthodoxen der Hauptgrund für den Antisemitismus. Er erwartete, die Nicht-Juden für sich zu gewinnen, indem er alles ablehnte, was Judentum ausmachte. Aber seine ganze Position brach zusammen, und er war nicht fähig, auch nur dem ersten Sturm zu widerstehen, als die Umstände ihn dazu zwangen, sich seinem Jüdisch-Sein zu

stellen. Er lief vor mir, der Zeugin des Zusammenbruchs seiner Philosophie, davon.
Der Gedanke, daß er vielleicht meine Hilfe nötiger hatte als Vater, brachte mich dazu, mich nach ihm zu sehnen.
Ich zwang mich zu einem Lächeln, trat zu Vater und nahm Bruno aus seinen Armen in meine. Ich drückte Bruno eng an mich und flüsterte ihm ins Ohr: »Kindchen, sobald die Busse wieder fahren, werde ich deinen Vati nach Hause bringen.«

Rolf hatte Zugang zu Leuten, die unter Arrest standen oder die im Gefängnis waren, weil gegen sie ermittelt wurde, und manchmal sogar zu denen, die im Pawiak-Gefängnis als politische ›Kriminelle‹ festgehalten wurden. Alles, was er dazu tun mußte, war, den politischen Gefangenen eines gewöhnlichen Verbrechens zu beschuldigen, und er erhielt eine Spezialerlaubnis, um ihn zu verhören. Während dieses Verhörs hatte er Gelegenheit, dem Beschuldigten mitzuteilen, wie er seine Unschuld beweisen oder sich ein Alibi verschaffen konnte.
Aber Rolf nahm dieses Risiko nur in solchen Fällen auf sich, wo unmittelbar der Tod drohte.
Mit Fällen, die direkt ins Kriminalhauptquartier kamen, hatte er es leichter. Einige kamen ganz von selbst im normalen Ablauf auf seinen Schreibtisch. Bei anderen konnte er durch seine Kollegen intervenieren. Unzählige Leute wurden auf sein Eingreifen hin freigelassen. Aber es gab auch noch andere Angelegenheiten, denen er seine Aufmerksamkeit schenkte.
Seit einiger Zeit hatte Schone ein monatliches Schweigegeld an zwei arbeitslose Polen gezahlt, die ein lukratives Geschäft daraus gemacht hatten, Personen zu erpressen, die sie für Juden hielten. Das Geld, das Schone aus Krakau mitgebracht hatte, war ganz und gar an diese Erpresser gegangen. Jetzt hatte er den Verdacht, daß sie

ihn um der Belohnung willen denunzieren würden, wie sie es bei anderen Opfern gemacht hatten. »Ich habe mir überlegt, ob ich in eine andere Stadt gehen soll«, sagte er zu mir, »aber wie weit würde ich mit dieser Nase kommen?«

Ich erzählte Rolf von Schone, dem ›Protestanten‹, der wegen der Form seiner Nase mit zwei polnischen Lumpen Ärger hatte. Ich sagte ihm, er sei in irgendwelche Untergrundgeschichten verwickelt und wolle deshalb nicht ins Hauptquartier kommen, um Anzeige zu erstatten.

Ich nannte Rolf Zeit und Ort des nächsten Besuchs der Ganoven. Die Erpresser waren sich Schones so sicher, daß sie es wagten, zum Vinetta zu kommen, um ihr ›Stipendium‹ abzuholen.

Rolf tauchte in Uniform auf und befahl ihnen, ihre Arbeitskarten vorzuzeigen. Da die beiden Ganoven keine hatten, lieferte er sie beim Arbeitsamt ab, von wo aus sie nach Deutschland geschickt wurden. Dort würden sie in Munitionsfabriken arbeiten, in denen sie auch Bombardierungen ausgesetzt waren.

Kurze Zeit darauf brauchte Frau Schone Hilfe. Ihre Vermieterin ließ erkennen, daß sie sie verdächtigte, und Frau Schone beschloß, in eine andere Wohnung umzuziehen. Ihre Vermieterin wollte ihr jedoch nicht erlauben, irgend etwas von ihrer Habe mitzunehmen.

Rolf ging in Uniform Frau Schone besuchen. Die Haltung der Vermieterin veränderte sich sofort. Sie bat Frau Schone, doch bitte zu bleiben, und bot sogar an, die Miete zu senken. Frau Schone zog trotzdem um und nahm alles mit, was ihr gehörte, während Rolf zuschaute.

Die Gründlichkeit und Grausamkeit, mit der die Deutschen ihre Befehle ausführten, ließ keinen Raum für die Annahme, es könne auch Ausnahmen unter ihnen geben.

Das ist der Grund dafür, daß die Tatsache, daß Rolf wiederholt seine Freiheit – und in einigen Fällen sein Leben – aufs Spiel setzte, ein Phänomen war, über das wir uns alle wunderten.

Marias Cousin – später fanden wir heraus, daß es ihr Bruder war – war verhaftet worden. Er wurde irgendeines Vergehens beschuldigt, das mit Postsachen zu tun hatte. Maria behauptete, er sei unschuldig, aber das tat kaum etwas zur Sache. War er erst einmal in den Händen der Polizei, würde bald ans Licht kommen, daß er ein getarnter Jude war.
Rolf fand heraus, daß er im Hauptquartier der Kriminalpolizei festgehalten wurde, richtete es so ein, daß er den Fall zur Untersuchung übertragen bekam und veranlaßte, daß er entlassen wurde.
Die folgenden Wochen und Monaten brachten eine Flut von Bittstellern in mein Zimmer bei Waclawa. Freunde, Kollegen, Bekannte – der Kreis wurde immer weiter. Ich überbrachte Rolf die Bitte, und er schien ihrer nie überdrüssig zu werden.
»Diese Probleme betreffen die Nation, die sie geschaffen hat, und ich bin mitverantwortlich«, sagte er eines Abends. »Ich kann nicht fassen, was meine Landsleute getan haben. Ich habe versucht, es zu rationalisieren. Ich habe mir selbst gesagt, daß gewisse Mittel gerechtfertigt sind, wenn wir unser nationales Schicksal erfüllen wollen, aber von dem Tag an, an dem ich begann, für die Polizei zu arbeiten, habe ich nichts als Böses gesehen – Böses, das sich ausbreitete wie eine Pest, wenn sie erst einmal ausgebrochen ist.«
Rolf wurde zu einer Schlüsselposition in unserer Welt. Nur Gott stand höher. Und ich war ›Gottes‹ anerkannter Bote.

19

Am Telefon fragte Frania mit verängstigter Stimme, ob ich sofort in die Creditowastraße kommen könne. Ich sagte Zosia, ich wäre bald wieder zurück, und verließ das Büro.

Frania war am Vortag nach Warschau gefahren, um zwei Pullover abzuliefern, und hatte frischen Vorrat an Garn gekauft. Dann war sie nach Konstancin zurückgekehrt. Aber auf dem Weg vom Bahnhof zu Antony hatte sie die Schneiderin getroffen, die ihr erzählt hatte, daß die Polizei in Antonys Torhaus gewesen war, um nach einer versteckten Jüdin zu suchen, und daß Frau Antony schon ihren Nachbarn erzählt habe, daß das Mädchen, das unter dem Namen Frania Stanislawska bekannt war, die Jüdin sein müsse, nach der die Deutschen suchten.

»Natürlich wartete ich einen Augenblick, bis die Schneiderin fort war, drehte mich um und kehrte nach Warschau zurück. Nun habe ich Angst, daß die Antonys mir die Polizei nach Warschau nachschicken.«

»Hast du deine Warschauer Adresse bei ihnen gelassen?«

»So dumm bin ich nicht! Natürlich nicht!«

»Wie können sie dir dann die Polizei nachschicken?«

»Du hast recht. Ich habe solche Angst, daß ich nicht richtig denken kann.«

Ich rief im Büro an, daß ich mich nicht wohl fühle, und dann rief ich Rolf an.

Rolf kam zu uns, und nachdem er erfahren hatte, was geschehen war, sagte er, Frania müsse zu den Antonys zurückgehen. »Wenn sie das nicht tut, können sie sie denunzieren, wenn sie ihr zufällig begegnen.«

Ich war erstaunt. Hatte er geahnt, daß Frania Jüdin war? Ich hatte es ihm nie erzählt.

»Ich habe Angst«, sagte Frania und begann zu weinen.

Ich legte meine Hand auf ihre Schulter und sagte sanft: »Rolf und ich werden mit dir gehen.«
Rolf stimmte zu. »Wir werden alle drei gehen.« Er wandte sich an Frania. »Aber du mußt selbst deiner Vermieterin gegenübertreten und ihr eine gräßliche Szene machen, weil sie solche Gerüchte über dich verbreitet.«
»Das kann ich nicht«, sagte Frania.
»Du mußt es«, sagte Rolf. »Schrei sie an. Sag ihr, solch boshaftes Geschwätz könne dich in ein Konzentrationslager bringen, noch bevor du die Chance hättest, deine Abstammung nachzuweisen. Sag ihr, du wirst sie wegen übler Nachrede anzeigen.«
»Ich kann es nicht.« Sie schaute mich flehentlich an, Tränen strömten über ihre Wangen.
Rolf drehte sich zu mir um. »Sie muß es einfach tun. Das ist der einzige Weg, um Frau Antony zu überzeugen. Es würde ihr nie in den Sinn kommen, daß ein Jude es wagen könnte, einen Arier zu beschuldigen.«
»Und was ist, wenn die Deutschen wiederkommen, während ich dort bin?« Frania schluchzte.
»Sie werden nicht wiederkommen. Ich kenne den Ablauf. Jemand gibt ihnen einen Hinweis. Sie suchen, und wenn sie den Juden nicht finden, belassen sie es dabei, weil sie wissen, daß er bei irgendeiner anderen Gelegenheit ertappt wird. Sie sind viel zu beschäftigt, um sich wegen *eines einzigen* Juden zuviel Mühe zu machen. Für alle Fälle werden wir draußen sein und die Straße beobachten. Sobald du deine Szene gemacht hast, werden wir auftauchen, als ob wir dir einen Besuch abstatten wollten.«
Wir machten uns auf den Weg nach Konstancin. Dort angekommen, versteckten Rolf und ich uns hinter einer Eiche in der Nähe von Antonys Torhaus. Wir hörten den Hund bellen, als Frania das Tor öffnete.
Es war hier, als ich gestand, daß Frania meine Schwester war.

»Unmöglich!« sagte Rolf. »Ihr seid beide so verschieden.«
»Sie ist meine Schwester. Und ich weiß nicht, wie ich es dir erklären soll, Rolf, ich weiß nicht, ob du es verstehen wirst, aber ihr Überleben ist wichtiger für mich als mein eigenes.«
Rolf starrte mich an. Ich fuhr fort: »Wir waren sechs Kinder, und merkwürdigerweise sahen wir alle verschieden aus. Sie ist die Jüngste. Meine Eltern liebten sie sehr, und ich habe versprochen ... Sie muß am Leben bleiben, koste es, was es wolle.«
Rolf streichelte meine Wange. »Ich werde daran denken«, sagte er. »Jetzt laß uns hineingehen.«
Der Hund kam an den Zaun und bellte uns an. Dann kam Frania zur Tür. Sie lächelte.

Vierundzwanzig Stunden lang war ich überglücklich. Dann erfuhr ich, daß mein Freund Kowalski tot war. Erst vor drei Tagen hatte Maria mir von dem Haus erzählt, das sie und Kowalski in Konstancin gemietet hatten und dessen Hauptvorzug war, daß es viele Ausgänge hatte, falls man sah, wie der Feind sich näherte. Solche Plätze ausfindig zu machen, war zu unserer zwanghaften Hauptbeschäftigung geworden, als ob durch solche Mittel Immunität erlangt werden könne.
Kowalski hatte Berler einst, als er in einer seiner vielen finanziellen Patschen saß, mit einer beträchtlichen Anleihe ausgeholfen, so daß Berler, als er hörte, daß Kowalski umzog, ihm die Benutzung eines Lastwagens anbot, den er sonst nirgendwo hätte bekommen können. Maria hatte sich nach vorne neben den Fahrer in die geschlossene Fahrerkabine gesetzt, während Kowalski hinten saß, um auf die Koffer aufzupassen. Am Stadtrand von Warschau hatten zwei polnische Kriminalbeamte in Zivil sie angehalten. Kowalski wurde befohlen, abzustei-

gen, in das nächste Wohnhaus zu gehen und im Schatten des Treppenhauses seine Hose herunterzulassen.
Maria, entsetzt darüber, daß ihr Freund jetzt als Jude entlarvt wurde, hatte dem Lastwagenfahrer ihre Armbanduhr in die Hand gedrückt, die Wagentür aufgestoßen und war in die entgegengesetzte Richtung gerannt. Sie hörte Schüsse, drehte sich um, sah Kowalski aus dem Gebäude laufen und dann zu Boden stürzen.

Jetzt saß Maria in Zosias Zimmer und starrte einfach ins Leere. Zosia sagte, daß sie so schon seit langer Zeit dasaß. Ich ging zu ihr, nahm ihre Hand und streichelte sie.
»Ich liebe Lavendel!« sagte Maria.
Was meinte sie wohl damit?
»Cecylia, wenn du ein neues Stück Seife kaufst, dann geh sanft damit um, das könnte er sein.« Und sie, die selten auch nur lächelte, lachte laut.
Zosia, die in der Küche war und das Abendessen vorbereitete, konnte Marias Anspielung auf Seife nicht gehört haben, aber ich war besorgt, daß Maria in dem Zustand, in dem sie sich befand, etwas sagen könnte, das Zosia mißtrauisch machte. Ich ging in die Küche und sagte: »Maria leidet unter einem Schock.«
»Ist sie auch Jüdin?« fragte Zosia geradeheraus.
»Auf diesen Gedanken bin ich nie gekommen«, sagte ich. »Ich weiß nicht, wie du über diese Dinge denkst, aber verstehst du, ich mag sie nun mal. Ich will, daß sie bei mir bleibt, bis die Polizei sie nicht mehr sucht. Im Schlafzimmer ist ein freies Bett, aber sie hat darauf bestanden, auf der Wohnzimmercouch zu schlafen. Ob sie fürchtet, ich finde heraus, daß sie Jüdin ist, wenn sie sich auszieht?«
»Was könntest du dabei sehen?«
»Weißt du das nicht?« fragte Zosia erstaunt. »Das weiß doch jeder. Juden sind anders. Männer sind beschnitten, und das weibliche Geschlechtsteil ist quer statt längs.«

Ich lachte.
»Wußtest du das nicht?«
»Natürlich«, sagte ich. »Ich lache wegen deines Gesichts – geh und schau dich an!«
Zosia trat vor den Wandspiegel und lachte selbst. »Ich habe rote Bete geschält«, sagte sie. »Ich mache Borschtsch!«
Als ich ins Wohnzimmer zurückkam, sagte Maria: »Ich muß Rolf sehen!«
»Er kann nichts für Kowalski tun, und du bist hier sicher«, sagte ich.
»Ich muß ihn sehen!« wiederholte sie.
Als Rolf Maria am nächsten Abend besuchen kam, bat sie ihn, ihr zu helfen, Kowalskis Habe wiederzubekommen.
Ich erklärte ihr, daß es jedesmal ein großes Risiko für Rolf bedeutete, wenn er intervenierte, und daß er Risiken nur für das *Leben* von Menschen eingehen solle, nicht für ihre Besitztümer. Aber Maria war so hartnäkkig, daß Rolf ihr versprach, es zu versuchen.
Später, als er fort war, vertraute sie mir an, warum sie darauf bestanden hatte, Kowalskis Habe zurückzubekommen: Seine Diamanten waren in den Saum seines Bademantels eingenäht. Sie hatte das Gefühl, daß seine Juwelen ihr gehörten. Dabei bedachte sie nicht, daß ihre Habgier vielleicht Rolf in Gefahr brachte.
Rolf teilte der Polizei mit, daß die konfiszierten Gegenstände Berler gehört hatten und daß Kowalski, der bei ihm angestellt war, die Anordnungen seines Arbeitgebers ausgeführt hatte, als er sie in die Villa in Konstancin brachte.
Weil die polnische Polizei der deutschen Polizei unterstellt war und ein Deutscher die Sachen beanspruchte, wurden die Koffer prompt zu Berlers Villa gebracht, und Berler gab sie Maria.

Die Diamanten verschwanden irgendwo auf diesem Wege.

20

Seitdem Frania ein eigenes Zimmer in Warschau gefunden hatte, mußte ich nicht mehr zwischen Warschau und Konstancin hin und her pendeln, es sei denn, ich mußte einem Mädchen, das in der Villa Juni versteckt war, Verpflegung bringen.

Meistens trafen Rolf und ich uns bei Waclawa, und wir verbrachten nur gelegentlich ein paar Stunden an Wochenenden in der Villa Juni. Waclawa, ihre Eltern und ihre beiden Brüder mochten Rolf gern und nahmen ihn herzlich auf. Eines Tages, als ich von der Arbeit nach Hause kam, sah ich, daß Rolf und Waclawas ältester Bruder, Bronislaw, die Köpfe zu einer ernsthaften Unterhaltung zusammengesteckt hatten. Bronislaw sprach genug deutsch, um sich verständigen zu können.

»Welche gewichtigen Probleme versucht ihr beiden zu lösen?« fragte ich scherzend.

Schuldbewußt schauten sie mich an. Bevor ich Gelegenheit hatte, weiterzufragen, heulten die Alarmsirenen. Normalerweise blieb ich während eines Luftangriffs in meinem Zimmer, weil ich die prüfenden Blicke der anderen Mieter mehr fürchtete als die Möglichkeit, von einer Bombe getötet zu werden. Aber dieses Mal zwang Rolf mich, in den Keller zu gehen.

Als wir eintraten, wendeten sich alle Blicke Rolf zu. Zweifellos nahmen die Polen es mir übel, daß ich einen Deutschen mitgebracht hatte, aber wenigstens würden sie mich nicht verdächtigen, jüdisch zu sein.

Rolf rollte ein Faß in eine leere Ecke und half mir hoch. Ich setzte mich und nahm nach einiger Zeit mein kostbares kleines Stück Fotografie heraus. »Gibt es jemanden, der für dich sorgt, mein Liebling?« murmelte ich. »Rolf hat in Lagern wie Treblinka nach dir gesucht, und dein Name war – Gott sei Dank – nicht registriert. Ich werde dich finden, ich verspreche es. Es wird die Zeit kommen, da ich dich finde!«
Rolf hatte sich inzwischen daran gewöhnt, zu hören, daß ich in dieser Weise Selbstgespräche mit mir führte. Ich steckte das Stück Fotografie in einen Umschlag und legte den Umschlag in meine schweinslederne Tasche. Wir saßen und lauschten auf das Heulen der Bomber über unseren Köpfen und auf die ohrenbetäubenden Explosionen. Die Ziegelwand hinter uns zitterte. Unter meinem grünen Schal hielten wir einander bei den Händen.
»Hast du Angst?« fragte Rolf.
»Nein«, sagte ich. Ich hatte keine Angst vor einem ›normalen‹ Tod. Wenn er kam, dann nicht, weil ich ausgesondert worden war; er würde jeden treffen, der im Keller war, ob Jude, Pole oder Deutscher.
Es gab eine außerordentlich laute Explosion. Rolf warf mich auf den Boden und sich selbst über mich. Der Boden zitterte.
»Das war in der Nähe«, flüsterte er mir ins Ohr.
Als die Entwarnung ertönte und wir aus dem Bunker gingen, hakte ich mich bei ihm ein, so daß jedermann es sehen konnte.

Wegen der häufigen Bombenangriffe bestand Rolf darauf, daß ich die Nächte in Konstancin verbrachte, auch wenn das bedeutete, daß ich wieder hin und her fahren mußte und daß wir uns seltener sahen.
Das Gelände der Villa Juni war im Oktober am schönsten. Im Dunkeln auf dem Balkon atmete ich tief den

Duft der Fichten ein, lauschte auf das sanfte Rascheln der Blätter und stellte mir vor, es wäre Brunos Geplapper. Und während ich das Licht der Glühwürmchen betrachtete, dachte ich daran, wie Rolfs Liebe mein Leben erhellt hatte.
Ich hörte ein leises Pfeifen. Da war es wieder und ließ mein Herz schneller schlagen.
»Cecylia!«
Ich flog die Treppe hinunter und in seine Arme. »Wie bist du hierher gekommen? So spät gibt es keine Züge mehr!«
»Ein Kollege hat mich gebracht. Ich mußte dich sehen. Laß uns nach oben gehen.«

»Was ist passiert?« fragte ich, als wir Seite an Seite auf der Korbbank saßen.
Er nahm meine beiden Hände und sagte: »Ich werde nach Rußland geschickt. Nach Witebsk. Morgen früh fahre ich.«
Ich starrte ihn wie vor den Kopf geschlagen an.
»Ich werde als Ersatz für einen Mann geschickt, der unter mysteriösen Umständen verschwunden ist. Sobald Berlin einen regulären Ersatz sendet, komme ich zurück. Spätestens Weihnachten, ganz sicher. Weine nicht, Liebling. Ich komme zurück. Es ist nur für ein paar Wochen.«
»Warum haben sie dich ausgesucht?«
»Ich weiß nicht . . .«
»Du hast gesagt, daß Kommissar Korben sich beklagt, weil er zu wenig Leute hat.«
»Ich wurde von der Gestapo benannt!«
»Sie wollen uns trennen!«
»Möglich. Aber ich werde bald zurück sein«, sagte er und hielt mich eng an sich gedrückt.
»Ich hoffe, in der Zwischenzeit passiert nichts«, murmelte ich.
»Ich habe mit Kruger und Schleger Vorkehrungen getrof-

fen, sie sind meine Freunde. Sie werden dir helfen. Aber wende dich nicht an sie, wenn es etwas damit zu tun hat, daß du Jüdin bist. Sie wissen nicht, daß du eine bist. Du darfst es weder vor ihnen noch vor sonst jemandem zugeben, nicht einmal unter Folter. Versprich es mir!«
»Ich verspreche es«, flüsterte ich.
»Schleger hat den Schlüssel zu meinem Zimmer. Ich habe ihm gesagt, er solle alle meine Sachen, einschließlich des Akkordeons, verkaufen, wenn du Geld brauchst.«
»Das Akkordeon – niemals!«
»Du dummes Schätzchen! Ich kann mir ein anderes kaufen . . .«
»Was heißt ›unter mysteriösen Umständen verschwunden‹?« fragte ich.
Meine Lippen zitterten.
»Du meinst diesen Burschen in Witebsk? Er hat möglicherweise eine Dummheit gemacht. Aber ich passe auf mich auf, keine Angst!«
»Ich habe Angst!«
»Liebling«, er küßte mich, »wirst du auf mich warten?«
Ich konnte nichts mehr sagen.
Der Rest der Nacht war ausgefüllt mit Zärtlichkeiten, Tränen, kurzem Schlummer und ängstlichem Erwachen. Es schien, als wäre er erst gerade eben angekommen, als das Licht der ersten Morgendämmerung sich am Rande des Packpapiers, mit dem die Fenster verhängt waren, zeigte.
Er stand in Uniform neben dem Bett. »Auf Wiedersehen, mein Liebling«, sagte er.
Die Tür schloß sich. Ich war allein.
Dann war er wieder da.
»Ich liebe dich, Cecylia. Ich werde dich niemals aufgeben.«
Wieder schloß sich die Tür, und wieder kam er zurück, um mich noch einmal zu umarmen, noch einmal anzu-

schauen, noch einmal mein Gesicht in seine Hände zu nehmen. Und dann war er fort.

Am nächsten Nachmittag rief Rolf im Büro an, um mir mitzuteilen, daß seine Abreise sich verzögere, weil der Zug auf eine Lokomotive warten mußte. Er durfte seine Unterkunft nicht verlassen, aber er würde versuchen, wieder anzurufen.

Jedesmal, wenn das Telefon klingelte, wartete ich darauf, seine Stimme zu hören. Auch meine Arbeitskollegen waren traurig, und ihre Anteilnahme für mich gab mir das Gefühl, daß Rolf schon verloren sei. Ich erinnerte mich, daß Waclawa einmal gesagt hatte, ein Marschbefehl nach Rußland sei gleichbedeutend mit dem Todesurteil. Sie wußte mehr als die anderen, denn ihr Bruder hatte eine hohe Position im Armja Krajowa, dem polnischen Untergrund.

Dann rief Rolf wieder an. Er sagte, er könne mich vielleicht noch einmal sehen, bevor der Zug endgültig abfahre. Zwei Tage später um die Mittagszeit, als alle zum Essen waren, stürzte er in mein Büro, nahm mich in seine Arme und wirbelte mich herum. »Ist es nicht wunderbar? Meint es das Schicksal nicht gut mit uns? Wir sind wieder beisammen!«

»Mußt du nicht mehr fort?«

»Doch! Aber wir müssen auch für kleine Geschenke des Schicksals dankbar sein. Findest du nicht?« Er reichte mir eine Mappe mit einigen Notenblättern, auf die er eine Komposition geschrieben und mit »Robrand« signiert hatte. »Ich habe dieses Pseudonym gewählt, um deinen richtigen Namen lebendig zu erhalten«, flüsterte er.

Ich wollte ihm endlich sagen, wie sehr ich ihn liebte, aber ich konnte nur meine Arme um ihn legen und sagte nichts.

»Warte, bis du das übrige siehst.« Er ließ mich los, rannte auf den Flur und kam mit einem Paket zurück. »Herzlichen Glückwunsch zum Namenstag!«

Nach dem römischen Kalender war der 22. November der Tag der heiligen Cäcilie. Meine Kolleginnen hatten schon seit einiger Zeit Konferenzen im Flüsterton abgehalten, die sie immer abbrachen, sobald sie mich sahen. Aber ich begriff rasch, daß sie eine Überraschungsparty bei Zosia vorbereiteten. Weil Rolf dann in Witebsk sein würde, hatte er jetzt schon sein Geschenk gebracht – eine Handtasche aus Krokodilleder.

Nach diesem kurzen Besuch im Büro hielt er in den nächsten fünf Tagen telefonisch Verbindung zu mir. Dann hörten seine Anrufe auf.
Erst jetzt, als ich seine Stimme nicht hören konnte – selbst wenn es nur am Telefon war –, wurde mir klar, wie schrecklich diese Trennung werden würde. Über Maria versuchte ich, das Fest absagen zu lassen, aber Zosia wollte nichts davon wissen.
Am 22. November ging ich um fünf Uhr zu Zosia. Das Wohnzimmer war mit Gladiolen geschmückt und der Tisch üppig gedeckt. Zosia reichte mir einen Strauß mit langstieligen Rosen.
»Von Rolf!« sagte sie.
Zuerst war ich gerührt darüber, wieviel Mühe man sich meinetwegen machte, aber dann wurde ich betrübt. Einige dieser Leute, die Zeit und Arbeit und Geld investiert hatten, um dieses Fest zu arrangieren, würden mich bedenkenlos in den Tod schicken, wenn sie je die Wahrheit erführen.
Marias Blick gab mir zu verstehen: Ich weiß, wie du dich fühlst. Sie umarmte mich und flüsterte mir ins Ohr: »Das gehört mit zum Spiel, und wir sollten unsere Rolle gut spielen ...«
Berler führte ein telepathisches Experiment vor, und ein Opernsänger, der für diese Gelegenheit engagiert worden war, sang: »Lache, Bajazzo ...«

Als der Sänger geendet hatte, traten Tränen, die ich bisher unterdrückt hatte, in meine Augen.
»Wir vermissen ihn alle«, sagte Waclawa und legte ihre Hand auf meine Schulter. »Sogar Bronislaw. Er hat – er hat einen Freund verloren.«
»Lächle, Cecylia, du wirst Rolf früher sehen, als du denkst!« rief Zosia, wobei ihre Worte einen übermütigen Klang hatten.
Schleger stellte das Radio an, das er mitgebracht hatte. Aber selbst dieser besondere Genuß – Polen durften keine Radios besitzen – tröstete mich nicht. Obwohl ich dagegen ankämpfte, strömten mir die Tränen über das Gesicht, vielleicht weil ich zuviel Wodka getrunken hatte.
Alle schauten mich an. Warum dieses wissende Lächeln? Mir schien, als sähe ich Rolf auf dem Flur, und ich hielt den Atem an, als ob ich nur dadurch diesem Wunder – Rolf, der auf mich zukam – Dauer verleihen könnte. Dann schloß ich die Augen. Ich spürte seine Umarmung und sein Gesicht an meinem. Ich öffnete die Augen.
Es war Rolf.
Ich drückte ihn fest an mich und weinte und lachte und hörte das Lachen der anderen, als wäre es weit weg. Ich wollte nur Rolf hören, ich hatte nur für ihn Augen.
Er war gekommen, um ein letztes Mal Lebewohl zu sagen, bevor er nach Witebsk fuhr.
Obgleich ich keine Erlaubnis hatte, nach der Sperrstunde auf der Straße zu sein, riskierte ich es, und Rolf und ich gingen in mein Zimmer bei Waclawa.

Die Tage und Wochen vergingen langsam. Ab und zu brachte Schleger mir eine kurze Nachricht von Rolf. Den einzigen Brief gab mir ein Soldat, der von dort auf Urlaub kam. Es war klar, daß Rolf Angst hatte, die normalen Postwege zu benutzen. In diesem Brief teilte er mir mit, daß der Ersatzmann aus Berlin angekommen wäre, aber in Witebsk herrschte eine so heillose Unordnung, daß jeder die Verantwortung scheute, den Befehl für seine Rückkehr nach Warschau zu unterzeichnen. Er hatte an Kommissar Korben geschrieben und ihn gebeten, ein Gesuch zu stellen, hatte aber noch nichts von ihm gehört. Ich hatte die verrückte Idee, ins Polizeihauptquartier zu gehen, um herauszufinden, ob irgend etwas unternommen worden war. Ich wagte es nicht, direkt zum Kommissar zu gehen; mein Mut reichte nur so weit, nach Kruger zu fragen. Von ihm erfuhr ich, daß Rolf von der Gestapo als Disziplinarmaßnahme nach Rußland geschickt worden war, und daß der Kommissar deshalb nicht helfen konnte.

»Warum?« fragte ich.

»Nun . . .«

»Herr Kruger, bitte – «

»Weil er verbotene Beziehungen zu einer Polin hat.«

»Jemand hat geredet.«

»Wir nehmen an, daß es Sturmbannführer Holle war.«

»Aber er hatte versprochen, über unsere Verhaftung im Ghetto keinen Bericht zu erstatten. Erinnern Sie sich, wie Kommissar Korben geprahlt hat . . . Ich meine, gesagt hat . . . Und außerdem ist das schon so lange her.«

Kruger zuckte die Achseln. »Wer weiß?«

Als ich gerade gehen wollte, händigte Schleger mir sieben Briefe von Rolf aus. Daß er nicht direkt an mich schrieb, bewies, daß er wußte, warum er nach Rußland geschickt worden war, oder daß er doch zumindest etwas ahnte. Ich steckte die Briefe ungeöffnet in meine Tasche, um sie später in der Stille der Villa Juni zu lesen. Die Vorfreude darauf milderte für den Rest des Tages meine gedrückte Stimmung.

Aber die Briefe machten mich nur noch unruhiger. In jedem versprach Rolf seine Rückkehr für einen anderen

Termin, aber all diese Termine waren längst verstrichen, und es war schmerzhaft, seine hoffnungsvollen Worte zu lesen. Mir fiel es sehr schwer, mich damit abfinden zu müssen, daß Rolf weit weg in Rußland war.

Im Jahre 1939 rollten die ersten schweren russischen Panzer von Osten, von Rawa-Ruska her, in Niemirow ein. Wie ich es Bruno versprochen hatte, machte ich eigens eine Reise nach Zloczow, um meinen Mann aufzusuchen. Meine Schwägerin Suzan, die dreiundzwanzig Jahre älter war als ich, öffnete die Tür. Obgleich ihr blondes Haar auf Lockenwickler gedreht war, zeigte sie keine Verlegenheit, als sie mich sah.
»Wo ist Mark?« fragte ich und hielt den Atem an.
»Er ist ausgegangen.«
»Wie geht es ihm?«
»Es geht ihm gut. Aber kommt deine Besorgnis nicht ein bißchen spät? Hättest du dich nicht viel eher um ihn kümmern können, anstatt zu Hause bei deiner Familie zu bleiben?«
»Ich mußte warten, bis die Busse wieder fuhren.«
»Wie geht es Bruno?« fragte sie mit freundlicherer Stimme.
»Ihm geht es gut.«
Als Mark nach Hause kam, lief ich ihm entgegen und warf mich in seine Arme. Er schien ziemlich überrascht, und ich sah, wie er einen schnellen Blick auf Suzan warf. Es demütigte mich, daß er mir in ihrer Gegenwart nie seine Zuneigung zeigen konnte.
»Wenn du Bruno nur sehen könntest«, sagte ich, sobald wir in seinem Zimmer waren. »Liebst du uns denn überhaupt nicht, Mark?«
»Natürlich tue ich das. Ich liebe dich und ich liebe Bruno!« sagte er in selbstgerechtem Ton und warf einen Blick auf die Tür in Richtung des Zimmers seiner Schwester.
»Ich habe vor, nach Lwow zu ziehen, wo sich keine unserer

Familien in unser Leben einmischen kann. Wie denkst du darüber, Mark?«
»Sobald du in Lwow bist, komme ich zu euch.«
Dann, abrupt, begann er mich zu lieben.
Am nächsten Morgen blieb ich so lange im Bett, wie ich es für möglich hielt, ohne Suzan zu verärgern. Dann zog ich mich an und ging ins Eßzimmer an den Frühstückstisch.
»Kaffee oder Milch?« fragte Suzan.
»Milch bitte«, sagte ich, erinnerte mich aber dann ihrer häufigen Bemerkungen über meine Kindlichkeit, änderte meine Meinung und sagte: »Nein, ich möchte bitte eine Tasse Kaffee haben!«
Suzan ging durch die Falttür in die Küche und kam mit der Kaffeekanne zurück. Ohne nachzudenken, ließ ich drei Würfel Zucker in die braune Flüssigkeit fallen, die sie in meine Tasse schüttete.
»Wann wirst du erwachsen, kleines Mädchen? Du liebst immer noch Süßigkeiten mehr als alles andere!« sagte Suzan kühl.
Ich tat so, als hätte ich nichts gehört. Als mir ein Krümel Brot in der Kehle steckenblieb und ich hustete, drehte sie sich zu Mark um und sagte: »Ihre Tischmanieren sind furchtbar!«
Ich hielt die Damastserviette an meinen Mund und schaute Mark flehentlich an. Er sog an seiner Pfeife und starrte in seine Kaffeetasse.

21

Einige der Vinetta-Angestellten, darunter auch Maria und ich, wurden in eine Metallfabrik, die Berler gekauft hatte, versetzt. Obgleich Berler so tat, als sei es eine Beförderung, wurde mir bald klar, daß es das Gegenteil war, aber es machte mir nichts aus. Was mich hingegen interessierte, war die Tatsache, daß das Gebäude mit seinen vielen Ecken und Winkeln und Ausgängen ideal als Versteck war und daß man leicht daraus entkommen konnte.

Einmal machten Maria und ich eine Inventaraufnahme und waren dabei so weit von den anderen Arbeitern entfernt, daß sie mich fragen konnte, ob ich nach dem Krieg wieder meinen jüdischen Namen benutzen würde.

»Zuerst haßte ich den Namen Cecylia Szarek«, sagte ich. »Aber jetzt habe ich mich entschieden, für immer Cecylia Szarek zu bleiben. Für die Szareks ist das Leben viel leichter, als es für die Brands je war. Ich gehe nach Zloczow und hole Bruno, und dann wandere ich aus.«

»Ich könnte Polen nie verlassen.«

»Oh, früher habe ich das auch gedacht, aber jetzt will ich Polen für immer verlassen.«

»Wohin willst du gehen?«

»Nach Amerika.«

»Hast du dort Verwandte?«

»Nein. Aber ich habe einmal eine Biographie von Abraham Lincoln gelesen, dem amerikanischen Präsidenten, und sie hat mich beeindruckt. Ich will, daß mein Sohn Amerikaner wird.«

»Was du für Hirngespinste hast! Was willst du in Amerika machen? Es ist ein fremdes Land, sie sprechen eine andere Sprache, wie willst du für dein Kind sorgen? Und überhaupt, was ist mit Rolf?«

»Er möchte für eine Weltfriedensorganisation arbeiten. Er sagt, sie seien dabei, eine zu gründen, ihr Hauptsitz wird in der Schweiz sein.«

Maria lachte und wischte das alles mit einer Handbewegung beiseite. Dann sagte sie: »Übrigens, Cecylia, was sollen wir wegen Weihnachten unternehmen?«

Der näherrückende Festtag brachte uns in eine mißliche Lage. Die meisten unserer Arbeitskollegen würden die Stadt verlassen, um Weihnachten bei ihren Familien zu verbringen. Man nahm selbstverständlich an, daß auch wir das tun würden.

»Wir werden uns vermutlich etwas ausdenken müssen«, sagte ich. »Wenn es gar nicht anders geht, werde ich mir ein Bein brechen, und du pflegst mich dann.«

Zwei Tage vor dem Fest löste Berler unser Problem: Er lud seine Belegschaft ein, den Heiligabend in der Villa Vera zu verbringen. Überraschenderweise nahmen dreizehn von fünfundzwanzig die Einladung an. Das veranlaßte mich, mir die elf anderen anzuschauen und mich zu fragen, ob sie dasselbe Problem hatten wie Maria und ich. Auch Berlers Einladung brachte mich zum Nachdenken. Es konnte natürlich auch bloß ein Einfall sein, der ihm in letzter Minute gekommen war, um für seinen kleinen, mutterlosen Sohn das Fest ein wenig lebendiger zu machen. Aber ich hatte das Gefühl, daß mehr dahintersteckte.

Ich fuhr schon frühzeitig nach Konstancin, um der Gouvernante in Berlers Wohnung zu helfen, den Weihnachtsbaum mit Pappengeln und Watteschnee zu dekorieren, und ich war es, die die Leiter hochkletterte, um den Silberstern auf der Spitze zu befestigen.

Der Tisch war für sechzehn Leute gedeckt, von denen dreizehn vielleicht Schwindler wie Maria und ich waren. War es möglich, daß Berler das wußte?

Berler war mir ein Rätsel. Offiziell war er Deutscher. Er war Eigentümer eines großen, blühenden Unternehmens, und dennoch borgte er sich häufig Geld. Mir fiel jetzt ein, daß er das Geld, das er sich von Kowalski geliehen hatte, nicht würde zurückzahlen müssen, und merkwürdigerweise war das auch bei dem Geld der Fall, das Fischer im voraus für den Auftrag bezahlt hatte. Dann fiel mir ein, daß er mir immer noch nichts für die Nacht bezahlt hatte, in der seine Geschäftsfreunde in meinem Zimmer in der Pension genächtigt hatten. Ich war froh, daß die Summe, die er mir schuldete, nicht sehr groß war, und ich konnte mich bei diesem Gedanken nicht einer gewissen Angst erwehren.

Auch einige Merkwürdigkeiten in seinem Privatleben machten mich nachdenklich. Zur Zeit schien es keine Frau in seinem Leben zu geben. Aber da waren Frauen, die gelegentlich für ein oder zwei Tage auftauchten. Die bewirtete er großzügig. Zwei von ihnen hatte er als frühere Ehefrauen vorgestellt. Eine Frau Schuster war vermutlich seine Schwester; eine jüngere Frau seine Tochter, und ziemlich oft betraten Frauen sein Büro, ohne vorher anzuklopfen, so, als wären sie enge Freunde, aber ich sah keine von ihnen je wieder.

Bei der Aufnahme der ersten Inventur in der Metallfabrik wurde eine Thora-Rolle gefunden. Als wir Berler fragten, was wir damit tun sollten, nahm er sie als Souvenir für seinen Sohn mit. Aber an dem Tag der Weihnachtsfeier, als ich der Gouvernante auf den Speicher folgte, um die Weihnachtsdekoration zu holen, sah ich die Thora, in ein weißes Tuch gewickelt, in derselben Truhe, in der auch der Christbaumschmuck lag.

Eine Thora auf dem Speicher, ein Weihnachtsbaum im Wohnzimmer. Saß Berler am Kopfende seines Tisches im vollen Bewußtsein, daß er den Gastgeber für dreizehn heimatlose Juden spielte?

Alle sechzehn Stimmen erhoben sich – trotz allem Verdacht, trotz aller Furcht – zu der lieblichen Melodie von »Stille Nacht, heilige Nacht . . .«

22

Jan Kulok, der Ingenieur, der Frania nach Warschau gebracht hatte, kam oft in die Hauptstadt, um Installationsmaterial für die deutsche Firma, bei der er in Rawa-Ruska beschäftigt war, zu kaufen. Jedesmal brachte er Geld und Briefe für Frania und übermittelte ihr Nachrichten von Anna, unserer ältesten Schwester. Er war ein regelmäßiger Kunde in Annas Stoffgeschäft gewesen, und als sie ihn bat, Frania bei einer seiner Reisen nach Warschau unter seine Fittiche zu nehmen, hatte Anna sie ihm als eine junge christliche Freundin vorgestellt, die noch nie zuvor gereist wäre. Anna war sicher, daß solche Gesellschaft Frania ganz automatisch über jeden Verdacht ihrer Mitreisenden erhaben machen würde.

In gutem Glauben hatte dieser Ingenieur das Natürlichste von der Welt getan, als er Frania in ein Hotel gebracht hatte, nachdem sie mich bei ihrer Ankunft in Warschau nicht erreichen konnte. Erst später entdeckte er, daß Anna und Frania Schwestern waren, und noch immer wußte er nichts von meiner Verwandtschaft mit ihnen.

Jan sah viel jünger aus als die vierzig, die er wirklich war, und war trotz seines leichten Hinkens und seines für seinen riesigen Körper zu kleinen Kopfes nicht unattraktiv. Sein Benehmen war freundlich, vor allem Frania gegenüber. Er hatte sie ins Herz geschlossen, und sie schien seine Gefühle zu erwidern.

Frania hatte mir gesagt, sie würden mich besuchen kommen. Ich ließ das Tor offen, und als ich sie die Auffahrt heraufkommen sah, ging ich hinunter, um sie hereinzubitten. Aber Jan wollte aus Gründen, die ich später verstand, nicht bleiben. Auf seinen mit einer Gummispitze versehenen Spazierstock gestützt, hinkte er davon. Frania schaute mich an. Ihre Augenlider waren rot und geschwollen.

»Roma . . . ich habe entsetzliche Nachrichten.«
»Nenn mich nicht Roma!«
Sie brach in Tränen aus. »Was macht das schon?«
Ich hielt den Atem an. »Was ist geschehen?«
»Jan hat Hersch getroffen – «
»Und? Ist Anna etwas zugestoßen?«
Sie schluchzte lauter, griff nach meinem Arm und sagte: »Komm nach oben.«

Beide, Hersch und mein Bruder Abner, wurden von den Deutschen auf den Totenfeldern von Rawa-Ruska eingesetzt. Sie hoben Gruben aus und beerdigten eine neue Wagenladung Leichen, als ein bleicher Arm, der aus dem Haufen herausragte, auf Hersch zu zeigen schien. Er war zu Tode erschrocken, als er eine ihm vertraute plumpe Hand mit kurzen Fingern sah. Er ging näher heran und sah den Verlobungsring, den er selbst vor zehn Jahren an Annas Finger gesteckt hatte. Bald darauf fand er seine Mutter, meine Schwester Adela und ihren Mann, Abners Frau Sara und Lisa, ihr Kind.
Hersch und Abner begannen, eine Grube zu graben, um ihre Toten von den übrigen abzusondern, wobei sie das Wachhäuschen in der Nähe des Haupteingangs im Auge behielten.
Plötzlich erstarrte Abner . . . Hersch drängte ihn, sich zu beeilen, bevor die Wachen etwas bemerkten, aber Abner blickte nur auf die kleine Lisa. Er hob sie hoch.
Hersch stieß Warnungen aus und versuchte, Abner zur Vernunft zu bringen. Aber Abner drückte sein Kind ans Herz, streichelte Lisa und flüsterte ihr Kosenamen ins Ohr. Dann, auf einmal, warf er das tote Kind ins Grab, stieß Hersch zur Seite, nahm seine Schaufel und rannte los. Hersch schrie ihm nach, er solle zurückkommen. Aber Abner rannte, Verwünschungen ausstoßend, weiter auf den Ausgang zu. Die Schaufel, die er benutzt hatte,

um für seine Familie ein Grab zu graben, hielt er wie eine Waffe, bereit, jeden niederzuschlagen, der sich ihm in den Weg stellte.
Der Wachtposten am Tor hob sein Gewehr und schoß.
Abner fiel.
Der Aufpasser rief Hersch zu sich und befahl ihm, Abner fortzutragen. »Wirf das Schwein in die Grube!« befahl er.
Abner versuchte, seinen Schwager hochzuheben, aber er war nicht stark genug. So war er gezwungen, ihn an einem Arm über den Boden zu ziehen, hoffend, er könne ihn wieder zu Bewußtsein bringen, wenn der Wächter wegschaute.
Während vieler schlafloser Nächte hatte ich mir die Schuld an Vaters Deportation gegeben. Nun gab ich mir die Schuld an Abners Tod. Sie waren beide von der russischen Besatzungsarmee wegen des ›Verbrechens‹, reich zu sein, 1940 verhaftet worden. Zu jener Zeit hatte ich alles getan, was ich konnte, um sie zu befreien, und hatte schließlich auch Erfolg damit gehabt. Ich war damals als Wundertäterin gepriesen worden, und Freunde wie Feinde gleichermaßen kamen daraufhin zu mir, um sich von mir Rat zu holen, wie sie ihren eigenen verhafteten Verwandten helfen konnten.
Aber wenn es mir nicht gelungen wäre, sie zu befreien, dann wäre es nie Vaters Schicksal geworden, zusammen mit anderen Juden auf dem Marktplatz von Niemirow auf die Deportation zu warten. Niemals hätte er dort Gebete singend auf seinem Koffer gesessen, still in Gottes Willen ergeben. Er würde heute irgendwo anders beten – und Abner würde leben. Sie wären beide verurteilt worden und hätten die übliche Strafe erhalten: Zehn Jahre in einem russischen Gefängnis. Das Paradies.
Ich wünschte mir, tot zu sein.
Und dennoch tat ich alles, um am Leben zu bleiben.

Als Jan Kulok das nächste Mal nach Warschau kam, hatte er weitere Nachrichten für uns. Er hatte erfahren, wie Anna, Adela, die kleine Lisa und Herschs Mutter gestorben waren. Sie hatten sich alle in Annas Haus versteckt, in dem engen Raum zwischen dem doppelten Boden, den Hersch gebaut und von dem Frania mir in allen Einzelheiten erzählt hatte. Das Sonderkommando war mit der Durchsuchung des Hauses zu Ende und auf dem Weg nach draußen, als Lisa zu weinen begann. Man riß den falschen Boden auf und zerrte die Familie heraus. Dann wurden sie alle auf dem Hinterhof erschossen.

Bei verschiedenen Gelegenheiten hatte Jan nach Hersch, dem ›Klempner‹, für Arbeiten außerhalb des Lagers verlangt. In jüngster Zeit, wenn er nach ihm fragte, hatte ihm der Lageroffizier gesagt, der ›Klempner‹ sei nicht mehr da.

Jan war davon überzeugt, daß Hersch weder tot noch deportiert war, sondern daß er geflohen war und sich in den Wäldern versteckte.

Eines Abends, als Jan spät nach Hause kam, erzählte ihm seine Haushälterin, ein seltsam aussehender Mann habe ihn besuchen wollen. Der Mann, so sagte sie, wäre wie ein Bauer gekleidet gewesen, habe aber nicht wie einer ausgesehen. Er war sehr enttäuscht darüber, Jan nicht zu Hause zu finden, hatte etwas auf eine Streichholzschachtel gekritzelt und sie gebeten, sie Jan zu übergeben. Die Haushälterin, eine vorsichtige Frau, hatte es für besser gehalten, diese Nachricht zu verstecken, und die Streichholzschachtel von einem Platz auf den anderen gelegt, und zuletzt konnte sie sich nicht mehr daran erinnern, wo sie sie versteckt hatte. Jan und die Haushälterin suchten und suchten, aber sie konnten sie nicht finden.

»Wie lautete die Nachricht?« fragte ich.

»Du kennst meine Haushälterin nicht. Sie würde nie eine

Nachricht lesen, die nur für meine Augen bestimmt ist. So behauptet sie wenigstens. Aber ich bin sicher, daß dieser Bauer Hersch war, denn ihre Beschreibung paßt auf ihn.«

Ich verfluchte die Haushälterin wegen ihrer Diskretion und hoffte gegen jede Wahrscheinlichkeit, daß Hersch – den ich liebte, der mir die Segenswünsche meines Vaters überbracht und Frania überredet hatte, Rawa-Ruska zu verlassen – noch lebte.

Ich erzählte Berler, ich wäre krank, und vergrub mich in der Villa Juni.

23

Es war April 1943: In Konstancin stand alles voller Blüte.

Zosia brachte mir die Nachricht, daß sich die Insassen des Warschauer Ghettos zu bewaffnetem Widerstand erhoben hätten.

Was sie mir davon erzählte, klang so unglaublich, daß ich nur zuhören und ungläubig den Kopf schütteln konnte. Die beste Quelle für wahrheitsgemäße Informationen war die Familie von Waclawa, also mußte ich meine selbstauferlegte Isolation verlassen. Nach drei Wochen ›Kranksein‹ ging ich wieder zur Arbeit.

Wie ich erwartet hatte, hatte Bronislaw, ein wichtiger Offizier im polnischen Untergrund, das *Bulletyn Informacyjny,* eine Untergrundzeitung, mit nach Hause genommen. Darin wurde berichtet, daß einige hundert Deutsche in gepanzerten Fahrzeugen mit der Absicht in das Ghetto gefahren wären, seine Bewohner zu liquidieren. Bronislaw bestätigte, was Zosia gesagt hatte: daß die

Juden, »so unglaublich es auch scheinen mag«, tatsächlich die deutschen Truppen zurückgeschlagen hätten.
In meinem Zimmer an der Chmielnastraße hörte ich die Detonationen, ich hörte das Rattern der Maschinengewehre im Ghetto.
Durch Lug und Trug hatte ich für mich selbst ein fast ›normales‹ Leben herausgeschlagen, während sich mein Volk mit einer Würde aufbäumte, die ich nie erreichen würde.
Obgleich ich vor Zorn fast außer mir war, fragte ich Bronislaw ganz höflich, warum der polnische Untergrund den günstigen Augenblick nicht ausnutze, um gegen den Feind loszuschlagen.
»Diese Entscheidungen werden von der Exilregierung getroffen. Vielleicht wird es bald geschehen«, sagte er ebenso höflich. Dann fuhr er fort: »Die Juden liefern einen großen Kampf. Es ist erstaunlich. Sie benutzen selbstgemachte Molotow-Cocktails, Wasserrohre, erbeutete deutsche Waffen, einfach alles. Wer hätte das geglaubt? Wir dachten, es wäre in vier Tagen vorbei – und jetzt dauert es schon drei Wochen. Wir haben versucht, ihnen durch einen unterirdischen Gang Waffen zu bringen, aber die Deutschen haben ihn entdeckt. Sie haben den Tunnel mit Giftgas gefüllt und ihn versiegelt. Drei Polen wurden dort eingeschlossen.«
Drei Polen – und sie hatten aufgegeben!
Anfang Mai legten die Deutschen im Ghetto Feuer, das sechs Tag lang wütete. Der Kampf ging immer noch weiter.
Rote Feuerzungen schienen den bleichen Himmel zu lecken. Deutsche Flugzeuge stießen wie schwarze Raubvögel herab und ließen Brandbomben fallen. Flammenwerfer spuckten Fontänen aus leuchtendem Gold und Orange, und dicke Rauchwolken stiegen aus der ummauerten jüdischen Stadt auf, eine türmte sich über die andere

zu einem gigantischen grauen Gebirge. Der Rauch breitete sich immer weiter aus, bis er ganz Warschau einhüllte.

Es war das größte Feuer in Europa.

Einen Monat, nachdem Zosia mir die ersten Nachrichten gebracht hatte, wurde immer noch geschossen. Dann kam eines Tages Bronislaw mit den neuesten Informationen. Ich wurde fast ohnmächtig, doch ich spielte die Gleichgültige. »Willst du damit sagen, daß alles vorbei ist?« fragte ich mit ausdrucksloser Stimme.

»Es scheint so«, sagte er.

»Was weißt du von denen, die drinnen sind?«

»Die Leute sagen, hinter diesen Mauern sei es wie in Dantes ›Inferno‹, aber das ist nichts für die Ohren eines jungen Mädchens.«

»Das hier geht uns alle an. Ich will es hören . . .«

»Sie werfen ihre Kinder aus dem Fenster. Sie springen aus dem dritten und vierten Stock. Über dem Ganzen liegt der gräßliche Geruch verbrannten Fleisches. Die Straßen sind mit ihren Toten bedeckt. Aber von Gott allein weiß was getrieben, kämpfen die Halbtoten weiter. In der Nacht verschwinden sie in einem Netz von Tunnels, die sie gegraben haben. Am Morgen sind diese verstümmelten, leidenden, blutigen Schatten wieder zum Kampf auf der Straße – ich hoffe, daß wir uns mit ihnen messen können, wenn unsere Zeit kommt.«

Das war das erste Mal, daß ich aus dem Munde eines Polen Bewunderung für mein Volk hörte. Jetzt, wo so viele getötet worden waren, stellte sie sich ein.

»*Unsere* Zeit ist jetzt gekommen«, sagte ich. »Worauf warten wir?«

»Auf den Befehl unserer Anführer in London.«

»Wie können die von dort aus die Situation beurteilen?«

Bronislaw zuckte mit den Schultern.

Nach achtundvierzig Tagen hörte man keine Bombenex-

plosionen mehr, nur noch dann und wann das Knattern von Maschinengewehren.
Nur wenige Juden kamen lebendig aus den Tunnels. Einige von ihnen wurden daraufhin von Polen denunziert.
Sie alle mußten von Anfang an gewußt haben, daß sie niemals siegen konnten, genauso wie Abner gewußt haben mußte, wie sinnlos es war, einen bewaffneten Wachtposten mit nichts als einer Schaufel in der Hand anzugreifen.

24

Rolf war zurück.
Sein strahlender Glanz war fort, er war dünner, bleicher, distanzierter. Nach außen hin war er so liebevoll wie zuvor, aber er schien mit den Gedanken irgendwo anders zu sein.
Während des ersten Wochenendes, das wir in der Villa Juni verbrachten, versuchte ich herauszufinden, was ihn so verwundet hatte. Zuerst sprach er nur in Allgemeinplätzen darüber.
Witebsk war ein heilloses Durcheinander gewesen: Befehle, die einander widersprachen; seine Einheit ständig unter Beschuß; Deutsche, die ununterbrochen von Partisanen angegriffen wurden, sogar am hellichten Tag; Deutsche, die von einem Haus zum anderen gingen und dabei auf Nimmerwiedersehen verschwanden. Die Moral der Truppe war völlig zerstört.
Dann erzählte er mir schaudernd, wie aus den dort wohnenden Russen aufs Geratewohl welche herausgegriffen und auf Lastwagen geladen wurden, aber anstatt

sie fortzufahren, drückte der Fahrer auf einen Knopf, durch den Giftgas frei wurde. Danach wurde der Lastwagen zu einem offenen Graben gefahren, die Leichen wurden dort hineingeworfen, und das Fahrzeug kam zurück, um eine neue Ladung zu holen.
Rolf saß mit gebeugtem Rücken da und starrte auf den Fußboden.
War er vielleicht gezwungen worden, einen solchen Lastwagen zu fahren?
Er schaute mich an, und sein Blick traf den meinen. »Ich konnte ihnen nicht helfen«, sagte er. »Einige wenige Juden habe ich dann gerettet, nachdem ich mich zu einem Judensuchtrupp hatte versetzen lassen. Als ich erfuhr, daß auch Tataren beschnitten sind, war es leicht, eine Anzahl von Juden zu Tataren zu erklären.«
Warum saß er so da, wenn er nicht einen solchen Lastwagen gefahren hatte? Plötzlich erstarb in meinem Herzen das Mitleid, zurück blieb nur das brennende Bedürfnis, die Wahrheit zu erfahren. »Warum hast du dich nicht zur Arbeit auf einen solchen Lastwagen versetzen lassen?«
Er schaute mich verwundert und entsetzt an.
»Du hättest die Opfer entkommen lassen können«, sagte ich.
Wieder fiel sein Kopf nach vorne. »Sie brauchten keine Fahrer«, erwiderte er mit leiser Stimme. »Sie hatten Fahrer genug.«
Ich nahm ihn in meine Arme und küßte sein armes, ausgezehrtes Gesicht: Wie konnte er wissen, daß die Hilfe, die er meinen Freunden geleistet hatte, für mich nie ausreichen würde, da mein Herz unersättlich war. Damals realisierte ich nicht, daß mein Mißtrauen ihm gegenüber nichts anderes war als das Ergebnis meiner Schuldgefühle: Einen Deutschen zu lieben, bedeutete Betrug an meinem eigenen Volk.
Sogar später, als ich erfuhr, daß Rolf ein aktives Mitglied

der polnischen Widerstandsbewegung geworden war, empfand ich nur einige wenige Augenblicke lang unermeßliches Glück, danach wurde auch diese Nachricht nur zu einem weiteren Eintrag auf der Habenseite des Kontos, das ich für ihn führen zu müssen glaubte. Er hatte sich dazu gezwungen, mich mit dieser Information nicht früher als unbedingt nötig zu belasten.

Erst als Bronislaw von zu Hause weggehen und sich verstecken mußte, bat Rolf mich, zwischen ihnen beiden die Verbindung zu halten. Trotzdem es ihm widerstrebte, mich hineingezogen zu wissen, wurde ich der Kurier, der die Passierscheine, die er fälschte, und die Revolver, die er stahl, zu Bronislaw brachte.

Bronislaw riskierte es eines Abends, nach Hause zu kommen, um mir mitzuteilen, daß zwei wichtige Mitglieder seiner Organisation von der Kriminalpolizei verhaftet worden waren. »Sie hatten Waffen bei sich, und sie werden erschossen werden«, sagte er. »Ich will, daß Rolf es erfährt, bevor der Fall der Gestapo übertragen wird. Vielleicht kann er ein Wunder bewirken . . .«

»Die beiden Gewehre, die bei den Jungen gefunden wurden, sind das entscheidende Beweismaterial«, sagte Rolf, als ich ihm die Geschichte erzählte. »Aber es wäre doch vorstellbar, daß beide Gewehre einem von ihnen gehörten. Der andere könnte behaupten, daß er, als er die Polizei kommen sah, Angst hatte, die Waffen in aller Öffentlichkeit seinem Freund zurückzugeben, dem sie gehörten. Jedermann weiß, daß Jungen sich für Schußwaffen interessieren. Es besteht sehr wohl die Möglichkeit, daß er mit einer Rüge dafür, daß er sich in schlechte Gesellschaft begeben hat, davonkommt. Wir sollten es versuchen. Vielleicht kann einer gerettet werden.«

Bronislaw überbrachte diese Nachricht seinem Vorgesetzen, und beide wurden fast wahnsinnig, weil sie die Wahl zwischen Zdislaw und Staszek treffen mußten. Rolf instruierte Staszek, was er sagen sollte, und er wurde innerhalb weniger Tage entlassen. Zdislaw wurde an die Gestapo ausgeliefert.

Meine Verbindungsarbeit zwischen Rolf und Bronislaw hielt mich über Dinge auf dem laufenden, von denen ich normalerweise nie etwas gehört hätte. Ich überbrachte Bronislaw die Information, daß Berlin Spezialbeauftragte nach Warschau geschickt hatte, die die Wege ausfindig machen sollten, die der Untergrund benutzte, um Nachrichten an die polnische Exilregierung zu übermitteln. Zufällig wurden die Beauftragten in dem Haus untergebracht, in dem Rolf wohnte.

Es kam vor, daß Rolf mich abends anrief und zum Frühstück ins Café Switek in der Marszalkowskastraße einlud. Entschlüsselt bedeutete die Nachricht, daß für diese Zeit in diesem Häuserblock eine Razzia vorgesehen war. Ein anderes Mal rief er mich an und bestellte mich zum Mittagessen ins Café Polanka, oder er bat mich, ihn in der Nähe der Hauptpost zu treffen. Ich gab diese Nachrichten sofort über Waclawa an Bronislaw weiter, der vom Hauptquartier der Untergrundbewegung aus die Mitteilung verbreitete, daß gefährdete Personen sich vom jeweiligen Häuserblock fernhalten sollten. Außerdem gab es Dokumente, die ich direkt von Rolf zu Bronislaw brachte. Sie trugen den deutschen Polizeistempel und erlaubten dem Inhaber, noch nach der Sperrstunde die Straße zu betreten. Oft holte Rolf mich nach der Arbeit im Büro ab und ließ ein schweres Papierbündel, das ich Bronislaw überbringen sollte, in meine große schweinslederne Tasche fallen.

Eines Nachmittags wartete Rolf nach der Arbeit auf mich. An diesem Tag hatte er kein Päckchen. Wir gingen nach Hause in die Chmielnastraße. Er schien traurig und deprimiert. Als wir angekommen waren, reichte ich ihm

sein Akkordeon. Das verfehlte sonst nie, Wunder zu wirken und seine Stimmung zu heben.
»Heute nicht, Cecylia . . .«
»Wirst du wieder nach Rußland geschickt?«
»Es ist nichts dergleichen.« Er setzte sich an den Tisch, stützte den Ellenbogen darauf und legte seinen Kopf in seine Hände. »Setz dich nahe zu mir. Laß mich deine Hand halten.« Ich tat, worum er mich bat.
»Gestern bekam ich den Auftrag, die Arbeit zweier polnischer Polizeioffiziere zu überwachen. Wir drangen in die Wohnung eines Erpressers auf dem Aleje Jerozolimskie ein und verhafteten ihn. In einer Ecke fanden wir einen Mann, der hinter einem Schrank hockte und keine Ausweispapiere bei sich hatte. In Gegenwart zweier polnischer Polizisten hatte ich keine andere Wahl, als ihn mitzunehmen. Wie ich vermutet hatte, war er Jude. Er gab es später in meinem Büro zu. Er sagte, er sei Rechtsanwalt, vor kurzem aus dem Ghetto entkommen und nannte als seinen Namen Kahn. Er beantwortete alle meine Fragen widerstandslos, als ob er sich in sein Schicksal ergeben hätte.
Ich reichte ihm ein vorgedrucktes Formular in der Annahme, ein Rechtsanwalt würde wissen, was das war. ›Warum zeigen Sie mir eine Entlassungsurkunde?‹ fragte er. Ich nahm sie wieder an mich und sagte ihm, er solle mir einen polnischen Namen nennen, so daß ich das Formular ausfüllen könne.
›Herr Kommissar‹, sagte er und beförderte mich in seiner Anrede sofort. ›Warum quälen Sie mich angesichts meines Todes so? Ich habe schon zugegeben, daß ich Jude bin. Was wollen Sie denn noch?‹ Seine Stimme klang gleichgültig, sein Gesicht war ausdruckslos. Er hatte mir gesagt, er sei zweiunddreißig, aber er sah eher wie fünfzig aus, und er schaute mich an, als wolle er sagen, ich könne mit dem, was von ihm übrig sei, nach Belieben verfahren.

Ich ging zu ihm hin und legte meine Hand auf seine Schulter und sagte ihm, daß ich ihn entlassen wolle, das aber nicht unter dem Namen Kahn tun könne. ›Ich habe Ihnen gesagt, daß ich Jude bin‹, sagte er.
›Ich weiß‹, sagte ich. ›Deswegen ist es unbedingt notwendig, daß Sie heute entlassen werden. Morgen könnte ich es vielleicht nicht mehr.‹
Er fiel auf die Knie, umfaßte meine Beine und begann zu schluchzen – ich fühlte mich schmutzig . . . Wie noch nie zuvor.«

Schon vor langer Zeit war klargeworden, daß Rolf zur anderen Seite übergegangen war.
Eines Nachts, als wir einander im Arm hielten, erzählte er mir, daß ihn der Rest des Schnappschusses von Brunos Gesicht in seinen Träumen verfolge. Er sagte, er sei trotz meiner wiederholten Beschreibung aller Gesichtszüge Brunos nicht in der Lage, die fehlenden Teile der Fotografie zu ergänzen. »Hitler zerstört nicht nur die Juden und die anderen, die er ›Untermenschen‹ nennt, er tötet die Seelen seines eigenen Volkes.«

Ein Freund von Julek wurde unter Mordverdacht verhaftet. Des Mordes oder irgendeines anderen Verbrechens wegen angeklagt zu werden, war auf jeden Fall der Beschuldigung, Jude zu sein, vorzuziehen.
Kriminelle wurden vor Gericht gestellt und verurteilt, wie es dem Strafgesetz entsprach. In diesem Fall jedoch fand Rolf, als er in die Akten des Mannes schaute, zusätzlich in großen roten Buchstaben das Wort ›Jude‹ quer über die erste Seite gestempelt.
Er erfuhr von einem Befehl, den Banisch, der Polizeichef, erlassen hatte: Kriminelle, die länger als zwei Monate in Erwartung ihres Prozesses inhaftiert waren, sollten freigelassen werden.

Rolf entfernte die erste Seite und datierte die Verhaftung des Mannes vor, so daß er in die Gruppe derer fiel, die entlassen werden sollten.
Ein anderes Mal bat ihn Julek um Hilfe für sich selbst. Er rief mich eines Tages an und drängte mich, ihn in einem Restaurant auf der Straßenseite gegenüber seinem Haus zu treffen. Ich ging während meiner Mittagspause hin.
Dort erzählte er mir, daß er seine Frau Teresa gebeten habe, ihm einen Rasierapparat zu kaufen und ihr danach an einer bestimmten Straßenecke zu treffen. Er hatte eine halbe Stunde lang auf sie gewartet und war dann nach Hause gegangen. Gerade, als er in seine Straße einbiegen wollte, hielt ihn Teresas dreizehn Jahre alte Schwester Ursula an und warnte ihn davor, ins Haus zu gehen. Teresa war auf der Straße von einem polnischen Kriminalbeamten in Zivil aufgegriffen worden, der sie nach Hause gebracht hatte. Ursula hatte es geschafft, hinauszuschlüpfen, während der Polizist die Vermieterin verhörte.
Ursula bekam den Rat, sich in der Wohnung von Edmund Diller, dem Arzt aus Przemysl, zu verstecken, und Julek sollte die Nacht bei seiner Schwester verbringen.

25

Ich rief Rolf an.
Während wir auf ihn warteten, sahen wir, wie Teresa aus dem Haus zu einem Wagen geführt und fortgebracht wurde. Bis Rolf kam, hatte sich Julek seine Lippen blutig gebissen. Rolf hörte sich Juleks Geschichte an und sagte, er werde sehen, was er tun könne.

Am Abend erfuhr ich, daß Rolf zu Teresa ins Gefängnis gegangen war und sie instruiert hatte, nichts zuzugeben. Dann hatte er einen großen Krach mit dem polnischen Kriminalbeamten inszeniert, wobei er so tat, als wäre er außer sich darüber, daß dieses arme katholische Mädchen einem solch traumatischen Erlebnis ausgesetzt war. Der polnische Beamte, der sich vor dem Deutschen fürchtete, hatte sofort die Papiere für Teresas Entlassung ausgefüllt, die am nächsten Morgen von seinem Vorgesetzten unterzeichnet werden würden.

Ich rief Julek bei seiner Schwester an und erzählte ihm die gute Nachricht. Er bat mich, ihn am nächsten Tag nach der Arbeit im Café Polanka in der Nähe meines Büros zu treffen.

Ich kam als erste an, und um Rolfs Erfolg zu feiern, bestellte ich mir ein Eclair. Wo um alles in der Welt blieb Julek? Ich wartete noch eine Viertelstunde, dann ging ich.

Bei Waclawa fand ich Rolf, der auf mich wartete: Julek war nicht gekommen, weil auch er im Gefängnis war.

Er hatte Ursula in seine Wohnung geschickt, um etwas Geld zu holen, obgleich Rolf ihn gewarnt hatte, daß das Haus vielleicht beobachtet würde.

Als sie wieder herauskam, hatte die Polizei sie geschnappt und so lange geprügelt, bis sie sie zu Julek geführt hatte, der die Nacht über bei seiner Schwester geblieben war. Auch seine Schwester und ihr Mann wurden verhaftet.

Sie alle gaben zu, Juden zu sein und wurden prompt ins Pawiak-Gefängnis gebracht.

»Jetzt stecke ich wirklich in der Klemme«, sagte Rolf. »Dieser Polizist kam in mein Büro. Du hättest hören sollen, wie sarkastisch er klang. ›Zu schade, Herr Rechter. Sie haben zugegeben, daß sie Juden sind. Mehr Glück beim nächsten Mal . . .‹«

»Jetzt hat er dich in der Hand«, sagte ich.
»Er wird mich nicht denunzieren, denn davon hat er nichts. Aber er wird mich um Gefälligkeiten bitten.«
Wir hatten angenommen, daß Julek und seine Familie im Pawiak-Gefängnis erschossen worden waren, wie es mit den meisten Juden geschah, bei denen man herausfand, daß sie sich unter falschen Namen versteckt hatten. Drei Monate später jedoch tauchte Julek bei Frania in der Creditowastraße auf.
Als er verhaftet worden war, hatte man Julek sein Geld abgenommen. Er wurde von seiner Familie getrennt, und da er sagte, er sei Elektriker, hatte man ihn arbeiten lassen, anstatt ihn zu erschießen.
Einige Zeit später war er dem Lastwagen zugeteilt worden, der täglich von einer auswärtigen Bäckerei Brot holte. Wochenlang hatte er geplant, auf diese Weise zu fliehen, und an diesem Morgen war es ihm gelungen.
Seine Rückkehr weckte in mir die Hoffnung, daß eines Tages mein Vater, Perele, Mark, Fischer und all die anderen, die verschwunden waren, ebenfalls zurückkehren würden.
Julek hatte fünfzehn Kilo abgenommen. Seine Nase schien gewachsen zu sein, und seine Augen schienen größer. Er weinte viel. Vielleicht fühlte er sich schuldig, weil er sein Geld hatte holen lassen und dadurch den Tod über so viele, die er liebte, gebracht hatte.
Ich sagte ihm, ich sei bereit, ihm neue falsche Papiere zu kaufen und für seinen Lebensunterhalt zu zahlen. Für eine Weile hörte er auf zu weinen, um wieder anzufangen, als er die Schwierigkeiten aufzuzählen begann, die er bei der Beschaffung dieser Papiere und einer Bleibe haben würde.
Vorerst, ohne Papiere, war er auf Franias Zimmer beschränkt.
Was immer er einst für sie getan hatte, es war nichts im

Vergleich zu dem, was Frania jetzt für ihn tat. Sie kaufte Essen ein und bereitete es zu; sie trug seinen Nachttopf ins Gemeinschaftsbadezimmer am Ende des Flurs, so daß die Vermieterin und ihre zwei halbwüchsigen Söhne ihn nicht sahen. Sie beklagte sich nie und bezahlte sogar freiwillig einen Teil der Kosten für seinen Unterhalt.

Um das Foto zu bekommen, das man für eine gefälschte Kennkarte brauchte, mußte Julek zu einem Fotografen gehen, und es war gefährlich, ohne Kennkarte ein solches Risiko auf sich zu nehmen. Es war ein Teufelskreis. Überhaupt, wie lange konnte seine Anwesenheit in Franias Zimmer ein Geheimnis bleiben?

Wieder kam uns Rolf zu Hilfe.

Er erzählte mir, daß Bronislaw, der glaubte, daß eine polnische Erhebung unmittelbar bevorstand und Rolf für die Dienste, die er Polen erwiesen hatte, danken wollte, ihm einen ›Eisernen Brief‹ des polnischen Untergrunds gegeben hatte. Darin wurde aufgezählt, was Rolf für die polnische Sache getan hatte, und alle Polen wurden aufgefordert, ihm während des kommenden Aufstands zu helfen und ihm Schutz zu gewähren, wenn er sich verstecken mußte, bis das erwartete Gemetzel an den Deutschen vorbei war.

Bronislaw drängte Rolf, ein wenig Polnisch zu lernen, wenigstens so viel, daß er ein paar Worte sagen konnte, um den ersten Polen, der ihn vielleicht erschlagen wollte, ohne sich vorher das Dokument anzusehen, aufzuhalten. Er hatte ihm auch eine Kennkarte gegeben, die Rolfs Foto und einen polnischen Namen trug.

»Wir sehen uns nicht ähnlich«, sagte Rolf, »aber was auch immer es nutzen mag, ich werde Julek die Kennkarte leihen!«

»Aber was geschieht im Notfall mit dir?« fragte ich.

»Dies ist ein Notfall. Ich werde Bronislaw erzählen,

daß ich sie verloren habe, und er wird mir eine neue besorgen.«
»Der Notfall kommt vielleicht unerwartet und bald«, meinte ich.
»Mir wird schon nichts geschehen. Habe ich nicht mein Versprechen gehalten, aus Rußland wiederzukommen?«
»Warum hast du mir den ›Eisernen Brief‹ nicht früher gezeigt?«
»Ich wollte dich so wenig wie möglich hineinziehen.«
»Aber was geschieht, wenn ihn die Deutschen bei dir finden?«
»Keine Angst, den finden sie nie.«
Julek ging in Rolfs Zivilanzug, mit Rolfs falscher Kennkarte ausgestattet, zu seiner Verabredung mit einem polnischen Freund. Dieser Freund hatte eine polnische Frau ausfindig gemacht, die sich der Hilfe politisch verfolgter Polen widmete, und Julek, ein ehemaliger Insasse des Pawiak-Gefängnisses, entsprach ihren Anforderungen. Sie nahm ihn in ihre Wohnung in Praga, einem Vorort von Warschau, auf.
Julek kam einmal im Monat zu mir in die Wohnung von Waclawa, um sich Geld für seine Miete und andere Unkosten abzuholen. Aber als er begann, öfter zu kommen, wurde ich nervös. Er beklagte sich, daß er sich langweile, wenn er die ganze Zeit im Zimmer verbringen müsse, und begrüßte jeden Vorwand, mit jemandem reden zu können. Ich warnte ihn, daß es gefährlich sei, aber das half nichts.
Und eines Tages, nur sechs Monate, nachdem er aus dem Pawiak-Gefängnis entkommen war, ging er zu einem Spaziergang fort und kam nie wieder nach Hause zurück.

26

Eine Katastrophe folgte der anderen.

Der Untergrund meldete, daß Bronislaw verschwunden sei. Offenbar hatte er in einem Fall, in dem Rolf nicht helfen konnte, Kontakt zu einem anderen Deutschen mit Namen Klang aufgenommen, der versprochen hatte, einen Kameraden aus dem Untergrund aus dem Pawiak-Gefängnis zu holen. Bronislaw hatte Rolfs Rat, sich von Klang, der ihm verdächtig war, fernzuhalten, in den Wind geschlagen und sich mit ihm getroffen. Der Untergrund, davon überzeugt, daß Bronislaw in den Händen der Gestapo war, forderte Rolf auf, vorsichtig zu sein.

»Glaubst du, er wird reden?« fragte ich Rolf.

»Man kann schwer Vermutungen darüber anstellen, an welchem Punkt ein Mensch zerbricht«, antwortete Rolf.

»Dann mußt du dich irgendwo verstecken!«

Rolf holte seine Uniformmütze, griff hinter das Schweißband und holte einen zusammengefalteten Streifen Papier hervor. Es war der ›Eiserne Brief‹.

Ich las ihn wieder und wieder und fühlte mich Rolf näher als je zuvor. Ich umarmte ihn und sagte: »Ich glaube, es wäre klug, jetzt von ihm Gebrauch zu machen.«

Er hielt mich in seinen Armen. »Wenn ich *jetzt* verschwinden würde, hättest du die Deutschen am Hals. Das kann ich nicht zulassen.«

»Dann werde ich auch verschwinden müssen. Der Untergrund wird auch mir helfen.«

»Wir werden Augen und Ohren offenhalten«, sagte Rolf.

»Bleibe heute nacht bei mir. Ich habe Angst.«

Am Morgen schliefen wir noch, als Waclawa an die Tür klopfte. »Da möchte euch jemand sprechen«, sagte sie.
Es dauerte eine Weile, bis ich zu mir kam. Ich gähnte und jammerte: »Wie soll das weitergehen? Jetzt kommen sie schon am frühen Morgen. Dieses Elend hört nicht auf!«
Es war Maria.
Sie sah so grauenhaft aus, daß Rolf ihr, ohne ein Wort zu sagen, ein Glas Wodka einschüttete, wartete, bis sie es getrunken hatte, und sie zu einem Stuhl führte.
Maria, die morgens im Büro immer die erste war, hatte Berler tot auf dem Fußboden gefunden, erwürgt. Tische, Stühle und Schreibtische waren umgestürzt, Papiere lagen verstreut umher. Ein junger Versandangestellter lag tot in einem anderen Büro und neben ihm die Gouvernante von Berlers kleinem Sohn. Auch sie waren erwürgt worden.
Maria war geradewegs zu mir gelaufen.
»Geht heute nicht zur Arbeit«, sagte Rolf zu uns beiden. »Bleibt hier, bis ihr von mir hört.«

Mein Verdacht, daß dreizehn von Berlers Angestellten Schwindler waren wie ich selbst, verstärkte sich jetzt, denn auch sie blieben zu Hause und warteten ab.
Es war Waclawa, die uns von den Gerüchten, die in den Vinetta-Büros kursierten, erzählte: Berler war ein Spion; Berler war ein Doppelagent; er war wegen einer Frau umgebracht worden; eine eifersüchtige Frau hatte einen Mörder gedungen; Berler war Jude.
Rolf jedoch, erstaunt über die seltsame Art und Weise, mit der die Polizei diesen dreifachen Mord behandelte, vermutete, daß sich die Gestapo einfach eines verdächtigen Deutschen entledigt hatte. Die Ermordung der beiden anderen war unvorhergesehenerweise erforderlich geworden.

Der Oberst, den Berler als seinen Bruder bezeichnet und

von dem er oft gesprochen hatte, erschien nicht bei seinem Begräbnis. Von seinen anderen Verwandten war nur Frau Schuster anwesend. Das schien unsere früheren Zweifel, ob die anderen Frauen, die ihn besucht hatten, tatsächlich seine Töchter oder seine Ehefrauen gewesen waren, zu bestätigen.
Berler blieb im Tod wie im Leben ein Geheimnis für uns. Der Mord wurde nicht untersucht, und die Gerüchte verstummten allmählich. Einige von den dreizehn, die Gäste bei Berlers Weihnachtsessen gewesen waren, kamen wieder zur Arbeit, andere kündigten. Das Vinetta-Handelshaus bekam eine neue Geschäftsführung.

27

Ich suchte eine neue Stelle.
Eines Tages, nach einer Reihe von Vorstellungsgesprächen, fühlte ich mich erschöpfter als sonst. Auf dem Weg zu Waclawas Wohnung wurde meine Sehnsucht nach Bruno plötzlich so intensiv, daß ich zum Belweder-Bahnhof ging, um den Zug nach Konstancin zu nehmen. Nur hinter den verschlossenen Türen der verlassenen Villa Juni fühlte ich mich frei genug, um meinen Phantasien über mein Kind freien Lauf zu lassen.
Als ich ankam, war es sechs Uhr. Ich eilte über die schneebedeckte Hauptstraße, aber im tieferen Schnee auf dem einsamen Weg durch die Wälder mußte ich langsamer gehen. An einigen Stellen waren die Schneeverwehungen knietief.
Es war schwierig, das Tor zu öffnen. Meine Füße und meine Hände fühlten sich eiskalt an. Nur der Gedanke an den elektrischen Heizofen in meinem Zimmer und mein

Gefühl der Nähe zu Bruno gaben mir genug Kraft, es die Auffahrt und die Treppen hinauf zu schaffen.
Das elektrische Licht funktionierte nicht.
Ich mußte mich in mein Zimmer und zu einer Schublade tasten, wo es Hilfsmittel für solche Eventualitäten gab. Ich zündete ein Streichholz an und dann eine Kerze. Dann entzündete ich den Spirituskocher und machte mir Tee. Zuletzt nahm ich das Überbleibsel von Brunos Foto aus seinem Versteck im Futter meiner Tasche.
Es dauerte nur einige Momente, bis ich Bruno zum Leben erweckt hatte.
Eine Stunde lang waren wir wirklich beisammen.
Ich badete ihn, schaute zu, wie er mit der flachen Hand auf das Badewasser patschte und wunderte mich, warum er so dünn war, daß ich seine Rippen zählen konnte. Dann hielt ich ihn, in ein Handtuch gewickelt, in meinen Armen, fühlte die Wärme seines schlanken Körpers, vergrub mein Gesicht in seinem feinen Haar und küßte das Muttermal auf seiner linken Schulter. Wir rieben unsere Nasen aneinander, plapperten miteinander, und zuletzt legte ich ihn in sein Bett, zog die Decken zurecht und summte ein Schlaflied, bis er einschlief.
Nach einiger Zeit fiel mir Rolf ein.
Was würde er denken, wenn er zu Waclawa kam und sie ihm nicht sagen konnte, wohin ich gegangen war?
Ich schaute durch das Fenster, aber die Eisblumen auf den Scheiben behinderten meinen Blick. Es war schon dunkel, und es war unmöglich zu erkennen, ob es wieder zu schneien begonnen hatte. Ich konnte immer noch den letzten Zug erreichen, aber ich wußte, ich würde nicht gehen, noch nicht. Außerdem hatte ich Bruno versprochen, daß ich die ganze Nacht über in seiner Nähe bleiben würde.

Am nächsten Morgen kam ich frierend, ungewaschen und

hungrig in Warschau an. Am Belweder-Bahnhof wartete ein besorgter Rolf auf mich. Als er am Abend vorher zu Waclawa gegangen war und ich nicht dort war, hatte er vermutet, daß ich nach Konstancin gefahren war. Waclawa hatte ihn um ein bestimmtes Dokument gebeten, das er sich an diesem Morgen ohne Berechtigung verschafft hatte. Es war für einen Polen bestimmt, der hoffentlich einer der Führer eines zukünftigen, befreiten Polen werden würde. Er gab mir das Dokument, damit ich es Waclawa aushändige, die seit Bronislaws Verschwinden der neue Mittelsmann geworden war. Dann trennten wir uns.

In der Straßenbahn zur Chmielnastraße bemerkte ich eine plötzliche Unruhe unter den Fahrgästen. Bei der letzten Haltestelle hatten einige deutsche Offiziere den Straßenbahnwagen bestiegen und überprüften alle Papiere und dazu Taschen und Pakete.

Rolf hatte mir beigebracht, in einer Straßenbahn immer in der Nähe des Ausgangs zu sitzen, wenn ich einen Kurierdienst unternahm, so daß es immer einige Minuten Aufschub gab, bevor die Kontrolleure zu mir kamen. In der Zwischenzeit erreichte die Straßenbahn vielleicht eine Haltestelle, und ich wäre möglicherweise in der Lage gewesen auszusteigen, ohne Aufmerksamkeit zu erregen. Ich stand auf und tat so, als bemühte ich mich, die Straßenschilder zu lesen, die an uns vorüberglitten, und glücklicherweise wurde die Bahn langsamer. Ich war an der Tür und auf der Straße, noch bevor die Straßenbahn anhielt, rutschte auf einem vereisten Trittbrett aus und fiel in den matschigen Schnee, unfähig, mich zu bewegen. Meine große braune schweinslederne Tasche, in deren Futter die Überbleibsel von Brunos Fotografie und das unerlaubte Dokument steckten, war einige Schritte weiter entfernt, außerhalb meiner Reichweite, gelandet.

Die deutschen Offiziere sprangen aus der Straßenbahn

und kamen auf mich zu. Sofort begann sich eine mitleidige Menge um mich zu versammeln, und die Deutschen drängten sie zurück, wobei sie riefen, daß die verletzte Frau Luft brauche.
Ich schaute in die entgegengesetzte Richtung der Stelle, wo meine Aktenmappe lag, und betete, daß irgendein Dieb sie stehlen und davonlaufen möge. Aus dem Augenwinkel sah ich, wie einer der Deutschen sich zu ihr hinunterbückte, und mein Herz schien stillzustehen. Aber er richtete sich auf, kam zu mir und reichte mir mein Eigentum. Falls er sah, wie ich bleich wurde, muß er gedacht haben, daß es die Schmerzen waren, und tatsächlich verlor ich ein paar Augenblicke danach das Bewußtsein.
Als ich später im Krankenhaus wieder zu mir kam, stellte ich fest, daß ich mir ein Bein gebrochen hatte.

»Wie lange habe ich geschlafen?« fragte ich. Die Antwort schien von meilenweit her zu kommen: »Wir haben Sie bewußtlos auf der Polizeiwache abgeholt.« Es war die Stimme einer Fremden. Eine Frau mit Krankenschwesterhaube beugte sich über mich und strich die Kissen unter mir glatt.
Als ich das Gefühl hatte, ich verlöre wieder das Bewußtsein, sammelte ich all meine Kraft, und dann erinnerte ich mich: Da die russische Besatzungsarmee uns per Lautsprecher endlos den Slogan einhämmerte: ›Wer nicht arbeitet, ißt nicht‹, nahm ich eine Stelle an und verkaufte Musikinstrumente und Sportartikel in einem nationalisierten Warenhaus, und unsere kleine Dreierfamilie war für einige wenige Monate in Lwow vereint. Mark arbeitete als Buchhalter in einem Hotel. Obgleich er seine Arbeit verachtete, muß er sie wohl gut gemacht haben, denn sein russischer Chef hatte ihn schon zweimal befördert.
Dann bekam Vater von einem einheimischen Kommuni-

sten die Information, er und sechs andere ›reiche‹ Männer aus Niemirow würden nach Sibirien deportiert. Er floh mitten in der Nacht und kam zu mir. Perele und Blume folgten.

Dank der Beziehungen, die ich zum Warenhaus hatte, durften er und seine Familie sich bei der Polizei in Lwow registrieren lassen, ein Privileg, das Personen, die neu in die Stadt zogen, normalerweise verwehrt blieb. Ich war zudem in der Lage, Blume eine Stelle in einer Bank zu besorgen.

Unsere Lebensbedingungen hatten sich verschlechtert, aber unsere Überzeugung, daß die Veränderung nur vorübergehend war, machte sie fast erträglich.

Bis Vater und Blume verhaftet wurden.

Er, der dreimal täglich in die Synagoge ging und seine übrige Zeit mit dem Studium der Thora verbrachte, wurde beschuldigt, Schwarzmarkthändler zu sein. Auch Blume wurde mitgenommen.

Ich meldete mich krank, damit ich all meinen Einfluß geltend machen konnte, um zu helfen. Ich richtete Gesuche an viele Stellen, und nach drei Tagen wurde Blume aus dem Gefängnis entlassen. Glücklicherweise machte es ihrem Chef, dem russischen Bankdirektor, nichts aus zu behaupten, daß Blume unentbehrlich wäre.

Nachdem er mich verhört hatte, versprach der Ermittlungsbeamte, ein russischer Hauptmann, er würde auch meinen Vater gehen lassen, aber erst, wenn auch seine Frau bei ihm erschienen wäre, um ein paar Fragen zu beantworten.

Ihre samtigen, mandelförmigen Augen fest auf mich gerichtet, sagte Perele mit sanfter Stimme: »Du bist ein mutiges Mädchen, Roma.« Sie überreichte mir den Familienschmuck, nahm das Nötigste für eine Nacht mit und ging mit mir zur Polizei.

Ich wartete auf dem Flur.

Zehn Minuten später kam sie mit roten Flecken im Gesicht heraus und erzählte, daß sie damit gerechnet hatte, mich nie mehr wiederzusehen.
Derselbe Hauptmann forderte mich dann auf, meinen Bruder Abner zum Verhör zu bringen. Erst danach würde er meinen Vater gehen lassen. Ich brachte einen widerstrebenden Abner zur Polizei und stand während des Verhörs wartend auf dem Flur. Nach einer halben Stunde kam ein Polizist aus dem Büro des Hauptmanns und befahl mir, nach Hause zu gehen.
Abner wurde festgehalten.
Als mir klar wurde, daß mein Wunsch, meinem Vater zu helfen, nichts weiter bewirkt hatte, als meinen Bruder in die Falle zu locken, wurde mir plötzlich übel, und ich fiel in Ohnmacht.
Am anderen Morgen sagte mir der Arzt, obgleich mein Zustand nicht besorgniserregend sei, würde er mich noch drei Tage im Krankenhaus behalten, um einige Untersuchungen zu machen.
Alle außer meinem Vater und Abner, die immer noch festgehalten wurden, versammelten sich um mein Bett. Blume, Perele, mein neuer Freund Fischer und mein Hauswirt Brustiger-Kowalski kamen mich jeden Tag besuchen. Marks Abwesenheit war auffällig und peinlich. Jeder versuchte, meine Fragen nach ihm beiseite zu wischen.
Erst als ich wieder zu Hause war, fand ich heraus, daß Mark, der in Panik geraten war, Bruno mitgenommen hatte und nach Zloczow gefahren war.

28

Im Krankenhaus sagte man mir, daß ich Fieber hätte. Nachdem er einige Röntgenaufnahmen gemacht hatte, erklärte mir der Arzt, daß ich operiert werden müßte, um das Bein zu richten, und daß es für einige Wochen in Gips gelegt werden müsse.

Am nächsten Morgen schluckte ich einige Pillen, stöhnte, bekam eine Maske über mein Gesicht und dann ...

... lag ich an einem Ort, den ich nie zuvor gesehen hatte. Weil ich nicht wußte, wo ich war, zog ich mein Laken über das Gesicht und versteckte mich vor Angst wie ein Kind. Durch das Laken hindurch sah ich, wie Schattengestalten den Raum betraten. Meine Schwestern Anna und Adela glitten geräuschlos auf mich zu. Sie führten eine Art Tanz auf. Anna, die älteste, griff nach meinem verletzten Bein und schleppte mich lachend mit. Sie zogen mich immer rund herum. Der Schmerz war unerträglich. »Komm mit uns!« sagte Anna, und ihre blauen Augen funkelten.

Ich wollte sagen, daß ich wegen meines gebrochenen Beins nicht gehen könne. Aber meine Lippen waren von irgend etwas verschlossen. Langsam erkannte ich, was es war. Es war eine chemische Substanz, die im Mund erstarrte und die die Deutschen benutzten, um die Polen vor ihrer Hinrichtung daran zu hindern, ihre Nationalhymne zu singen.

Stumm starrte ich Anna an.

Sie nahm meinen Arm und zog mich aus dem Zimmer. »Sie verstellt sich nur, sie verstellt sich immer!« rief sie. Draußen hob Abner drohend eine Schaufel und schrie: »Verräter!«

Mein ganzer Körper krampfte sich in Erwartung des kommenden Schlages zusammen, aber gerade in diesem Augenblick rief die kleine Lisa: »Papa, Papa, das Schiff ist angekommen!«

Schläfrig und Übelkeit empfindend, erwachte ich für einen Augenblick, nur um dann wieder in einen ungesunden, von Alpträumen gequälten Schlaf zu fallen.
Rolf beugte sich über mein Bett, wischte den Schweiß von meiner Stirn. Er fragte mich, was ich geträumt hätte.
»Ich erinnere mich nicht mehr . . .«, sagte ich. Dann fügte ich hinzu: »Vielleicht, daß ich mein Leben lang verkrüppelt bleibe.«
Er beugte sich über mich und küßte mich auf die Lippen.
»Egal, was geschieht – wir werden zusammen sein.«
Ich wollte mit den Worten »Ich liebe dich« herausplatzen, die zu hören er sich sehnte, aber statt dessen schloß ich wieder meine Augen.
Ich wurde nur langsam gesund. Aber als mir klar wurde, daß ich im Krankenhaus sicher war, daß die Deutschen hier offenbar nie Razzien machten, betrachtete ich es als Paradies, eine sonnendurchflutete Lichtung in der Dunkelheit des Dschungels draußen.
Die weißuniformierten Krankenschwestern, die an meiner offenen Tür vorübergingen, erschienen mir wie Engel. Die antiseptischen Gerüche, die von den Gängen hereinzogen, wurden vom Duft von Rolfs Rosen auf meinem Nachttisch erstickt. Ich fragte mich, wo er sie zu dieser Jahreszeit bekommen hatte. Selbst die nächtlichen Schreie von Patienten, die Schmerzen hatten, bedrückten mich nicht.
Die Hoffnung, daß ich vielleicht bis zum Ende des Krieges in diesem Kokon bleiben könnte, zerschlug sich natürlich, als der Gips abgenommen und ich entlassen wurde, um mich erneut in einer feindlichen, gefährlichen Welt durchzuschlagen. Rolf brachte mich in einer Fahrradrikscha zu Waclawa und trug mich dort vier Treppen hoch.
Von jetzt ab würde ich hinken und nur mit Hilfe eines Stocks gehen können.

29

Ich arbeitete wieder.
Mein neuer Chef, Besitzer einer Batterienfabrik, war Pole.
Obgleich die Polen eher in der Lage waren, den jüdischen Ursprung hinter einer falschen Fassade auszuspähen, mußte ich dieses Risiko eingehen, denn ohne Arbeitskarte zu sein, war die größere Bedrohung. Wenn ich bei einer Razzia ohne Arbeitskarte angetroffen würde, würde man mich nach Deutschland deportieren und dort in einer Munitionsfabrik arbeiten lassen. Dort konnten andere Polen, die mein Schicksal teilten, leichter hinter mein Geheimnis kommen.
Eines Morgens besuchte mich Rolf überraschend in meinem neuen Büro.
»Laß dich ja nicht vom Chef sehen«, sagte ich.
Ich führte ihn in das Besucherzimmer, und er erzählte mir, er habe ein Motorrad gekauft und lerne, wie man fahre.
»Ist es schwierig?« fragte ich.
»Es ist fast so wie Fahrrad fahren. Es macht riesigen Spaß.« Er hielt inne. »Hör zu, Liebling, tu mir einen Gefallen und bring meine Uhr fort, damit sie gereinigt wird. Du kannst es auf dem Heimweg erledigen, ich habe jetzt keine Zeit.«
War er deswegen gekommen?
»Bring sie zu einem soliden Juwelier«, fuhr er fort. »Es ist eine teure Uhr, sie hat ein goldenes Gehäuse.«
»Sehen wir uns heute abend?«
»Das weiß ich erst später. Kannst du für einen Augenblick mit nach draußen kommen?« fragte er.
Verwundert folgte ich ihm in die Eingangshalle.
»Liebst du mich?«
Er akzeptierte mein Schweigen, an das er sich inzwischen

gewöhnt hatte. »Du kannst es immer noch nicht sagen. Eines Tages wirst du es. Küß mich.«
Ich nahm sein Gesicht in meine Hände und küßte sein rechtes und sein linkes Auge.
Er drückte mich eng an sich. Als ich hörte, wie eine Tür geöffnet wurde, riß ich mich los und eilte an meinen Schreibtisch zurück.

Als ich am Nachmittag anrief, hob Schleger das Telefon ab. Er sagte, daß Rolf bisher noch nicht von dem Verhör im Aleja Szucha zurückgekommen sei.
»Von woher?« Ich schnappte nach Luft.
»Nun, von der Gestapo.«
Die Gestapo! »Oh, Sie meinen . . .« Ich tat so, als wisse ich Bescheid.
»Ja, das Verhör, zu dem er vorgeladen war.«
»Um welche Zeit sollte er zurück sein?«
»Bei solchen Sachen weiß man das nie.«
Wie betäubt legte ich den Hörer auf.
Er hatte mir die Uhr als Abschiedsgeschenk gegeben.

Ich rief Schleger einige Male an, aber immer hieß es: »Nein, er ist noch nicht zurück!«
Als es später am Nachmittag wurde, machten sich Rolfs Kollegen und sein Vorgesetzter Sorgen. Offenbar wagte nicht einmal Kommissar Korben, die Gestapo anzurufen, um sich nach seinem Leutnant zu erkundigen.
Als das Büro um fünf schloß, lief ich zu Frania. Sie versuchte, mich zu trösten, so gut sie konnte, aber dann schockierte sie mich, indem sie sagte: »Wenn das hier vorbei ist, warum heiratet ihr beiden dann nicht?«
»Er ist Deutscher!«
»Na und, ihr beiden liebt euch.«
»Das könnte ich unserem Vater niemals antun.«
»Hast du mich nicht hundertmal an das erinnert, was

Vater zu sagen pflegte: ›Jemand, der ein menschliches Leben rettet, rettet die ganze Welt.‹ Das ist aus der Bibel. Rolf hat so viele Leben gerettet, daß Vater mehr als bereitwillig seinen Segen geben wird.«

Ich starrte sie an.

»Schschsch!« sagte Frania. »Hörst du auch, was ich höre? Das ist Rolfs Pfeifen.« Sie lief zur Tür und ich zum Fenster.

Wenige Augenblicke später lag ich in Rolfs Armen. »Endlich habe ich dich gefunden!« rief er. »Ich bin in dein Büro gegangen, aber es war geschlossen. Ich bin zu Waclawa gegangen, um nach dir zu suchen . . .«

Er erzählte mir, daß ihn die Gestapo darüber befragt habe, was er über Bronislaw Gorski wisse, wie es passieren konnte, daß er sich von Teresa und Julek täuschen ließ, und ob der Name »Kowalski« ihm etwas sage. Rolf erwiderte, daß er alle vier durch Berler kennengelernt habe. Die folgenden Fragen seien in höflichem, fast freundlichem Ton gestellt worden. Er hatte erwartet, daß mein Name erwähnt würde und war außerordentlich erleichtert, als das nicht geschah.

»Bist du sicher, daß jetzt alles in Ordnung ist?«

Er nickte. »Jetzt steht in meinen Gestapo-Akten, daß ich unserer Sache fanatisch ergeben bin. Deswegen, Cecylia, mein Liebling, würdest du mir bitte meine Uhr wiedergeben?«

Unser Gefühl der Sicherheit wurde zwei Wochen später erschüttert.

Ziemlich zögernd vertraute Rolf mir an, daß die Gestapo ihn wieder habe rufen lassen. Sie hätte ihn informiert, daß sein Übersetzer Schleger, der Volksdeutsche, ein Verräter wäre und es Gründe dafür gebe, warum er diskret beseitigt werden müsse. So wurde Rolf die Ehre übertragen, ihn umzubringen. Unter dem Vorwand, daß er einen politischen Gefangenen im Pawiak-Gefängnis verhören

müsse, solle er seinen Übersetzer mitnehmen und ihn in einer Toreinfahrt erschießen.
Rolf berichtete der Gestapo, daß in den Gängen des Pawiak-Gefängnisses zu viel Betrieb herrsche und er zweimal gute Gelegenheiten habe vorübergehen lassen müssen, Schleger überraschend zu erschießen.
Er wußte, daß seine Entschuldigung ihm nur einen kurzen Aufschub verschaffen würde, aber er hoffte, irgendwie einen Ausweg aus seinem Dilemma zu finden.
Als er am anderen Morgen in sein Büro kam, wurde ihm ein neuer Übersetzer vorgestellt, und man teilte ihm mit, daß sein Kollege nach Rußland geschickt worden sei.
»Jetzt ist es Zeit für dich, dich zu verstecken«, bat ich Rolf.
»Bald, sehr bald, mein Liebling!«
Dann ließ die Gestapo Rolf in Ruhe, und unsere Aufregung legte sich.

30

Am 20. Juli 1944, einem schönen, wolkenlosen Tag, freuten wir uns über die Nachricht von einem versuchten Attentat auf Hitler. Dreiundzwanzig Deutsche hatten sich um seinen Tisch versammelt, als eine Bombe hochging. Obgleich Hitler nicht getötet worden war, war Rolf optimistisch gestimmt.
Rolfs neuer Übersetzer hatte ihm zwei Eintrittskarten für ein Theaterstück gegeben, das, wie er sagte, besonders Fräulein Szarek gefallen würde. Normalerweise weigerte ich mich, ins Theater, zum Tanz oder zu Gesellschaften zu gehen, aber der Anschlag auf Hitlers Leben hatte mich in so gute Stimmung versetzt, daß ich einwilligte, unsere private Feier mit einem Abend außer Haus zu krönen.

Später, als wir das Theater verließen, hörten wir in der Nähe das Geräusch von Schüssen. Instinktiv warfen wir uns auf den Boden und hatten den Eindruck, daß die Kugeln uns nur um Zentimeter verfehlt hatten. Es war zu dunkel, um sehen zu können, was geschehen war, und so strichen wir den Zwischenfall aus unserem Gedächtnis, da solche Dinge zu dieser Zeit in Warschau an der Tagesordnung waren.

In der Chmielnastraße klingelten wir und warteten darauf, daß der Hausmeister die Eingangstür aufschloß. Rolf ging noch nicht, sondern brachte mich bis in mein Zimmer, wodurch er verriet, welche Sorgen er sich um mich machte.

Als er gegangen war, lief ich zum Fenster und wartete darauf, noch einen Blick auf ihn zu erhaschen, wenn er aus dem Dunkeln ins Licht der Laterne an der Straßenecke kam. Er bog nach rechts ab, sein Schatten wurde länger, dann verschwand er. Ich konnte ihn noch ein letztes ›Gute Nacht‹ pfeifen hören, wie er es normalerweise tat.

»Es ist so dunkel draußen«, sagte ich zu Waclawa, die sich neben mich an das offene Fenster gestellt hatte.

»Mach dir keine Sorgen«, sagte sie sanft. »In dieser Gegend ist er als unser Freund wohlbekannt.«

Am folgenden Tag kam Rolf eine halbe Stunde zu spät zu unserer Verabredung bei Waclawa. Als er endlich da war, war ich seltsam erleichtert und drückte ihn lange Zeit fest an mich. Er reagierte nicht, wie er es normalerweise tat, indem er mich hochhob und herumwirbelte, und er nahm kaum etwas von dem Essen, das ich servierte. Ich bemerkte zum ersten Mal, daß seine Uniform aussah, als wäre sie zu groß. Ich hatte das Gefühl, ihn drücke insgeheim eine Last, die er nicht mit mir teilen wollte. War es der bevorstehende polnische Aufstand?

Nachdem ich die Teller abgeräumt hatte, sagte ich: »Es ist unklug von dir, so spät in der Nacht von hier wegzugehen.« Er lachte und zündete sich eine Zigarette an. »Machst du dir Sorgen um mich? Ich mache mir Sorgen um dich, und darüber will ich mit dir reden. Warum wirst du nicht volksdeutsch? Für die Dauer des Krieges, meine ich . . .«

Das war es also. Er machte sich vor Angst um mich kaputt. Wenn ich volksdeutsch wurde, dann durfte ich im deutschen Sektor leben, der vor kurzem vom restlichen Teil der Stadt abgetrennt worden war. Die Deutschen waren nervös geworden, obgleich schon einige Termine, für die ein polnischer Aufstand vorhergesagt worden war, ohne Zwischenfall verstrichen waren. Sie hatten an ihre Männer den Befehl ausgegeben, den deutschen Sektor nach Einbruch der Dunkelheit nicht zu verlassen. Zuerst hatte Rolf den Anordnungen Folge geleistet, doch dann hatte er sie mißachtet und war gekommen, um mich zu besuchen.

Meine Bitten, nicht so tollkühn zu sein, tat er mit einem Achselzucken ab.

Es war nicht das erste Mal, daß Rolf mir vorschlug, ich solle volksdeutsch werden. Auch Frania und meine Freunde hatten mich dazu gedrängt. Aber ich weigerte mich. Weder Frania noch Rolf wußten von dem irrationalen Schuldgefühl, das ich hatte, weil ich nicht bei meiner Familie geblieben war, und ich hatte nicht die Absicht, ihnen jetzt davon zu erzählen.

»Kommissar Korben hat versprochen, ganz unbürokratisch vorzugehen und deinen Antrag vorrangig zu behandeln«, hörte ich Rolf sagen. »Innerhalb einer Woche könntest du in meinen Sektor ziehen. Das würde alles so viel einfacher für mich machen. Ich könnte dich erreichen, ohne um Erlaubnis fragen zu müssen oder das Gesetz zu brechen. Und ich könnte dafür sorgen, daß es dir gut geht. Ich will, daß du lebst, Liebling.« Er lächelte. »Wenn es dafür eine Behörde gäbe, dann würde ich einen Tausch beantragen: Mein Leben für deins.«

Ich starrte ihn an, zu bewegt, um zu sprechen. Dann wendete ich den Blick ab. »Das würde Verrat an allem bedeuten, wofür mein Vater je eingetreten ist«, sagte ich sanft.

Plötzlich sah ich einen Augenblick lang meinen Vater leibhaftig vor mir, so als wäre ich auf dem Markt von Niemirow dabeigewesen, als er Abner drängte, seine Frau zu retten und ihn seinem Schicksal zu überlassen.

»Ich habe seinen Gott verworfen«, sagte ich, »aber seine edle Gesinnung werde ich mein Leben lang lieben und respektieren. Ich kann sie nicht verraten.«

Rolf nahm mich in seine Arme.

»Ich fühle mich dir so eng verbunden – du weißt es nicht. Seit Wochen, seit Monaten geht mir ein Roman, den ich vor Jahren gelesen habe, nicht aus dem Kopf. Es ist die Geschichte eines Mannes, der eine blinde Frau liebte, und um zu verstehen, wie das Leben für sie war, verband er sich selbst zwei Wochen lang die Augen. Er glaubte am Ende dieser Zeit, daß er endlich in die Dunkelheit seiner Geliebten eingedrungen sei. Aber ich bezweifle, ob das je möglich ist. Denn schließlich wußte der Mann, daß die Augenbinde jeden Augenblick entfernt und ihm seine Sicht wiedergegeben werden konnte.« Er hielt inne, als wolle er, daß seine Worte eine Zeitlang auf mich wirkten, dann sagte er: »Ich will versuchen, dasselbe zu tun, Cecylia. Nach dem Krieg möchte ich Jude werden.«

Als am nächsten Nachmittag um drei das Telefon klingelte, war ich so sicher, daß es Rolfs üblicher Anruf war, daß ich sagte: »Ja, Rolf, hier ist Cecylia!«

»Fräulein Szarek?« fragte eine männliche Stimme. »Hier ist Herr Schmidt.«

Er war der Sekretär von Banisch, dem Chef der Kriminalpolizei in Warschau. Ich war ihm einmal begegnet, und Rolf hatte gelegentlich seinen Namen erwähnt und gesagt, daß er nicht so brutal wie die anderen sei.
»Würden Sie bitte in mein Büro kommen?« sagte Schmidt.
»Wann soll ich kommen?«
»Sofort, wenn das möglich ist.«
Mir drehte sich alles im Kopf. Mir fiel ein, daß Fischer, als gegen ihn ermittelt wurde, mit Belobigungen freigelassen worden war, nur um ein paar Wochen später verhaftet zu werden. Vielleicht hatte die Gestapo Rolf gehen lassen, um ihn jetzt zu verhaften?

Schmidt führte mich durch trostlose leere Gänge. Das Pochen meines Stockes auf dem Zementfußboden hallte hohl. Mir fiel plötzlich ein, daß sich ein gefälschtes Dokument, das ich für Rolf weitergeben sollte, noch in meiner Aktenmappe befand. Der Raum, in den ich geführt wurde, war kein Büro. Es schien ein Empfangszimmer zu sein und war recht freundlich mit geblümten Polstermöbeln und passenden Gardinen ausgestattet. Es überraschte mich, daß es im Polizeigebäude einen Raum wie diesen gab.
Schmidt bat mich, Platz zu nehmen. Er griff nach meiner Hand und sagte mit merkwürdig mitfühlender Stimme: »Es ist meine Pflicht, Sie davon in Kenntnis zu setzen, daß Herr Rechter heute morgen um 11.45 Uhr erschossen wurde.«
»Was heißt das?«
»Er wurde ins Herz getroffen.«
»Wo ist er?« Ich war aufgesprungen und starrte ihn mit aufgerissenen Augen an.
Schmidt legte mir die Hände auf die Schultern und drückte mich sanft auf meinen Sitz zurück. »Er wurde ins Herz getroffen!« wiederholte er. »Er starb als Märtyrer.«

»Ich will ihn sehen.«
»Das können Sie nicht.«
»Sie müssen mir sagen, wo er ist!«
»Herr Rechter ist tot. Zur Zeit ist er im Leichenhaus. Morgen wird er im Aleja Szucha aufgebahrt. Wir werden Ihnen den genauen Zeitpunkt der Beerdigung mitteilen.«
Leichenhaus. Beerdigung. Sie lügen, um uns für immer zu trennen.
»Ich will ihn sehen.«
Schmidt tätschelte meine Hand. »Fräulein Szarek, bitte, ersparen Sie sich den Anblick. Erinnern Sie sich seiner so, wie er war.«
»Ich will ihn sehen.«
»Dazu brauchen Sie eine Genehmigung.«
»Wer hat ihn getötet?«
»Der polnische Untergrund.«
»Wo?«
»Bei den ›Drei Kreuzen‹.«
»Wann?«
»Ich sagte es Ihnen – um 11.45 Uhr heute vormittag.«
Am Drei-Kreuze-Platz? Wo die deutsche Polizei beständig patrouillierte und wo die polnische Polizei den Verkehr regelte? Sie dachten wirklich, ich sei dumm. »Wurden die Mörder festgenommen?«
»Es war die Tat eines einzelnen. Er ist entkommen.«
Vom Drei-Kreuze-Platz? Er konnte nicht wirklich annehmen, daß ich das schlucken würde. »Erzählen Sie mir genau, wie es geschah.«
Er trat einen Schritt zurück und sagte mit geduldiger, mechanischer Stimme: »Heute morgen um 10.00 Uhr gab der Chef Herrn Rechter die Anweisung, einen Gefangenen, der sich im Pawiak-Gefängnis befindet, zu verhören. Herr Rechter wurde von seinem Übersetzer und einem polnischen Kriminalbeamten in Zivil begleitet. An den Drei Kreuzen, vor einem Fotogeschäft, blieb der

Wagen stehen. Der Fahrer öffnete die Kühlerhaube und holte seinen Werkzeugkasten hervor. Der Übersetzer schlug Herrn Rechter vor, die Zeit auszunutzen und zu sehen, was in dem Fotoladen angeboten wurde. Herr Rechter bezahlte gerade für einen Belichtungsmesser, als der Fahrer auf die Hupe drückte, um Bescheid zu geben, daß die Fahrt weitergehen konnte. Als Herr Rechter und der Übersetzer den Laden verließen, trat ein Mann aus einem benachbarten Gebäude und schoß mit einer Maschinenpistole. Beide, Herr Rechter und der Übersetzer, waren sofort tot. Der polnische Kriminalbeamte wurde verwundet.«
Jetzt wußte ich, daß es wahr war. Rolf war tot.

Waclawa wußte es bereits. Sie weinte.
Meine Augen waren trocken und brannten.
Der Untergrund war in heller Aufregung. Der Widerstand hatte einen seiner wertvollsten Männer verloren. Sie gaben mir den Rat, in den Untergrund zu gehen, und boten mir jede Hilfe an, die ich brauchte, denn sie wußten, daß Rolf von seinen eigenen Leuten umgebracht worden war.
Ich hörte zu, aber ich befolgte ihre Worte nicht. Für den Augenblick würde ich in Waclawas Wohnung bleiben. Nur eines war wichtig: Ich mußte Rolf sehen. Ich mußte ihm etwas sagen.
Zwei Tage lang war Kommissar Korben unerreichbar. Ich versuchte, Kruger, seinen Assistenten, zu sehen – unerreichbar. Ich rief Schmidt an. Er sagte, daß nur der Chef der Polizei mir eine Genehmigung von der Gestapo besorgen könne, aber Polizeichef Banisch war unerreichbar. Die Zeit wurde knapp.
In dieser Nacht besuchte ich Frania. Nicht einmal ihr hemmungsloses Schluchzen konnte meine kalte, tränenlose Ruhe brechen.

Am Morgen brachte ein Sonderkurier eine gedruckte Todesanzeige. Jetzt war es offiziell. Ich durfte an seiner Beerdigung teilnehmen. Treffpunkt war das Polizeihauptquartier am nächsten Mittag um zwei Uhr. Straßenbahnwagen waren extra gemietet worden, um uns zum Friedhof zu bringen. Es lag auch eine handgeschriebene Mitteilung von Schmidt dabei, daß ich zwei Stunden früher kommen solle.

»Warum zwei Stunden früher?« fragte Frania am Telefon. »Vielleicht wollen sie sich deiner vor der Beerdigung entledigen?«

Waclawa flehte mich an, nicht zu gehen. Als ich sagte, daß ich Rolf sehen müsse, bevor er beerdigt würde, starrte sie mich schweigend an.

Zur vereinbarten Zeit traf ich einen lächelnden Schmidt im Polizeihauptquartier. Sein Chef hatte es geschafft, für mich die Genehmigung zu bekommen, Rolf in der Kapelle zu sehen, in der er aufgebahrt war.

Im Alejy Szucha, dem Hauptquartier der Gestapo, zeigte ich meine schriftliche Genehmigung. Ich wurde von einem Beamten in Uniform zum nächsten geschickt, dann zu einem dritten und zu einem vierten und schließlich in einen weitläufigen Raum geführt, der von einem riesig vergrößerten Bild Hitlers beherrscht wurde.

Rolfs Sarg war mit der deutschen Fahne und zwei weiteren Fahnen an den beiden Seiten geschmückt.

Ich humpelte zu der Totenbahre und legte beide Hände auf die blutrote Fahne. Ich sagte die Worte, die ich ihm nicht hatte sagen können, als er lebte: »Ich liebe dich, Rolf. Ich liebe dich. Verzeih mir, daß ich dir das nicht früher gesagt habe.«

31

Zwei polnische Kriminalbeamte begleiteten mich zum letzten der drei gemieteten Straßenbahnwagen. Die beiden ersten waren nur für Deutsche reserviert. Am deutschen Teil des Friedhofs stellte sich der Trauerzug nach Rang und Nationalität auf. Ich wurde hinter die Deutschen mit dem niedrigsten Dienstgrad eingereiht.

Eine Militärkapelle stimmte ein Trauerlied an, und wir folgten ihr zum offenen Grab. Die Grabrede war lang und hatte nichts mit dem Rolf, den ich kannte, zu tun. Darauf folgte »Sieg heil! Sieg Heil«-Gebrüll. Salutschüsse wurden abgefeuert, der Sarg wurde ins Grab gesenkt.

Ich blieb zurück, während die Menge sich zerstreute. Dann kniete ich nieder, legte meinen Stock neben das frische Grab, bekreuzigte mich und wiederholte: »Ich liebe dich. Verzeih mir, daß ich dir das nicht früher gesagt habe.«

Ich schaute mich nach den zahllosen Erkennungsmarken auf dem deutschen Friedhof um, und aus irgendeinem unerklärlichen Grund taten mir alle, die darunter beerdigt waren, leid.

Als ich mich erhob und auf den Hauptweg zuging, gesellte sich eine hochgewachsene Frau zu mir. »Sie haben viel riskiert, am Grab eines Deutschen niederzuknien«, sagte sie auf polnisch. »Sie haben Glück, daß diese deutschen Offiziere nichts dagegen unternommen haben. Ich habe gesehen, wie sie Sie angestarrt haben.«

Ihr langes Gesicht mit der Himmelfahrtsnase kam mir bekannt vor.

»Ich mußte ihm meinen letzten Respekt erweisen«, sagte ich.

Sie blieb stehen, und wir schauten einander an.

»Sie erkennen mich nicht mehr, nicht wahr?« sagte sie. »Ich war Herrn Rechters Putzfrau.«

Ich erinnerte mich. Ich nickte, und wir begannen weiterzugehen.

»Ich weiß etwas, das Sie interessieren dürfte. Dieser Mann, um den Sie mit gebrochenem Herzen trauern, war Ihnen nicht treu«, sagte sie.

Jetzt war es an mir, stehenzubleiben. Ich schaute sie an.

»Sie glauben mir nicht?« Sie zeigte mit dem Finger nach rechts. »Ihr Name ist Mitzi Bringer. Sie hatte ein Verhältnis mit ihm, darauf schwöre ich beim heiligen Antonius. Warum schauen Sie sie nicht an?«

»Lassen Sie mich in Ruhe!« Ich hörte meine eigene Stimme, dünn und hoch wie die eines Kindes.

»Dieses deutsche Flittchen arbeitet im Polizeihauptquartier, und glauben Sie mir, die beiden hatten ein Verhältnis.«

Ich kämpfte dagegen an, doch meine Augen, wie von einem eigenen Willen angetrieben, öffneten sich weit und schauten in die Richtung, in die der Finger zeigte. Ein schönes junges Mädchen blickte mich an, ihr Gesicht war eine haßerfüllte Maske.

Die Tränen, die zuvor nicht gekommen waren, standen plötzlich in meinen Augen. Ich kämpfte darum, sie zu unterdrücken, aber im nächsten Augenblick strömten sie über meine Wangen. Die große Frau schüttelte mitleidig den Kopf über mich. Ich bedeckte mein Gesicht mit einer Hand und hinkte davon.

Am Ausgang warteten meine beiden polnischen Begleiter auf mich. Sie hatten den Straßenbahnwagen warten lassen. Das Mitgefühl, das die polnischen Kriminalbeamten auf dem Hinweg für mich gehabt zu haben schienen, war dahin.

»Wo sind Sie so lange geblieben?« herrschte mich einer von ihnen an. »Wir hätten vor einer halben Stunde zurück sein müssen. Ihretwegen wird man uns einen Verweis erteilen.«

Als wir im Polizeihauptquartier ankamen, erzählte man uns, daß einige Polen Handgranaten in die beiden Straßenbahnwagen geworfen hatten, die planmäßig abgefahren waren. Einige Mitfahrende waren verwundet worden, einer war auf dem Weg ins Krankenhaus gestorben.

Sobald Waclawa hörte, wie ich den Schlüssel im Schloß herumdrehte, rief sie: »Jesus Christus! Bin ich froh, dich zu sehen!«
Später erzählte sie mir, daß der Plan, Rolf zu rächen, erfolgreich ausgeführt worden sei. Sie hatte den Befehl ihrer Organisation befolgt, mich nicht vorher zu warnen. Ich sollte, wenn das möglich war, zu Hause aufgehalten werden.
Zuerst war ich zornig bei dem Gedanken, daß sie gewillt gewesen war, mich zu opfern. Aber dann erinnerte ich mich, wie sehr sie mich angefleht hatte, nicht an dem Begräbnis teilzunehmen.
Außerdem hätte Waclawa nicht gezögert, sich selbst für die Sache zu opfern.

32

Ich wünschte mir oft, Rolf sei verhaftet und deportiert worden wie Vater und Perele oder wie Fischer; dann hätte ich weiter darauf hoffen können, eines Tages wieder mit ihm vereint zu sein. Aber Rolf war tot. Der Deutsche, der das Recht gehabt hätte, zu leben, weil sein Nationalismus für immer tot war.
Es gab so viele Dinge, die ich ihm erzählen wollte.
Viele Male nahm ich den Telefonhörer ab, wollte gerade die Vermittlung um seine Nummer bitten, und legte dann

wieder auf. Würde ich je in der Lage sein, mich mit seinem Verlust abzufinden? War das Leben überhaupt noch lebenswert?
Dann wieder verfolgten mich Gedanken über Mitzi Bringer. Ich mußte sie treffen.
Als ich am Telefon den Klang ihrer Stimme hörte, errötete ich von Kopf bis Fuß. Zögernd willigte sie ein, mich zu sehen.
Frania schrie am Telefon, bald würde sie nicht nur Rolfs Tod betrauern, sondern auch den ihrer Schwester. Sie sagte, ich sei nicht bei Verstand, eine Deutsche im deutschen Sektor zu besuchen. »Denk daran, daß Bronislaw von seiner Verabredung mit diesem Deutschen nicht zurückgekommen ist! Und wozu das alles?«
Sie wußte nicht alles über Rolf. Nichts von dem, was er für die Polen, was er für die Juden getan hatte. Sie wußte nicht, daß ich mich nach diesem neuerlichen Verlust fragte, ob es der Mühe wert sei, weiterzuleben.
Weder sie noch meine Freunde wagten, mich bei Waclawa zu besuchen. Sie waren davon überzeugt, daß das Haus überwacht wurde. Ihrer Meinung nach stand ich als nächste auf der Liste, und sie dachten, es wäre eine Art Selbstmordversuch meinerseits, mich so offen zu zeigen und ein leichtes Ziel darzustellen. Nur ein jüdischer Arzt aus Lwow, ebenfalls als Pole getarnt, kam mit seiner Schwägerin, um mich fortzubringen.
Ich ging nicht. Mein Zimmer war durchtränkt von Rolfs Gegenwart. Ich hörte ihn meinen Namen flüstern, seine Stimme war wirklich, wie sie es früher gewesen war. Ich roch nachts seinen Duft in der Einbuchtung meines Kissens.
Soll mein Feind zu mir kommen! Frania fand nun ihren eigenen Weg, und ich war bereit für das Unvermeidliche.

Mitzi Bringers Zimmer war von Sonnenlicht durchflutet.

Es ergoß sich durch zwei große Fenster. Die durchsichtigen Vorhänge waren zur Seite gezogen und wurden mit Seidenkordeln zusammengehalten. Die rosenroten Übergardinen paßten zum Tischtuch. Mitzi war ebenfalls in Rot gekleidet, offenbar war es ihre Lieblingsfarbe. Ihre Wangen waren rosig, und ihr voller Mund von Natur aus rot. Als ich dieses gesunde, strahlende Mädchen aus der Nähe sah, konnte ich verstehen, was Rolf zu ihr gezogen haben könnte.

Sie saß auf dem Rand eines Stuhls mit harter Lehne und wartete darauf, daß ich sprach. Das Schweigen hatte schon zu lange gedauert. Schließlich sagte ich: »Bitte, verstehen Sie mich . . . ich habe Rolf geliebt . . .«

»Ich weiß.«

»Ich brauche Ihre Hilfe!«

»Wie kann ich Ihnen helfen?«

»Ich muß die Wahrheit wissen«, sagte ich.

Mitzi biß sich auf die Lippen.

»Dann ist es wahr? Bitte!« Ich flehte sie mit Tränen in den Augen an.

»Was wollen Sie denn?« fragte sie kalt. »Pikante Einzelheiten? Wollen Sie, daß ich ihn schwarz oder weiß male? Und was ist mit mir? Soll ich mich vielleicht vor ihnen ausziehen?«

Was ich von ihr verlangte, war wirklich unerhört. »Was immer Sie mir zu sagen haben – ich muß es wissen.«

Sie lehnte sich auf ihrem Stuhl zurück. »Ich wollte nicht häßlich zu Ihnen sein. Ich weiß wohl, was Sie empfinden.« Einen Augenblick lang spielte sie mit den Fransen des Tischtuchs, und dann begann sie: »Als ich aus Deutschland hierher versetzt wurde, wurde mir kurz nach meiner Ankunft erzählt, daß Rolf sich ernsthaft mit einem polnischen Mädchen eingelassen habe und daß es meine Aufgabe sei, ihn für mich zu interessieren. Ich sagte, ich sei verlobt. Aber mein Chef bestand darauf,

sagte, daß die Konsequenzen für Rolf sehr übel sein könnten und daß es meine Pflicht wäre, ihn zu seinem eigenen Volk zurückzuführen. Also – ich sagte, ich würde es versuchen.
Ich machte mich an einem unserer Kameradschaftsabende an ihn heran und flirtete ein bißchen. Er war nicht allzu willig. Nach einer Weile wurde es mehr eine persönliche Herausforderung als ein Dienstauftrag. Eines Abends, als wir miteinander tanzten ... ich kann es nicht erklären, es geschah ganz plötzlich, ich wollte ihn so sehr.« Sie errötete.
Ich warf einen verstohlenen Blick auf ihre wohlgeformten Beine und stellte mir vor, wie sie mit Rolf tanzte. Ich hatte es nie getan. Hatte er sich ihren Annäherungen gegenüber offen gezeigt, weil ich am Stock ging und hinkte?
»Bei einem unserer Kameradschaftsabende spielte er Klavier. Auf dem Heimweg bat ich ihn, mir doch bei sich zu Hause noch mehr vorzuspielen. Er willigte ein. In seiner Wohnung küßten wir uns dann, aber das war alles. Er war nett zu mir, aber ... vielleicht war es der Alkohol ... ich weiß nicht, wie ich es sagen soll ... Sie wissen, was ich meine? – Es wurde nichts daraus.«
»Und beim nächsten Mal?« fragte ich.
»Es gab kein nächstes Mal.«

Ich verließ Mitzi Bringers Wohnung in seltsamer Stimmung. Ich hatte erwartet, ein kleines Flittchen vorzufinden, aber statt dessen mochte ich sie.
Ich betrat einen Blumenladen, kaufte achtzehn rote Rosen und ging zum Friedhof.
Um den deutschen Friedhof einheitlich zu halten, war es verboten, Blumen auf die Gräber zu stellen. Deshalb versteckte ich die Rosen unter meinem Mantel, als ich am Tor vorbeiging. Am Grab steckte ich die Rosen, eine

nach der anderen, in die Erde, wobei ich mich wiederholt umschaute, um sicher zu sein, daß niemand in der Nähe war. Dann sagte ich laut: »Ich liebe dich, Rolf, ich liebe dich.«

Ich hinkte zum Ausgang und war sicher, daß mit siebenundzwanzig mein Leben vorbei war.

Ich nahm den Zug nach Konstancin und zählte die Minuten, bis ich in Franias Armen weinend zusammenbrechen konnte.

»Oh, du bist es«, begrüßte mich Frania. »Ich hätte dir sagen müssen, daß du nicht kommen sollst. Jan geht nach Krakau und nimmt mich mit. Ich bin hier lange genug eingesperrt gewesen. Ich habe schreckliche Lust, Krakau zu sehen. Dir macht es doch nichts aus, nicht wahr?«

»Nein«, sagte ich.

33

Auf meinem Weg zurück nach Warschau dachte ich an Rolfs Mutter. Als ich am Belweder-Bahnhof ankam, sehnte ich mich so verzweifelt nach ihm, daß ich geradewegs zum Postamt ging und ihr ein Telegramm schickte. Aber nachdem ich es abgeschickt hatte, bekam ich es mit der Angst zu tun. Wieviel wußte sie über mich? Würde sie nicht mich und meine Beziehungen zu ihrem Sohn mißbilligen? Was würden wir uns zu sagen haben?

Ein paar Tage später stand sie vor der Tür von Waclawas Wohnung. Sie war direkt vom Bahnhof hierher gekommen. Schmal und abgespannt stand sie mit ihrem Koffer vor mir. Sie hatte Rolfs Augen, die aus einem bleichen, erschöpften Gesicht schauten. Meine Befürchtungen schwanden.

Bei einem Glas Tee erklärte ich ihr, daß sie Anrecht auf ein gutes Hotel und eine Fahrgelegenheit zum Friedhof habe, aber sie sagte, daß sie, wenn es möglich wäre, lieber bei mir wohnen und lieber mit mir anstatt mit einer offiziellen Begleitung zum Friedhof gehen würde.

Wir sprachen endlos über Rolf. Dann sagte sie: »Ich habe meinem Mann versprochen, daß ich meine Augen und Ohren offenhalten werde, während ich hier bin, so daß ich ihm erzählen kann, was vor sich geht. Ich nehme an, Sie wissen Dinge, von denen wir daheim keine Ahnung haben.«

»Wir glauben, daß das Ende des Krieges nahe ist.«

»Das Ende Deutschlands?«

»Ja. Die Engländer werden uns befreien.«

»Könnten die Russen nicht schneller hier sein?«

»Wir mögen sie nicht.«

»Was wird dann mit den Deutschen hier geschehen?«

Ich zeigte auf das Küchenmesser. »Sie werden schon Jungen, die nicht älter sind als zehn, abstechen.«

»Werden wir so sehr gehaßt?«

Bevor ich mich wieder fangen konnte, war ich in Tränen ausgebrochen. »Ich, ich selbst werde acht töten. Drei für die Höllenqualen, von meinem Kind und von meinen Eltern getrennt zu sein, und fünf dafür, daß sie meine beiden Schwestern, meinen Bruder, seine Frau und sein vierjähriges Mädchen ermordet haben. Soll ich Ihnen erzählen, wie meine Eltern deportiert und die fünf ermordet wurden?«

»Ich weiß es, Rolf hat es mir erzählt.«

»Sie wissen es – ?« Ich schnappte nach Luft.

Sie umarmte mich. »Ich will, daß Sie nach Deutschland kommen und bei uns wohnen. Sie werden in Sicherheit sein. Das ist es, was Rolf wollte.«

Während sie mich in den Armen hielt, biß ich mir auf die Lippen und schaute an die Decke. »Es gab da noch ein anderes Mädchen . . .«, sagte ich sanft.

»Hat er Sie ihretwegen verlassen?«
»Nein. Aber vielleicht hätte er es am Ende getan.«
»Erzählen Sie mir von ihr!«
Ich erzählte ihr.
Sie streichelte meinen Rücken. Sehr ruhig sagte sie: »Männer im Krieg – sie leben von einem Tag auf den andern. Nur das, was Rolf für Sie empfand, sollte von Bedeutung für Sie sein. Sogar der Brief, den wir bekamen, als er schon tot war, erzählte nur von seiner Liebe zu Ihnen.« Ihre Hände suchten in ihrer Tasche, und sie holte einen Brief in Rolfs Handschrift hervor. Er hatte ihn zwei Tage, bevor er ermordet wurde, geschrieben. »Ich bin hierhergekommen«, fuhr sie fort, »um Sie heimzuholen. Wir haben Rolfs Zimmer für Sie vorbereitet.«
Vorsichtig entzog ich mich ihr. »Ich kann hier nicht weg«, sagte ich.
»Warum nicht?«
»Ich muß in der Nähe meiner eigenen Leute bleiben.«
»Aber Sie haben niemanden hier!«
»Ich darf es mir nicht so leicht machen. Ich muß um mein Leben kämpfen, wie mein Vater im Arbeitslager und wie all die anderen.«
Ich lächelte sie an. »Ich werde Sie nach dem Krieg besuchen«, sagte ich.
»Aber bei uns haben Sie die beste Chance, zu überleben!« wandte sie ein.
Der Ton ihrer Stimme und der Ausdruck in ihren grauen Augen waren genau derselbe, den Rolf hatte, als er darauf bestand, daß ich Volksdeutsche würde. Es war, als spräche Rolf aus dem Grab zu mir.
»Denken Sie darüber nach«, sagte sie. »Lassen Sie sich Zeit. Ich werde noch zwei Tage hier bleiben.« Sie seufzte und wechselte unvermittelt das Thema. »Haben Sie von den Gaskammern gehört?«
»Das habe ich.«

»Ein Freund hat es meinem Mann erzählt, aber wir konnten es nicht glauben. Es ist undenkbar.«
»Undenkbar, das ist alles? Sind Sie nicht entsetzt?«
»Wollen Sie damit sagen, daß es wahr ist?«
»Wenn ich den Beweis dafür hätte, daß es sie gibt, dann würde ich wahnsinnig. Es ist schrecklich genug zu wissen, daß sie meine Leute niederschießen, verhungern lassen oder sie einsperren und sie arbeiten lassen, bis sie umfallen.« Dann fuhr ich sie an: »Hat man Ihnen davon zu Hause erzählt?«
Sie nahm meine Hand, blickte mir gerade in die Augen und sagte: »Wir haben Hitler nicht gewählt. Als er jedoch erst einmal an der Macht war, gab es wenig, was Leute mit unserer Weltanschauung tun konnten.«
»Warum?«
»Mein Mann ist sozialdemokratisches Parteimitglied. Er hat seine Arbeit verloren, und wir waren dankbar dafür, daß er nicht in ein Konzentrationslager kam. Rolf hat die Weltanschauung meines Mannes geteilt. Da bestand nie auch nur die geringste Gefahr, daß er bei den Nazis mitmachen könnte. Es ist Dietrich, unser jüngerer Sohn, der den anderen Weg gegangen zu sein scheint . . . Wir machen uns Sorgen um ihn.«
Ihre großen graublauen Augen wurden unter meinem Blick unruhig. Und die Hände lösten sich aus meinen. »Und jetzt, wo Dietrich gehört hat, daß sein geliebter Bruder vom polnischen Untergrund ermordet wurde –«
Diese beiläufige Bemerkung klang, als käme sie von sehr weit her. Ich krampfte die Hände ineinander und sagte mit gepreßter Stimme: »Das sagen die Deutschen. Aber es ist nicht wahr, daß Rolf vom polnischen Untergrund ermordet wurde.«
»Von wem denn?«
»Das kann ich nicht sagen. Nicht jetzt.«
»Sie müssen!«

»Ich kann nicht. Die Sicherheit anderer hängt von meinem Schweigen ab. Ich verspreche Ihnen, wenn ich den Krieg überlebe, dann kommen wir wieder zusammen, und ich werde Ihnen alles erzählen, was ich weiß. Was die Gegenwart anbetrifft, so möchte ich, daß Sie wissen, daß für diesen Mord zwanzig unschuldige Polen aufs Geratewohl auf der Straße aufgegriffen und als Geiseln genommen worden sind. Sie werden als Vergeltungsmaßnahme bei den ›Drei Kreuzen‹ erschossen. Zehn für Rolf und zehn für seinen Übersetzer. Bevor diese Männer zur Hinrichtung geführt werden, wird man ihren Mund mit einer chemischen Substanz füllen, die hart wie Zement wird, so daß sie nicht in der Lage sein werden, die polnische Nationalhymne zu singen.«
»Unschuldige Menschen werden als Geiseln genommen und erschossen?«
»Die Mauern von Warschau sind von Kugeln durchsiebt!«
Sie konnte es nicht glauben.
»Ich kann Sie zum Drei-Kreuze-Platz bringen und Ihnen die Liste und den Anschlag zeigen, der die Hinrichtung verkündet.«
»Bringen Sie mich hin!«
Ich brachte sie zu dem Fotoladen und ließ sie den Anschlag lesen, der sowohl in Deutsch wie in Polnisch abgefaßt und an die Ziegelmauer geklebt war.

HINRICHTUNG
Am 27. Juli um 11.45 Uhr wurden zwei Deutsche vom polnischen Untergrund am Drei-Kreuze-Platz erschossen. Zur Vergeltung sind zwanzig Polen, deren Namen unten aufgeführt werden, zum Tod durch Erschießen verurteilt worden. Die Hinrichtung findet am 3. August um 11.45 Uhr auf dem Drei-Kreuze-Platz statt.

Rolfs Mutter bat mich, ihr die zwanzig polnischen Namen, die sie nicht aussprechen konnte, laut vorzulesen.
Ich tat, wie sie verlangt hatte, und sprach jede einzelne Silbe klar und deutlich aus.
Als ich fertig war, begann sie zu weinen. Dann straffte sie die Schultern und sagte: »Bitte bringen Sie mich zu Rolfs Vorgesetztem!«
»Jetzt?«
»Jetzt. Niemand soll für meinen Sohn sterben.«
»Sie glauben doch nicht, daß die Gestapo ihren Befehl ändert?«
»Ich bin seine Mutter!«
Ich wußte, daß ihre Intervention zu nichts führen würde, aber ich sagte: »Gehen wir.«
Es war nach der Bürozeit, aber Kommissar Korben arbeitete noch, und diesmal war er zu sprechen. Er empfing uns sofort und sprach uns beiden, Rolfs Mutter und mir, sein Mitgefühl aus.
»Ich bin gekommen, weil ich um Gnade bitten will«, sagte Frau Rechter.
»Gnade für wen?« fragte Kommissar Korben verblüfft.
»Gnade für die zehn unschuldigen Polen, die dazu verurteilt sind, für meinen Sohn zu sterben.«
Auf seinen Lippen erschien ein schiefes Lächeln. Seine Schlitzaugen schweiften zu mir. »Unschuldig? Wer hat Ihnen solchen Unsinn erzählt?« Er wendete sich zu Frau Rechter. »Man hat Sie falsch informiert, gnädige Frau. Das sind Kriminelle, die schon gesetzmäßig zum Tode verurteilt waren. Sie werden auf der Straße anstatt im Gefängnishof erschossen. Sie müssen einsehen, daß die Unverschämtheit dieser organisierten Rebellen jedes Maß übersteigt! Können Sie sich vorstellen, Frau Rechter, daß sie die Frechheit hatten, Handgranaten in die Straßenbahnwagen zu werfen, die die Trauergäste vom Begräbnis

Ihres Sohnes zurückbrachten? Zwei Tote und viele Verwundete. Sie schießen unsere Jungen nieder wie die Hunde. Kleine Veranstaltungen wie diese dienen der Einschüchterung. Sie dürfen sicher sein, daß wir niemals unschuldige Menschen hingerichtet haben.«
»Ich verstehe«, sagte Frau Rechter leise.
Sein Wort stand gegen meines.
Korbens unruhige Hände entspannten sich. »Wie lange wollen Sie in Warschau bleiben?« fragte er.
»Ich habe für übermorgen eine Rückfahrkarte, ich würde gerne Fräulein Szarek mitnehmen. Können Sie mir helfen?«
»Fräulein Szarek kann sofort eine Genehmigung bekommen.«
Korben drückte auf einen Knopf. Kruger kam herein und erhielt Anweisung, die Sache sofort in die Wege zu leiten.
»Ich bin noch nicht bereit, Frau Rechter«, sagte ich.
»Es kann nichts schaden, eine Ausreisegenehmigung zu haben«, antwortete sie.
»Es ist mir eine große Ehre, Sie kennengelernt zu haben. Ich habe Ihren Sohn immer sehr geschätzt. Er war ein feiner Kerl. Er fehlt mir.« Korben stand auf und drückte uns die Hand. »Vergessen Sie nicht, seine Sachen abzuholen. Es gibt da einiges von Wert. Ein Motorrad, zwei Kameras und eine goldene Uhr. Ich wünsche Ihnen eine gute Reise, Frau Rechter, und auch Ihnen, Fräulein Szarek. Ich bin sicher, es wird Ihnen in Deutschland gefallen.«
»Danke schön für alles, Herr Kommissar«, sagte Frau Rechter.
»Bitte, lassen Sie mich wissen, wenn ich etwas für Sie tun kann!« Kommissar Korben hatte das letzte Wort.

34

Der polnische Aufstand in Warschau hatte begonnen. Ich erhielt vorher von Waclawa eine Nachricht, die ich aber nicht ernst nahm, denn schon dreimal hatte sie mir diese Information gegeben, und jedesmal hatte es sich als falscher Alarm erwiesen. Frania jedoch hatte ich geraten, Konstancin nicht zu verlassen, aber für mich selbst war es fast schon zu spät, dorthin zu kommen. Später fanden wir heraus, daß der Zug, den ich genommen hatte, der letzte war, der den Belweder-Bahnhof verließ. Von dieser Zeit an waren wir in Konstancin von Warschau und dem Rest des Landes abgeschnitten.

Einsamer als je zuvor, näherte ich mich dem kleinen Torhaus des Wirtman-Anwesens. Der bellende Hund erinnerte mich an den Tag, als Rolf mit mir hierher gekommen war, um den Verdacht von Franias Vermieterin zu zerstreuen.

Dann trat Antony, Franias Vermieter, vor die Tür, um zu sehen, wer da war. »Es geht los! Es geht los!« sagte er begeistert zu mir, als er nach meinem Koffer griff.

Drinnen fand ich Jan, der noch nicht wußte, daß er hier festsaß.

Der immer gastfreundliche Antony ließ seine zwei halbwüchsigen Töchter in die Garage umziehen und gab ihr Zimmer dem »Herrn Ingenieur«. Ich gesellte mich zu den beiden Mädchen in der Garage, denn Franias Zimmer war zu klein für ein zweites Bett. Es dauerte nur ein paar Tage, bis ich mich daran gewöhnt hatte, über den Hof zum Torhaus zu gehen, wo Frau Antony unsere Mahlzeiten servierte. Das Wetter war gut, und der Stock half mir über einige Unebenheiten und Steine auf dem Boden. Im Torhaus eines benachbarten Anwesens wurden Gebetsversammlungen für die Freiheitskämpfer in Warschau

abgehalten. Die meisten der Anwohner nahmen daran teil, und Frania und ich folgten ihrem Beispiel. Die Gebetsstunden wurden von Vater Bensch geleitet, einem Priester, der hier gestrandet war.
Mit vierzig Jahren waren Vater Benschs Haare und seine buschigen Augenbrauen schon grau. Wegen einer dreieckigen Narbe, die seine Wange durchschnitt, war sein Lächeln verzerrt. Seine Baritonstimme erinnerte mich an die meines Vaters.
Am Ende einer Versammlung ging ich zu ihm und fragte, ob ich ihn alleine sprechen könne. Er schlug mir vor, zur Sonntagsmesse zu kommen, er würde es dann so einrichten, daß wir danach miteinander reden könnten. Die Messe würde in der Kapelle eines Heims für alte Schauspieler abgehalten, das von Franziskanern geleitet wurde.
Am Sonntag brauchte ich zwanzig Minuten für den Weg zum Altersheim. Das Thema von Vater Benschs Predigt war »Reinigung durch Leiden«. Der Rhythmus seiner klaren Stimme rief mir die meines Vaters ins Gedächtnis und merkwürdigerweise auch den kleinen Fluß in Niemirow, wo ich so viele glückliche Augenblicke meiner Kindheit verbracht hatte – wo ich schwamm und mich auf dem Rücken treiben ließ, die Augen in den Himmel gerichtet, der tiefblau war, blau wie nirgendwo sonst. Dann lag ich im Gras und ließ meinen Körper in der Sonne trocknen. Die Vögel zwitscherten. Der sanfte Wind war wie die Zärtlichkeit Gottes.

Vater Bensch stand vor mir. Die Fenster des Raumes, in den er mich geführt hatte, blickten auf einen üppigen grünen Rasen, der sich weit bis zur Straße erstreckte.
»Was bekümmert Sie, mein Kind?«
»Ich kann den Mann nicht vergessen, den ich verloren habe.«
»Warum sollten sie ihn vergessen?«

»Meine Freunde sagen, ich solle aufhören, um ihn zu trauern, und ihn vergessen.«
»Ich bin sicher, Ihre Freunde meinen es gut mit Ihnen, aber warum sollten sie einen geliebten Menschen aus Ihrem Herzen reißen, nur weil seine Zeit auf Erden abgelaufen ist? Gibt Ihnen die Erinnerung an ihn Trost?«
»Er war ein guter Mensch.«
»Dann denken Sie daran, wie gut er war.«
Ich nickte.
»Denken Sie an ihn, wenn Sie sich einsam fühlen, und tragen Sie durchaus auch Trauerkleidung, wenn das Ihren Gefühlen entspricht.«
»Vater, er war kein Pole.«
»Sie haben gesagt, er war ein guter Mensch!«
»Er war ein Deutscher.«
Er schaute mir direkt in die Augen. »Bei Samuel steht geschrieben: ›Ein Mensch sieht, was vor Augen ist, der Herr aber sieht das Herz an‹!«

In Warschau tobte der Kampf zwischen Polen und Deutschen. Wir hörten von Polen, die sich hinter umgestürzten Straßenbahnwagen verbarrikadierten, viele von ihnen kämpften mit den bloßen Händen. Panzer wurden erbeutet und dorthin gebracht, wo man sie brauchte, indem Kirchenprozessionen organisiert wurden, bei denen Frauen und Kinder den Panzer umringten und Kirchenbanner und Heiligenbilder als Tarnung hochhielten. Obgleich der Betrug jeden Augenblick entdeckt werde konnte, gingen sie und sangen standhaft Litaneien. Wann immer der Tod die Reihen der Aufständischen lichtete, sprangen Schuljungen ein. Sie kämpften wie Männer, sie bauten Barrikaden, und sie hoben Schützengräben aus.
Eines Tages kam Antony ganz aufgeregt nach Hause. »Holt euch das Fernglas«, sagte er, »und kommt mit!« Wir folgten ihm auf einen Weg, der den Zaun des Wirt-

manschen Anwesens säumte, und rannten auf ein baumbestandenes Feld.
Antonys Arm wies in Richtung auf den Fluß. »Da!« rief er. »Die Russen sind in der Vorstadt, in Praga!«
Wir ließen das Fernglas von Hand zu Hand gehen und stellten es auf die russischen Soldaten ein, die ihre Uniformen von sich warfen und ins Wasser sprangen.
Mit der Roten Armee am Rand von Warschau verstärkten sich unsere Hoffnungen auf einen Sieg. Die meisten Polen jedoch fürchteten die Befreiung durch die Russen, sie beteten weiter darum, daß die endgültigen Befreier die Briten wären. Den wenigen überlebenden Juden jedoch war es egal, von wem sie befreit würden, sie zählten die Augenblicke, bis die Russen über die Kierbiedziabrücke kämen.
Da es verboten war, ein Radio zu besitzen, kamen die Nachrichtenfetzen, die uns während der dreiundsechzig Tage, in denen Warschau sich gegen die Deutschen auflehnte, erreichten, von Vater Bensch, der in Verbindung zur Untergrundbewegung in Konstancin stand. Er fand mich oft begierig wartend am Tor des Wirtman-Anwesens. Ich schätzte die täglichen Unterhaltungen mit ihm.
Als ich zu Antony ins Haus kam, war ich die einzige, die Geld hatte, und ich unterstützte ebenso Frania wie Jan. Später, als mir klar wurde, was sie dabei empfinden mußten, änderte ich das Verfahren. Anstatt bei Antony direkt für ihr Zimmer und ihre Mahlzeiten zu bezahlen, gab ich Frania eine größere Summe Geldes und lieh Jan einiges, das er zurückzahlen würde, wenn er wieder nach Rawa-Ruska ging. Aber er brauchte jeden Tag mehr Geld. Obgleich er keineswegs ein Trinker war, schätzte er seine Wodkaflasche und gesellte sich gerne zu den Männern im Wirtshaus.
Jan kritisierte alles, was ich tat. Um dem ›Herrn Ingenieur‹ zu schmeicheln, auf dessen Anwesenheit in seinem

Haus er stolz war, unterstützte Antony ihn. Frania ihrerseits stand nie für mich ein, so daß ich allein war. Jan bezeichnete mich als ›Hinkebein‹, was merkwürdig war, da er selbst ein wenig lahmte. Vielleicht spürte er meine Mißbilligung, weil er so viel Geld ausgab. Er machte meine Freundschaft zu Vater Bensch lächerlich. »Du solltest dich selbst mal sehen«, sagte er, »du und dein Priester, der in zerrissenen Schuhen daherschlurft. Was findest du nur an ihm?«

»Er ist der Beste!«

»Wie viele Priester kennst du denn?« fragte er grinsend. Selbst diese Anspielung auf meinen Glauben gab Franias Loyalität zu ihrem Freund keinen Knacks. Sie sagte nichts. Hatte sie vielleicht Angst vor ihm?

»Vater Bensch sitzt hier fest. Ich frage mich, ob er sich überhaupt eine warme Mahlzeit leisten kann. Er bittet um nichts, sondern gibt allen, was er nur kann!«

»Wer sind diese ›alle‹? Du? Wir – Frania und ich und Antony, seine Familie und viele andere – finden, daß Vater Szarejko ihm weit überlegen ist. Das scheint die Ansicht der ganzen Gemeinde zu sein, denn er hat ein besseres Einkommen.«

»Vater Szarejko hat eine Pfarre hier«, sagte ich. »Aber Vater Bensch ist mehr als ein Hirte, er ist ein Apostel.«

Jan brach in abfälliges Gelächter aus, und Frania, die sein Echo geworden war, fiel ein.

Ich ging in die Garage und brütete dumpf vor mich hin.

Später sah ich draußen vor dem Tor Vater Bensch die schmutzige Straße entlangkommen.

Dieses Mal brachte er die Nachricht, daß Evakuierte aus einem Warschauer Krankenhaus in Konstancin einquartiert worden waren, und zwar in der Villa Vera. Ich wartete ungeduldig, daß es Morgen würde und ich sie besuchen konnte. Vielleicht wußte einer der Patienten etwas von meinen Freunden, Freunde, mit denen ich über Rolf reden konnte.

35

Die Stadt war noch nicht erwacht, als ich mich durch den Nebel zur Villa Vera aufmachte. Hier und da vermischte sich der Rauch, der aus einem Kamin aufstieg, mit dem Dunst. Als ich an einer Ecke von der Hauptstraße abbog, stieß ich mit einem Schornsteinfeger zusammen. Obgleich ich abgestritten hätte, daß ich abergläubisch war und daran glauben könnte, daß dies Glück bringe, berührte ich ihn. Dann ging ich weiter, um gleich wieder jemanden anzurempeln; dieses Mal war es ein Deutscher. »Oh, Verzeihung!« stotterte er auf deutsch.
»Bitte, vergeben Sie mir!« sagte ich atemlos auf polnisch.
Er fand seine Haltung wieder und schnauzte mich an: »Ihre Papiere!« Er warf einen Blick darauf und ließ mich gehen.
Ganz plötzlich tauchte vor mir im Nebel die Villa Vera auf. Ich ging durch das Tor und fand emsige Betriebsamkeit im Haus. Kisten und Bündel wurden hereingetragen. Krankenschwestern versorgten die Verwundeten, die in Gruppen zu dritt und zu viert im Garten saßen.
Ich trat zu drei Männern und fragte, ob sie aus der Chmielna- oder der Szopenastraße wären. Sie schüttelten verneinend die Köpfe und schlugen vor, ich solle mich bei den Kranken im Haus erkundigen.
Berlers Wohnzimmer, in dem dreizehn Angestellte des Vinetta-Großhandels ihr Weihnachtsessen eingenommen hatten, war jetzt eine Krankenstation für die Schwerverwundeten. Ich ging von Bett zu Bett und suchte nach

einem bekannten Gesicht. Gerade als ich aufgeben wollte, rief ein Mann meinen Namen.
»Sie kennen mich?« fragte ich den ausgemergelten jungen Fremden. »Haben Sie in der Chmielna-, der Szopena- oder der Mazowieckastraße gewohnt? Kennen Sie zufällig Maria Lasocka, Waclawa Gorski oder Zosia Szarbecka?«
Ungeduldig schüttelte der Mann den Kopf und deutete durch eine Handbewegung an, ich solle näher kommen.
»Ich habe Sie mit Herrn Rechter zusammen gesehen.«
Ich war erschüttert.
»Setzen Sie sich«, sagte der Mann.
Ich setzte mich auf seine Bettkante. »Haben Sie Herrn Rechter gekannt?«
»Ich habe ihn gut gekannt.«
»Wie kommt das?«
»Ich bin Kriminalbeamter . . .« Er stockte.
»Und – ?«
»Ich habe gelegentlich mit ihm zusammengearbeitet. Die Wahrheit ist, ich war bei ihm, als er ermordet wurde.«
Ich hielt den Atem an.
»Dabei bin ich verwundet worden. Mein Herz, meine Lungen, beide Nieren . . . Sie haben mich wieder und wieder operiert, aber sie können mich nicht täuschen. Herr Rechter hat Glück gehabt, daß ihm das erspart blieb, was ich durchgemacht habe. Ich beneide ihn.«
Das Sprechen erschöpfte ihn.
»Kann ich Ihnen irgendwie helfen?« Ich beugte mich näher zu ihm.
»Da gibt es etwas, das ich Ihnen sagen muß, bevor ich sterbe«, flüsterte er und schloß seine Augenlider, die fast durchsichtig waren. Er schien eingeschlafen zu sein.
Ich zog die Decke um seine Schultern, blieb sitzen und wartete.
Nach einiger Zeit erwachte er stöhnend, das Gesicht vor

Schmerzen verzerrt. Er öffnete die Augen und winkte mich näher heran. »Versprechen Sie mir, daß Sie es niemandem erzählen werden«, verlangte er mit leiser, keuchender Stimme.

»Ich verspreche es!«

»Bekreuzigen Sie sich!«

Ich machte das Kreuzzeichen.

»Mein Name ist Boryn, Kriminalbeamter Boryn. Ich weiß, was Herr Rechter im Schilde führte. Er gab dem polnischen Untergrund Waffen – alle Arten von amtlichen Genehmigungen, er fälschte Akten. Dieser Narr half sogar den Juden.«

Ich zwang mich zu einem Achselzucken.

»Aber er wußte nicht, daß die Gestapo ihn beobachtete und daß diejenigen, die ihn verrieten, dafür belohnt wurden.« Ein trockenes Husten erschütterte seinen schwachen Körper.

»Warum haben sie ihn nicht verhaftet?« fragte ich.

»Rechter auf dem legalen Wege zu bestrafen, das hätte zu viel Staub aufgewirbelt, verstehen Sie?« Der Schatten eines Lächelns huschte über seine ausgetrockneten Lippen. »Also haben sie ihn umgebracht. Sie töteten auch die, die sie auf ihn angesetzt hatten, um ihn zu bespitzeln, verstehen Sie?« Er rang nach Luft. »Ich habe Angst«, flüsterte er.

War er einer der Spitzel? Oder hatte er Angst, daß er, wenn die Deutschen erst weg waren, vom polnischen Untergrund für Rolfs Tod zur Verantwortung gezogen werden würde? Irgend etwas an diesem Mann war abstoßend. Ich wollte weggehen, aber er umklammerte meinen Arm. »Helfen Sie mir!« wimmerte er.

»Soll ich Ihnen einen Priester schicken?«

Ich sah die Furcht in seinen Augen. Dann bedeckte er sie mit den Händen.

Zwei Wochen gingen vorüber. Eines Tages fragte mich Vater Bensch: »Haben Sie Boryn in letzter Zeit gesehen?«
»Nein.«
»Sie könnten einem sterbenden Menschen helfen.«
»Nein.«
»Er bereut.«
»Er war ein Spitzel.«
»Er braucht Ihre Nächstenliebe.«
»Ich bin von Natur aus nicht so gut.«
Der Priester zog die Augenbrauen hoch. »Die meisten von uns sind von Natur aus nicht so gut. Aber wir sollten dagegen ankämpfen. Es ist hart . . .«
»Er ist vielleicht derjenige, der den Mann, den ich liebte, der Gestapo auslieferte.«
»Wenn Sie das glauben, dann können nur Sie ihm vergeben.«
»Hat er gebeichtet?«
Sein schockierter Blick wies mich in meine Schranken zurück. Er verabschiedete sich und ging.

Der Aufstand ging zu Ende. Die Freiheitskämpfer konnten nicht länger standhalten und waren gezwungen, der Evakuierung der gesamten Bevölkerung Warschaus in die Dörfer zuzustimmen. Dann gingen die Deutschen von Haus zu Haus und brannten die Hauptstadt Polens systematisch bis auf den Grund nieder.

36

Der Soldat peitschte auf das Pferd ein, und wir bewegten uns vorwärts.
Ich schaute zum Tor, wo Frania und Jan standen und sich

an den Händen hielten. Der Wagen bog um eine Ecke und ratterte die Straße entlang. Noch vor einer halben Stunde hatte wir ruhig beim Mittagstisch gesessen. Nicht einmal das Klopfen an der Tür hatte uns aufgeschreckt, denn die Hoffnung, daß das Kriegsende bevorstand, war groß.
Beim Eintreten sagte der Deutsche knapp: »Leutnant Kuntze. Wer von Ihnen ist Fräulein Szarek?«
Ganz automatisch reichte ich ihm meine Kennkarte.
»Die Ortskommandantur in Piaseczno hat Sie zur Übersetzerin bestimmt!« sagte der Leutnant.
»Mich? Ich bin nicht sehr gut darin.«
»Das zu beurteilen überlassen Sie lieber uns!« fauchte er. »Sie kommen sofort mit mir!«
»Aber . . .«
»Nehmen Sie nur Gepäck für ein paar Tage mit. Ihre Sachen werden ein anderes Mal abgeholt.«

»Komm mit mir nach Warschau«, sagte Fischer. »Ich fahre geschäftlich, mit dem Wagen. Komm mit mir. Du brauchst kein Gepäck. Ich werde deine Sachen ein anderes Mal mitbringen.«
»Wann fahren wir los?«
»In drei Tagen.«
»Ich kann nicht. Ich muß nach Zloczow.«
»Du kannst morgen nach Zloczow fahren und übermorgen zurückkommen. Willst du Bruno mitbringen?«
»Würdest du ihn auch mitnehmen?«
»Natürlich!«
Ich umarmte ihn.
In Zloczow schien das Leben friedlich zu sein. In der Mickewiczastraße, wo meine Schwiegereltern wohnten, fielen mir die Stille und die Sauberkeit auf, und der Vergleich mit dem lärmenden Verkehr in Lwow drängte sich mir auf.
Weder Marks herzliche Begrüßung noch Suzans eisiger

Blick, während Mark und ich die neuesten Nachrichten austauschten, riefen in mir irgendeine Reaktion hervor. Jedenfalls stand Bruno bei beiden im Mittelpunkt ihrer Aufmerksamkeit und Zuneigung.

Als wir ein paar Minuten allein miteinander waren, erzählte ich Mark von meinem Plan, nach Warschau zu gehen und mich dort bei der Polizei unter einem falschen Namen anzumelden.

»Das hört sich wie in einem Krimi an . . .«, sagte er.

»Heute mag es phantastisch erscheinen, aber schon morgen werden andere Leute das gleiche tun. Im Ernst, Mark, auch du solltest es tun!«

»Ich werde darüber nachdenken«, sagte er und lächelte hochmütig.

Ich bemerkte ein fast unsichtbares Zucken in seiner rechten Wange.

Beim Essen sagte Suzan: »Mark hat mir erzählt, du hast irgendwelche wilden Pläne, Bruno mit nach Warschau zu nehmen. Aber er hat beschlossen, ihn nicht mit dir gehen zu lassen.«

»Was?« Ich drehte mich zu Mark um.

»Wenn du nach Warschau gehen willst, dann geh nur!« fuhr Suzan fort. »Geh nach Honolulu, wenn du willst. Aber Mark wird nicht zulassen, daß du ein vierjähriges Kind in ein solches Abenteuer hineinziehst.«

Ich knirschte mit den Zähnen. »Dieses ›Abenteuer‹, wie du es nennst, rettet vielleicht Brunos Leben«, sagte ich, die Augen fest auf Mark gerichtet.

»Hast du eine Wohnung oder wenigstens ein Zimmer in Warschau?« fragte Suzan.

»Ich habe nichts.«

»Dann kannst du das Kind jetzt nicht mitnehmen«, sagte sie abschließend, als sei damit die Sache erledigt.

Ich wünschte mit aller Kraft, daß Mark mich anschauen solle, und sagte: »Nun, Mark, warum sagst du nichts?«

Er erhob die Augen von seinem Teller. »Suzan hat vermutlich recht«, sagte er, warf mir einen Blick zu und schaute dann wieder nach unten auf seinen Teller.

Seine völlige Kapitulation gegenüber seiner älteren Schwester trug nur dazu bei, die Verachtung, die ich, wie mir klar wurde, seit langer Zeit für ihn empfand, zu vergrößern.

Ich unterdrückte meinen Abscheu und versuchte, die Situation so objektiv wie möglich zu betrachten. Ich war entschlossen, mich zu beherrschen. Ich mußte eine kühle Einschätzung der Situation vornehmen und sehen, was ich tun konnte, um mein Kind bei mir zu behalten. Ich stützte meine Ellenbogen auf den Tisch und beugte mich zu Mark vor. »Mark, du mit deiner Beherrschung des Polnischen und mit deinem ›arischen‹ Aussehen, du läufst wenig Gefahr, als Jude erkannt zu werden. Du wolltest dich immer den Polen assimilieren, jetzt hast du die Chance. Kauf dir gefälschte Papiere, wie ich es getan habe, und komm mit uns nach Warschau.«

Mark spielte mit seinem Teelöffel und hob dann sein Glas zum Mund, wobei er offenbar nicht merkte, daß kein Tee mehr darin war.

In mir stieg ein Gefühl von Verzweiflung und Zorn auf. »Also!« sagte ich.

Mark schaute wieder auf seine Schwester.

Ich fühlte, wie mir das Blut ins Gesicht stieg. Ich wandte mich Suzan zu: »Was hat es mit Marks Entscheidung, Bruno hierzubehalten, auf sich? War das seine Entscheidung oder deine?«

Sie starrte mich an, ohne zu antworten. Ich fühlte, wie meine Wangen glühten. »Ich habe es satt, daß du dich in Sachen einmischst, die nur ihn und mich etwas angehen!« schrie ich, wobei es aus war mit meiner Beherrschung.

»Leise«, sagte sie. »Ich kann dich hören, ohne daß du mich anbrüllst. Du wirst Bruno aufwecken.« Sie stieß

ihren Stuhl vom Tisch zurück. »Von einer Person wie dir lasse ich mich nicht beschimpfen«, sagte sie in eisigem Ton und schritt majestätisch aus dem Eßzimmer in die Küche. Es war das erste Mal, daß ich ihr die Stirn geboten hatte, und eine Welle der Erleichterung und der Freiheit durchströmte mich. Atemlos wandte ich mich an Mark: »Du hast Angst vor ihr«, spottete ich. »Du kannst dich ihr gegenüber nicht einmal behaupten, wenn das Wohlergehen deines Kindes auf dem Spiel steht.«

Die Tür von der Küche zum Flur wurde zugeschlagen, und mir wurde klar, daß Suzan an der Tür gelauscht hatte.

Ich ballte meine Hände in meinem Schoß zu Fäusten. »Verdammt soll sie sein!« sagte ich. »Zur Hölle mit ihr!« Mark spielte mit Brotkrumen. Er hob den Kopf, und ohne mich anzuschauen, sagte er: »Sie liebt Bruno sehr. Sie liebt ihn wirklich – «

Ich bemerkte plötzlich, daß die Finger, die Brotkrumen auf dem weißen Tischtuch zu grauen Kügelchen rollten, zitterten. Ich schaute mir Mark genau an. Seine Haut hatte einen ungesunden gelben Farbton, und auf seiner rechten Wange war dieses Zucken. Mit einem Schlag verschwand mein Zorn. Ich biß mir auf die Lippen. »Ist mit dir alles in Ordnung, Mark?« fragte ich ruhig.

Er nickte.

»Bist du sicher?«

Er nickte wieder. »Hör zu«, sagte er, »vielleicht ist es gar kein so schlechter Gedanke, Bruno bei uns zu lassen, bis du bei der Polizei gemeldet bist und dich in Warschau eingewöhnt hast. Du kannst dich dann frei bewegen und alles erledigen, ohne dich mit dem Kind zu belasten. Scheint dir das nicht vernünftig zu sein, Roma?« Jetzt schaute er mich an.

»Vielleicht.«

»Und nachdem du alle Vorbereitungen getroffen hast,

beispielsweise auch eine vertrauenswürdige Katholikin zu finden, die Bruno aufnimmt, kannst du mir per Telegramm Bescheid geben, und wir können uns in Lwow treffen.« Er seufzte. »Es wird zu gefährlich für dich werden, wenn du ohne deine Armbinde nach Zloczow kommst. Die Leute könnten dich erkennen.«

»Vielleicht sollten wir herausfinden, was Bruno dabei empfindet, wenn ich ihn zurücklasse«, sagte ich.

»Mach dir deswegen keine Sorgen. Es ist ja nicht das erste Mal. Du weißt, daß er sich hier zu Hause fühlt und glücklich bei uns ist. Nun?« Er lächelte, was das nervöse Zucken in seiner Wange noch auffälliger machte. »Was meinst du, Roma, bist du einverstanden?«

Ich zuckte mit den Achseln.

»Ist es also abgemacht?« beharrte er. »Du schickst ein Telegramm, und ich bringe Bruno nach Lwow.«

»Wird Suzan es dir erlauben?« fragte ich, wobei meine Stimme wieder schrill wurde.

»Suzan liebt das Kind. Sie will doch auch nur das Beste für den Jungen. Das weißt du. Wir werden kommen, ich verspreche es!«

»Ich habe mich noch nicht entschieden«, sagte ich.

Nach einer schlaflosen Nacht jedoch, in der ich das Für und Wider abgewogen hatte, mußte ich zugeben, daß es besser sein würde, wenn ich Bruno erst nach Warschau holte, nachdem ich für ihn eine Bleibe geschaffen hatte.

Wir schafften die zwanzig Kilometer nach Piaseczno in ungefähr einer Stunde. Auf der Ortskommandantur reichte mich Leutnant Kuntze an Wachtmeister Brucke weiter, der mich an einer langen Reihe von Bittstellern in einem großen Raum vorbei zu einer Tür mit dem Schild ›Kommandant Schellberg‹ führte. Wachtmeister Brucke zog seine Uniform zurecht, straffte seine Schultern und klopfte vorsichtig.

Der Wachtmeister öffnete die Tür, machte eine Handbewegung, ihm zu folgen, grüßte und schlug die Hacken zusammen. »Die Übersetzerin, Herr Kommandant«, meldete er. »Ihr Name ist Szarek.«
Nachdem der Kommandant mich betrachtet hatte, nahm mich Wachtmeister Brucke wieder mit hinaus und erzählte mir von meinen Aufgaben. Ich sollte für die Kommunikation zwischen den deutschen Beamten und den polnischen Bittstellern, die Reisegenehmigungen beantragten, sorgen. In der Regel war es nicht schwierig, eine solche Genehmigung zu bekommen, außer für die Reise nach Warschau. Ich sollte für Leute übersetzen, die aus Warschau evakuiert worden waren, die hier ein Zimmer brauchten oder die nach Verwandten suchten, von denen sie getrennt worden waren. Pakete für Männer und Söhne in deutschen Arbeitslagern mußten über die Ortskommandantur versandt werden, und in den meisten Fällen war es nötig, sie umzupacken und mit einer neuen Anschrift zu versehen.
Das Quartier, das mir im Hause einer polnischen Familie zugewiesen wurde, war luxuriös, verglichen mit Antonys Garage. Es gab einen Teppich, Bilder an den Wänden und Vorhänge an den Fenstern. Ich hatte ein richtiges Bett anstatt eines Feldbetts, und auf der Außenseite der hölzernen Kleiderschranktür hing ein mannshoher Spiegel. Es fiel mir schwer, mich mit dem Stock, auf den ich ständig angewiesen war, zu betrachten.
Es gab keine Wachen. Ich beschloß davonzulaufen. Aber ich brauchte Hilfe, und ich dachte dabei an Vater Bensch. Am Sonntag, meinem freien Tag, ging ich zu Fuß zwanzig Kilometer zu dem Altersheim in Skolimow. In der strahlenden Herbstsonne leuchteten die Bäume am Wegesrand wie Gold. Kirchenglocken läuteten und riefen die Gemeindeglieder zur Messe.
Als Vater Bensch die Kapelle verließ, fand er mich war-

tend vor. Er wußte, daß ich von der Ortskommandantur ›entführt‹ worden war, und überschüttete mich mit Fragen. Am Ende riet er mir zu meiner Überraschung davon ab, wegzulaufen. Seiner Meinung nach war ich jetzt in einer Position, in der ich viele Gelegenheiten haben würde, meinen Landsleuten zu helfen.

Dann bat er mich ins Pfarrhaus, gab mir ein in Deutsch geschriebenes Buch und schlug vor, ich solle meine freie Zeit dazu benutzen, es ins Polnische zu übersetzen. Der Titel, »Menschen, die zur Kirche kamen«, weckte mein Interesse. Ich schaute in das Vorwort und bemerkte dabei eine Liste mit zwölf berühmten Personen, die zum Katholizismus übergetreten waren. Ich fühlte, wie ich rot wurde. Hatte er erahnt, daß ich Jüdin war? Hatte ich mich in den ruhigen Stunden, in denen wir über seine Glaubensphilosophie sprachen, verraten?

»Ich möchte nicht den Kontakt zu Ihnen verlieren, Vater«, sagte ich. »Ihr Beistand ist für mich sehr wertvoll gewesen.«

»Wir werden nie den Kontakt zueinander verlieren, wenn Sie es nicht wollen«, sagte er und reichte mir ein Stück Papier. »Falls wir getrennt werden, können Sie an diese Adresse schreiben. Ich habe früher Kirchenrecht an der Universität von Lublin gelehrt, und ich hoffe, das auch wieder zu tun. Sie können mich über das Büro des Dekans erreichen.« Er nahm meine Hand zwischen seine beiden Hände. »Bleiben Sie, wo Gott Sie hinstellt, mein Kind.«

Dann erzählte er mir von einer Schreibmaschine, die die Ortskommandantur im Altersheim beschlagnahmt hatte. Sie gehörte einem alten Schriftsteller, dem es jetzt, da er der Möglichkeit beraubt war, seine Memoiren weiterzuschreiben, merklich schlechter ging.

In der ganzen folgenden Woche arbeitete ich daran, Wachtmeister Brucke milde zu stimmen und ließ Bemer-

kungen über den erbärmlichen Zustand gerade dieser Schreibmaschine fallen. Schließlich fand auch er, daß sie nur im Wege war und dahin zurück sollte, woher sie gekommen war.
Vater Bensch strahlte.
Aber ich tat es nicht. Was für eine kluge Taktikerin ich war, wenn nicht meine eigenen Interessen auf dem Spiel standen! Ich machte mir Vorwürfe, daß ich nicht ebenso hartnäckig gewesen war, als es darum ging, Bruno mitzunehmen, und nicht ebenso hartnäckig darauf bestanden hatte, daß Rolf in den Untergrund ging, nachdem er zum ersten Mal von der Gestapo verhört worden war oder nachdem die Schüsse am Theater uns nur um Zentimeter verfehlt hatten.

Über Nacht waren die Häuserwände in Piaseczno mit Plakaten übersät, auf denen polnische Männer aufgefordert wurden, in die deutsche Armee einzutreten. Man versprach ihnen rasche Beförderung und großzügige finanzielle Unterstützung für die Familien, die sie zurückließen.
Leutnant Kuntze richtete in dem Gebäude der Ortskommandantur eine Rekrutenmeldestelle ein.
Aber ich hörte ihn Brucke zuflüstern: »Das ist Zeitverschwendung. Keiner wird kommen.«
Zu unserer beider Überraschung umkreisten bald ein paar junge Burschen schüchtern die Rekrutenmeldestelle. Einige verpflichteten sich. Meistenteils waren es arme Ukrainer, die einen Ausweg aus Hunger und Kälte suchten. Kuntze schrieb ungefähr dreißig Jungen täglich ein. Bis sie in ein Militärlager gebracht wurden, unterstanden sie der Verantwortlichkeit der Ortskommandantur, und Stella, unsere Köchin, hatte ihre Not damit, die ausgehungerten Burschen zu verköstigen.
Nachdem die letzten Freiwilligen fortgebracht worden

waren, kam eine deutsche Militäreinheit in der Stadt an, riegelte die Straßen ab und durchsuchte die Wohnungen. Ohne Rücksicht auf das Alter trieb sie Männer, die in Arbeitslager gebracht werden sollten, zusammen.
Während diese rasche und geschickt organisierte Aktion durchgeführt wurde, kam eine polnische Frau ins Büro, die mit dem Kommandanten sprechen wollte. Ich brachte sie zu ihm.
»Wann immer Sie meinen Mann mit einer Arbeit beauftragt haben«, sagte sie in gebrochenem Deutsch, »hat er gehorcht. Jetzt nehmen Sie ihn mit. Ist das die Belohnung? Wie soll ich meine sechs Kinder ernähren?«
»Das ist nicht meine Schuld, ich habe bei dieser Aktion keine Befehlsgewalt«, sagte der Kommandant mit einer sanften Stimme, wie ich sie nie zuvor an ihm gehört hatte. »Cecylia«, er wandte sich zu mir, »notieren Sie den Namen des Mannes.«
Die Frau sprach jetzt Polnisch und sagte zu mir: »Wird er meinen Mann gehen lassen? In Christi Namen, helfen Sie mir!«
Brucke drängte sie hinaus.
»Herr Kommandant«, sagte ich, »nach dieser Razzia werden Sie noch mehr Feinde unter den Einwohnern haben. Die Polen, die diesmal nicht mitgenommen wurden, wissen, daß es sie beim nächsten Mal erwischt. Sie wissen, daß sie in Munitionsfabriken kommen, die vielleicht bombardiert werden. Auf diese Weise bekommen die Partisanen Zuwachs – Tag für Tag –« Ich brach ab, denn ich fürchtete, ich hätte schon zu viel zu sagen gewagt.
»Die Polen können mir keine Schuld an dem geben, was die anderen tun.«
»Sie kennen keinen Unterschied zwischen der einen deutschen Einheit und der anderen. Diejenigen, die die Aktion hier geleitet haben, werden bald weit fort sein,

und diejenigen, die hierbleiben, werden zur Zielscheibe des Terrors. Ich wage es kaum, an unsere Fahrten in die Dörfer des Bezirks zu denken, während sich die Partisanen in den Wäldern verstecken. Vielleicht könnten Sie Ihrem Vorgesetzten sagen, wie schwierig es geworden ist.«

»Das ist ein guter Gedanke, Cecylia. Ich muß zugeben, das ist ein guter Gedanke. Brucke! Zum Teufel noch einmal! Brucke! Wo ist Brucke?«

Wachtmeister Brucke schlug die Hacken zusammen und stand stramm.

»Brucke, nehmen Sie Cecylia und gehen Sie mit ihr zu dem Sammelplatz. Beeilen Sie sich! Dieser Ba ... Bar ..., wie war doch der Name, soll entlassen werden. Cecylia, Sie haben seinen Namen auf einem Zettel.«

Ich gab ihm das Papier.

Der Kommandant schrieb einige Worte auf ein Formular, schrieb den polnischen Namen ab, stempelte es und gab es Brucke.

Eine halbe Stunde später war Baranowski, der Ehemann der Frau, zu Hause.

Die Neuigkeit verbreitete sich schnell.

Binnen einer Stunde war das Büro überlaufen von Frauen, die um die Entlassung eines Ehemanns, eines Sohnes oder eines Bruders flehten.

Seine Hand halb unter der Uniformjacke versteckt, ging der Kommandant unruhig hin und her und dachte nach. Abrupt drängte er sich durch die Menge der polnischen Frauen, betrat sein Büro, gab die Anweisung, ihn nicht zu stören, und warf hinter sich die Tür zu.

Nach ein paar Augenblicken der Ruhe hörte man die Stimme des Kommandanten durch die geschlossene Tür hindurch. Langsam steigerte sie sich zum Gebrüll. »Die Leute laufen in die Wälder. Ich kann in der Stadt keine Ordnung halten. Nein, nein, ich sage Ihnen, Sie haben kein Recht, sich in mein Gebiet einzumischen! Ich werde mich beschweren ... Himmeldonnerwetter! Verstehen Sie kein Deutsch? Ich sage Ihnen, das ist das letzte Mal!« Er kam heraus, sein Gesicht gerötet, seine Stimme heiser. »Leutnant Kuntze, ich will, daß Sie eine Nachricht zum Sammelplatz bringen. Jeder Pole mit dem Stempel von Piaseczno auf seiner Kennkarte wird entlassen. Überbringen Sie diese mündliche Anweisung dem diensthabenden Offizier und niemandem sonst.« Der Kommandant erhob sich, um das geheime Codewort in Kuntzes Ohr zu flüstern.

Später an diesem Tag wurden die meisten Männer, die bei der Razzia verhaftet worden waren, entlassen, und die Bevölkerung von Piaseczno war außer sich vor Freude.

»Laufen Sie nicht fort! Bleiben Sie, wo Gott Sie hinstellt.« Vater Benschs Worte klangen mir im Ohr.

37

Ein paar Wochen später besuchte ich Frania und war erstaunt, Jan immer noch dort zu finden. »Die Straße nach Rawa-Ruska ist jetzt offen«, sagte ich zu Jan.

»Seine Entscheidungen gehen dich nichts an«, sagte Frania.

Ich fragte nach der Kochplatte, die ich in ihrer Obhut gelassen hatte, und nahm ein paar Goldmünzen heraus, die ihre Bedürfnisse für lange Zeit decken würden. Wenn sie sie mit jemandem anderen teilen wollte, so war das ihre Sache.

Auf dem Weg zurück nach Piaseczno wanderten meine Gedanken zu den Freunden, die ich hatte, als Rolf und ich zusammengewesen waren. Maria, Zosia, Waclawa, wo konnten sie nur sein? Hatten sie das Blutbad in Warschau überlebt? Wenn ja, waren sie nah oder fern? Würde ich sie wiederfinden?

Ich dachte an Stella, die zarte rothaarige Frau, die Köchin der Ortskommandantur. Ich mochte sie sehr gerne, obwohl wir bis jetzt nur gelegentlich ein paar Worte gewechselt hatten. Ich hatte jedesmal Mitleid mit ihr, wenn der Kommandant mich mit Beschwerden zu ihr schickte. Das Huhn war zu trocken, die Suppe zu dünn, das Steak zu durchgebraten, die Kartoffeln zu hart, die Butter nicht frisch oder der Kaffee nicht heiß genug.

Ich faßte den plötzlichen Entschluß, Stella einen Besuch abzustatten.

Ich traf sie an, als sie dabei war, ihre einzige Bluse zu bügeln. Sie erklärte mir, daß sie die Bluse und ihre einzige Unterhose jeden Abend, wenn sie von der Arbeit nach Hause kam, waschen mußte und sie normalerweise am nächsten Morgen bügelte, aber daß sie am Sonntag beides an einem Tag tat.

Ich war erstaunt, das zusammengefaltete Hemd eines Kindes zu sehen, und erfuhr, daß sie einen sechsjährigen Sohn hatte. Ihre bittere Armut war offensichtlich. Bei der Arbeit hatte sie sie vor mir verbergen können, denn sie war immer sauber gekleidet, ihr rotes Haar war ordentlich zu einem schlichten Knoten aufgesteckt. Jetzt erst fiel mir auf, daß sie die weiße Baumwollbluse mit dem Nadelstreifen jeden Tag angehabt hatte.

In Gedanken suchte ich ein paar Sachen aus, die ich leicht entbehren konnte. Aber wie konnte ich sie ihr geben, ohne ihren Stolz zu verletzen?

Sie schien sehr froh, mich zu sehen, und gab zu, daß auch sie nach einer Gelegenheit gesucht hatte, sich mit mir anzufreunden.

Ich fragte Stella, wer für ihr Kind sorgte, während sie

bei der Arbeit war. »Die Vermieterin!« sagte Stella und goß Tee ein.
Stella und ich mochten einander sofort.

Wenn meine Sehnsucht nach Rolf unerträglich wurde und ich den Drang hatte, wenigstens meine Schwester zu sehen, so gab mir der Gedanke, daß Stella mich jederzeit willkommen heißen würde, die Willenskraft, Frania ihrem eigenen Leben zu überlassen.
Am Sonntagmorgen ging ich normalerweise in die Kapelle des Altersheims, wo ich den Predigten Vater Benschs lauschte. Ein Gefühl des Friedens kam dann immer über mich. Seine Stimme wurde zu der meines Vaters, die mich bat, Frania mit Nachsicht zu betrachten. Sonntag war der Tag, an dem es mir gelang, eine Verbindung zwischen mir und der fremden Welt um mich herum zu schaffen, einer Welt ohne Rolf.

38

Fräulein Szarek!« brüllte der Kommandant.
Ich stand augenblicklich stramm, wie es jedermann tat, wenn er seine Stimme hörte.
»Unsere Einheit geht nach Westen«, teilte er mir mit, als ich in sein Büro kam. »Halten Sie sich bereit!«
Drei Tage später bestiegen die vierzig Deutschen der Ortskommandantur von Piaseczno zusammen mit ihren zwölf polnischen Angestellten einen Sonderzug. Die Deutschen reisten in den Abteilen, und die Zivilisten wurden in einen Viehwagen gestopft, zusammen mit Kisten und Kästen.
Wegen Unterbrechungen und Verspätungen dauerte die

Reise nach Szydlowiec mehrere Tage. Oft hielt der Zug stundenlang auf freier Strecke. In Szydlowiec bezogen wir das Schulgebäude, nachdem die frühere Ortskommandantur weiter nach Westen verlegt worden war. Im oberen Stockwerk befand sich auch die Wohnung der Lehrerin, die Schellberg prompt daraus vertreiben wollte. Als ich sah, wie aufgebracht sie war, gab ich dem Kommandanten zu bedenken, daß es vielleicht ein guter Schutz gegen Sabotage war, wenn sie im Haus blieb.

»Ein guter Gedanke, ein guter Gedanke, Cecylia!« sagte der Kommandant und willigte ein, daß sie bleiben könne.

Die dankbare Lehrerin bot mir eines ihrer Zimmer an, aber ich gab es Stella, so daß sie in der Nähe ihres Kindes sein konnte, während sie unten arbeitete. Ich zog in das Zimmer in einem Wohnhaus ein paar Häuserblocks entfernt, das ihr zugewiesen worden war. Ich mußte es jedoch mit einer polnischen Kellnerin teilen, die ebenfalls bei der Ortskommandantur arbeitete.

Einmal mußte ich den Kommandanten zu einem Waisenhaus begleiten, das von Nonnen geleitet wurde. Er teilte der Mutter Oberin mit, daß sie das Gelände innerhalb von zehn Tagen verlassen müsse, um einem Soldatenerholungsheim Platz zu machen.

Auf meine Frage, wo sie die sechzig Kinder unterzubringen beabsichtige, antwortete sie: »Der Herr wird für uns sorgen!«

Der Kommandant sagte, er werde durch die örtliche Polizei den Befehl ausgeben, daß jede kinderlose Familie im Dorf ein oder zwei Waisen aufnehmen müsse.

Das bedeutete, daß Freunde getrennt werden würden; das bedeutete fremde Umgebungen; das bedeutete, daß einige Kinder bei Leuten untergebracht würden, die sie nicht wirklich wollten. Ich erwähnte dies dem Kommandanten gegenüber.

»Krieg ist Krieg!« antwortete er kurzangebunden. »Ich will kein Wort mehr darüber hören!«
Nach der Arbeit ging ich nach oben, um die Lehrerin zu besuchen, und erzählte ihr, was geschehen war. Sie sagte, es gäbe ein Schloß am Rand von Szydlowiec, und vielleicht könnte der Kommandant, wenn er in guter Stimmung wäre, davon überzeugt werden, daß das Schloß ein besserer oder zumindest ein ebensoguter Platz für ein Soldatenerholungsheim war.
Ich klopfte an die Tür des Kommandanten und erzählte ihm von dieser neuen Möglichkeit für ein Erholungsheim.
»Was für eine Art von Schloß?«
»Ein wundervolles Gebäude aus dem siebzehnten Jahrhundert, das einem polnischen Grafen gehörte. Es steht inmitten eines großartigen Parks. Ich denke, es ist viel besser geeignet als das Waisenhaus. Es ist einfach ideal für ein Erholungsheim!«
»Haben Sie es gesehen?«
»Natürlich!« log ich. »Ein Einheimischer hat es mir als besondere Sehenswürdigkeit gezeigt. Sie wollen nicht, daß sie bloß für die Herstellung von Fässern bekannt sind. Sie sind stolz auf ihr Schloß.«
Der Kommandant öffnete die Tür und brüllte: »Brucke! Lassen Sie anspannen, ich fahre aus. Szarek, Sie kommen mit!«

Die Mutter Oberin, die in die Ortskommandantur kam, um sich zu bedanken, daß der Evakuierungsbefehl widerrufen worden war, blieb, nachdem sie das Büro des Kommandanten verlassen hatte, an meinem Schreibtisch stehen. »Sehen Sie, wie der Herr für uns gesorgt hat!« sagte sie und ließ ein Medaillon des heiligen Antonius in meine Hand gleiten. »Er wird Sie immer beschützen!«

39

Bruno erschien mir in meinen Träumen, so wie er es früher getan hatte, aber jetzt war bisweilen Rolf an seiner Seite. Ich hatte Angst davor, sie zusammen zu sehen, denn ich wollte, daß mein kleiner Junge noch lebte, daß eine polnische Familie für ihn sorgte. Meine Schreie weckten die Kellnerin auf, und ich begann mir Sorgen zu machen, daß ich mich vielleicht verraten und im Schlaf etwas Kompromittierendes sagen könnte. Von da an hielt ich mich stundenlang wach.

Eines Abends, bevor meine Zimmergefährtin heimkam, wurde ein Brief unter der Tür durchgeschoben. Darin stand:

> *Dziewczyna,* Mädchen!
> Ein polnisches Mädchen sollte sich weigern, für die Deutschen zu arbeiten. Verlaß sofort deine Stelle, oder wir werden dir den Kopf kahlscheren oder noch Schlimmeres tun . . .
>
> Der Untergrund

Ausgerechnet! Ich war so wütend, daß ich bereit war, hinauszustürzen, die Partisanen zu finden und sie wissen zu lassen, daß ich eine der ihren war. Aber mir wurde klar, daß ich dafür keinen Beweis hatte, es sei denn, Waclawa wäre hier in Szydlowiec. Ohne Beweis würden mich die Einheimischen vielleicht bei der Ortskommandantur anzeigen, und jede Art von Untersuchung war gefährlich für mich. Wer konnte mir helfen? Rolf, mein Beschützer, war tot. Fischer, mein guter Ratgeber, verhaftet, wahrscheinlich deportiert. Der einzige Mensch, dem ich vielleicht trauen konnte, war Stella.

Normalerweise hielt ich mir die Nase wegen des starken Uringestanks zu, wenn ich über den gewundenen Gang zum Ausgang eilte. Heute spähte ich rechts und links in jeden Winkel, aus Angst, dort könne irgendwo ein Partisan mit einer Schere in der Hand auf mich lauern. Als ich die Eingangstür erreicht hatte, sprang ich mit einem Satz nach draußen und rannte zur Wohnung der Köchin.

Stella begrüßte mich, nachdem sie sich die Hände abgetrocknet hatte. Ich ließ sie die Nachricht lesen. »Vom Untergrund bedroht? Ausgerechnet du?« Sie schaute mich entgeistert an. »Wissen die denn nicht, was du für die Polen tust? Kennen nicht alle die Angelegenheit mit dem Waisenhaus? Wissen sie nicht, wie viele Söhne und Ehemänner deinetwegen vor Zwangsarbeit in Deutschland bewahrt wurden?«

»Vielleicht verursacht eine einzige Weigerung mehr Bitterkeit, als alle Gefälligkeiten zusammengenommen an Dankbarkeit einbringen?«

»Ich glaube immer noch, daß es ein Irrtum war!«

»Ich wünschte, es wäre so.«

»Warum denkst du, daß der Brief für dich bestimmt war? Vielleicht war er für die Kellnerin?«

»Ich bin sicher, daß sie den Brief unter der Tür durchgeschoben haben, als sie wußten, daß ich allein war. Stella, was soll ich tun?«

»Bitte den Kommandanten, dich zu entlassen!«

»Das habe ich früher schon versucht. Er will mich nicht gehen lassen. Vielleicht kennen die Nonnen oder die Lehrerin einen Kontaktmann zum Untergrund. Sie könnten ihnen sagen, daß ich kein Kollaborateur bin. Bitte, Stella, geh du –«

Stella schaute mich nicht an. »Ich weiß nicht«, sagte sie. »Die Lehrerin ist eine merkwürdige Person . . .«

»Dann geh für mich zu den Nonnen. Ich würde selbst gehen, aber ich habe Angst, draußen auf der Landstraße oder im Wald zu sein.«

»Wie sollte die Mutter Oberin Kontakt zu den Partisanen haben –?«
Es war klar, daß sie Ausflüchte machte. Vielleicht hatte sie, da sie auch eine Polin war, die für die Deutschen arbeitete, Grund genug, sich vor denselben Vergeltungsmaßnahmen zu fürchten? »Stella, ich glaube nicht, daß du Angst haben mußt. Die Partisanen haben mich bedroht, die einzige polnische Büroangestellte. Sie haben niemanden vom Hauspersonal bedroht.«
»Ich werde zum Kommandanten gehen. Du wartest hier!« sagte sie und war schon fort.
Ich schaute zu, wie Andrzej seine Spielsachen weglegte – Garnrollen, die Stella für ihn gesammelt hatte. Dann begann er, sich auszuziehen.
»Soll ich dir helfen?« fragte ich.
»Nein«, sagte er. »Mama sagt, ich darf mich von niemandem ausziehen lassen. Ich bin ein großer Junge.« Er zog zuerst sein Hemd aus und schlüpfte in sein langes Nachthemd, bevor er seine Hosen fallen ließ. Dann stieg er ins Bett, drehte sich zur Wand um, zog die Decke über seinen Kopf und machte keine Bewegung mehr.
Bald kam Stella wieder. »Der Kommandant sagte, du solltest dir keine Sorgen machen, er wird sich um alles kümmern. Ich schlage vor, daß du heute nacht hier bleibst. Andrzej wird bei mir schlafen.«
Ich erzählte ihr, wie schamhaft sich ihr Sohn unter seinem Nachthemd ausgezogen habe.
Stella errötete tief. Plötzlich verstand ich.
»Stella!« rief ich und zögerte dann. Was, wenn ich mich irrte? Nein, Stellas Gesicht, das typische Gesicht eines rothaarigen polnischen Mädchens, zeigte mit einemmal die unauslöschlichen Charakterzüge eines rothaarigen jüdischen Mädchens. »Stella«, sagte ich sanft, wobei ich nach ihrer Hand griff. »Wir beide haben einen Ahnen mit Namen – Moses.«

Stella starrte mich an. »Du . . .? Unmöglich!«
»Ja, Stella, auch ich bin eine Tochter Israels.«
Wir umarmten einander wieder und wieder.
Stella begann leise zu weinen.
Es war sehr spät, als sie den schlafenden Andrzej in ihr Bett trug und ich in seines schlüpfte.
Ich wälzte mich hin und her, wachgehalten von dem Duft, der von Andrzejs Kopfkissen aufstieg, dem eigentümlich süßen Duft, den das Haar eines kleinen Jungen hat.

Am nächsten Morgen fand ich die Mauern mit Anschlägen übersät, auf denen zu lesen war:

> Unsere Übersetzerin, die der polnischen Nationalität angehört, ist einzig und allein angestellt, um bessere Beziehungen zwischen dem polnischen Volk und den deutschen Besatzungstruppen herzustellen. Es sind Versuche gemacht worden, sie einzuschüchtern. Wenn sie oder irgendein anderer Bediensteter dieser Kommandantur in irgendeiner Weise zu Schaden kommt, dann werden zur Vergeltung zehn polnische Bürger erschossen.
>
> Stadtkommandant Schellberg

Ich eilte zum Kommandanten. »Haben Sie den Anschlag gesehen« brüstete er sich, noch bevor ich Gelegenheit hatte, »Guten Morgen« zu sagen. »Fabelhafte Idee, nicht wahr?«
»Es wird nur noch mehr Unwillen hervorrufen«, sagte ich. »Bitte, das Problem kann gelöst werden, indem Sie mich ohne Aufsehen durch jemand anderes ersetzen. Ich bleibe gerne so lange, bis ein neuer Übersetzer eingearbeitet ist.«
»Wie oft muß ich es noch wiederholen? Ich lasse Sie nicht

gehen! Auch Stella und die anderen, die gute Arbeiter sind, lasse ich nicht gehen. Selbst daheim in Deutschland werden wir Leute wie Sie brauchen. Ich werde mich nicht von einem eroberten Volk einschüchtern lassen!«
»Bitte, ich habe solche Angst!«
»Und sie noch dazu ermutigen, uns zu bedrohen? Niemals! Sonst werden sie mir alle meine Arbeiter verscheuchen!«
Von jetzt an hatte ich Angst, zur Arbeit und zurück zu gehen. Aber zwei Tage später erreichten mich gute Neuigkeiten. Die Lehrerin erzählte mir, daß die Russen eine gigantische Offensive begonnen hätten und die Deutschen sich entlang der ganzen Front zurückzögen. Das bedeutete, daß das Ende des Krieges nähergerückt war.
Der Kommandant ließ auf den Straßen Barrikaden errichten. Er verfügte nur über vierzig Mann. Jedesmal, wenn er die Barrikaden inspizierte, fand er Grund, sich über etwas zu beschweren. Er bezeichnete es als offensichtliche Sabotage, machte den örtlichen Bürgermeister dafür verantwortlich und gab Anweisungen, den polnischen Arbeitern zu sagen, daß sie deportiert würden, wenn die Barrikaden nicht bis zum Ende der Woche tadellos in Ordnung wären.

Weihnachten stand vor der Tür.
Ich hatte die Aufgabe, die kleinen Geschenke, die der Kommandant für das Personal vorbereitet hatte, einzupacken, und er sagte mir, ich solle mir kleine Verse ausdenken, die auf den Empfänger anspielten. Der Weihnachtsabend damals bei Berler ließ mich dem Fest freudig entgegensehen. Ich war glücklich bei dem Gedanken an den schönen Baum, bei dessen Dekoration ich mitgeholfen hatte, an die festliche Tafelrunde, an der ich teilgenommen hatte, und an die Stimmung von Andacht und Wärme, die trotz des Krieges die Botschaft vom Frieden auf Erden und dem guten Willen in sich trug.

Jetzt war Berler tot. Und die dreizehn Schwindler, die an seinen Tisch geladen gewesen waren – wo waren sie?
Zum ersten Mal waren die Zivilarbeiter in den Speisesaal der Deutschen gebeten worden, zu dem Gänsebraten, den Stella für alle vorbereitet hatte. Allerdings wurde die Trennung zwischen Polen und Deutschen gewahrt, mit mir als Verbindungsglied, die ›Polin‹, die in ihrem besten Kleid neben dem Deutschen mit dem niedrigsten Rang saß.
Dem Trinkspruch des Kommandanten folgte das Absingen von »Stille Nacht, heilige Nacht«. Deutsche Worte vermischten sich mit polnischen. Währenddessen saß der Kommandant mit geschlossenen Lippen und grimmigem Ausdruck da und spielte mit einem roten Apfel. Plötzlich öffente sich sein Mund weit, und mit heiserer Stimme platzte er heraus: »O Susanna, das Leben ist nicht schwer, die allerbeste Braut des Krieges ist das Gewehr«, wobei er im Rhythmus dazu auf den Tisch hieb, abwechselnd mit dem Ellenbogen und der Faust, dem Ellenbogen und der Faust. Der Ton der Stimme und die Worte des Militärmarsches klangen so obzön, daß schockiertes Schweigen herrschte. Dann fiel Wachtmeister Brucke gehorsam in den Gesang des Kommandanten ein, und er nickte den anderen zu, mitzumachen.
Der Kommandant sah die Tränen in meinen Augen, und von ihm dazu aufgefordert, erklärte ich ihm, daß ich ein wenig Heimweh hätte, wie wahrscheinlich alle von uns. Die trunkenen Augen von Leutnant Kuntze, der sich angestrengt hatte, seinen Blick auf mich zu fixieren, waren nun ebenfalls feucht von Tränen. Vielleicht war es dieser Augenblick der Gemeinschaft, der ihn dazu veranlaßte, mir später anzuvertrauen, daß die Ortskommandantur jeden Augenblick weiter nach Westen verlegt werden konnte und das Personal auf jeden Fall mitgenommen werden würde.

40

Daß die Front näher an Szydlowiec herangerückt war, wurde inzwischen von jedermann zugegeben. Das Schloß, das der Kommandant zuerst in ein Erholungsheim für rekonvaleszente Soldaten verwandelt hatte, wurde jetzt zum Krankenhaus, das nur von Schwerverwundeten belegt war. Einige wenige hatten das Glück, nach Deutschland gebracht zu werden. Der Rest wartete auf die Ankunft von Sanitätsoffizieren.

Soldaten, die von ihrer Einheit getrennt worden waren, kamen zur Ortskommandantur, um sich registrieren zu lassen, damit sie nicht der Desertion beschuldigt werden konnten. Sie zeigten sich erstaunt darüber, so nahe am Schlachtfeld einen deutschen Außenposten zu finden.

Der Kommandant versicherte den erschöpften Männern, daß eine Wende unmittelbar bevorstehe und daß das, was wie ein Rückzug aussah, in Wirklichkeit die Evakuierung der deutschen Truppen aus einem Gebiet war, das bald von einer neuen Geheimwaffe angegriffen werden würde. »Es ist etwas ganz Außerordentliches. Bei meinem letzten Urlaub in Deutschland habe ich es selbst den Führer sagen hören. Diese Geheimwaffe wird die ganze Welt in die Knie zwingen.«

Es klang überzeugend.

Nur wenige Tage später stürmte Kuntze mit dem Befehl, ich solle ihn telefonisch mit dem Bahnhof verbinden, aus dem Büro des Kommandanten. Der Bahnhof meldete sich nicht. Ich sagte zur Telefonzentrale, daß das unmöglich sei, irgend jemand müsse da sein, sie solle es weiter versuchen.

Der Bahnhof war jedoch nicht zu erreichen.

Ein wütender Kommandant befahl Kuntze, sich ein Pferd zu nehmen und selbst zum Bahnhof zu reiten. Als Kuntze zurückkam, berichtete er, daß das Depot verlassen war.

Das rote Gesicht des Kommandanten wurde aschfahl. Nach ein paar Minuten der Überlegung brüllte er den Befehl, es sollten vierzig Pferde und zwanzig Schlitten konfisziert werden, dann schrie er mich an, ich müsse in einer Stunde mit meinen Sachen im Büro sein.
Oben in Stellas Zimmer überlegten wir beide aufgeregt, wie wir uns davonmachen könnten, aber als wir die Tür öffneten, sahen wir einen Soldaten, der dort Wache stand. »Ich werde Ihr Gepäck tragen«, sagte er.
Im Büro warteten wir eine weitere Stunde.
Draußen wurden Schlitten aufgereiht. Einfache Bauernschlitten mit flachem Boden, wie Bauernwagen gebaut, nur daß sie Kufen statt Rädern hatten. Es dauerte weitere zwei Stunden, bevor die Schlitten beladen waren und abfahren konnten.
Der Rückzug aus Szydlowiec hatte begonnen.
Er wurde von der Dunkelheit der Nacht gedeckt. Genauso wie das deutsche Personal des Bahnhofs gegangen war, ohne einen Gedanken an die Ortskommandantur zu verschwenden, so ging jetzt der Ortskommandant, ohne sich um die Verwundeten im Schloß zu kümmern.
Im Schlitten schmiegten Stella, Andrzej und ich uns eng im Stroh aneinander, um uns zu wärmen. Wir sagten kein Wort. Hinter uns saßen Wachtmeister Brucke und ein Soldat auf meinem Koffer, inmitten von Bündeln mit Bettzeug, Stellas Koffer, einem Korb, der das Silberbesteck der Ortskommandantur enthielt, und zwei Säcken mit Pferdefutter. Vor uns, auf dem Fahrersitz, saß Kuntze, der das Kommando über die Schlitten hatte und von Zeit zu Zeit absprang, um nachzuschauen, ob alles in Ordnung war.
Wir glitten durch den Schnee, weiße Felder zu beiden Seiten des Weges wechselten mit Waldstücken. Ich schlief ein.
In der Dämmerung weckte mich der Klang von Stimmen.

Wir waren an der Einmündung in eine Hauptstraße, die von Schlitten, Autos, Motorrädern und Soldaten zu Fuß versperrt wurde. Wir mußten anhalten. Durch Pfeifen versuchte die Militärpolizei, Ordnung herzustellen. Sie achtete darauf, daß Fahrzeuge, die zu einer Einheit gehörten, zusammenblieben. Es dauerte mehrere Stunden, bis unsere Einheit das Zeichen bekam, auf die Hauptstraße einzubiegen. Immer, wenn wir zu einem Dorf kamen, waren Stella und ich versucht, abzuspringen.
Plötzlich ertönte Leutnant Kuntzes Pfeife. Die Schlitten hielten an. »In die Gräben!« schrie er.
Erst jetzt hörte ich das Rumpeln der Flugzeuge. Mit Hilfe meines Stocks kämpfte ich mich aus dem Schlitten und hinkte, so schnell ich konnte, hinter Stella und Andrzej her. Wir lagen mit dem Gesicht auf dem Boden zwischen den Soldaten und bedeckten unsere Köpfe mit unseren Händen. Im nächsten Augenblick waren die Bomber über uns. Der Lärm war ohrenbetäubend. Dann verhallte er schnell wieder. Ich setzte mich auf und schaute mich um. Ich sah Soldaten mit Gesichtern, die so bleich waren wie die unsrigen. Zum ersten Mal sah ich Deutsche, die Todesangst hatten. Ich empfand darüber Befriedigung.
Wachtmeister Brucke half uns in den Schlitten. Stella und ich bauten uns wieder unser Nest aus Stroh und Decken und ließen Andrzej quer über unseren Schößen liegen, so daß er seinen unterbrochenen Mittagsschlaf fortsetzen konnte. Am folgenden Tag waren wir aufmerksamer und hörten schon von Ferne ein schwaches Brummen. Dann sahen wir sechs dunkle Punkte, wie Vögel, die in unsere Richtung flogen. Entlang des ganzen Schlittenzugs sprangen Soldaten auf die Straße. Stella und ich rannten, Andrzej zwischen uns, so schnell es mein Hinken erlaubte, zu einer Baumgruppe. Dort warf ich Andrzej zu Boden und mich selbst über ihn, so wie es Rolf in Waclawas Keller bei mir getan hatte.

Die Flugzeuge waren schon über uns. Mit einem schrecklich kreischenden Geräusch kamen sie im Sturzflug auf uns zu, schossen und stiegen dann wieder röhrend nach oben. Ich spähte durch meine Arme und sah, wie sie jetzt Kreise zogen.
»Sie werden wieder herunterkommen!« schrie Stella. »Hier kommen wir nicht mehr raus!«
»Das wäre nicht die schlechteste Art zu sterben«, antwortete ich.
»Ich will, daß Mama lebt«, piepste Andrzej unter mir. Dann hörte ich ihn beten: »Jesulein, beschütze meine Mama!«
Erneut legten sich die Flugzeuge schräg und ließen sich pfeifend herabfallen. Erneut bedeckten wir unsere Köpfe mit unseren Händen und lauschten, während wir den Atem anhielten. Als die Maschinengewehre plötzlich knatterten, drückte ich mein Gesicht tiefer in den Schnee.
Stella betete. Sie schrie die Worte, als könne Gott sie sonst in diesem ohrenbetäubenden Lärm nicht hören. Ich hörte mich selbst nach meinem Vater jammern. Betete er dreimal am Tag für mich, wie er es versprochen hatte? Ich vergrub meine Hand in der Manteltasche, um das Medaillon zu berühren, das die Mutter Oberin mir gegeben hatte. »Lieber Gott, laß wenigstens das Kind leben.«
Die Flugzeuge stiegen jetzt wieder hoch.
Aber nachdem sie ein paarmal gekreist waren, tauchten sie wieder nach unten. Von neuem kam ein Kugelhagel. Wieder das Donnern des Aufstiegs. Dann wurde das Geräusch langsam leiser.
»Rück zur Seite!« sagte Andrzej und stieß mich an, »ich kann nicht atmen.«
Gott sei Dank, das Kind lebte. Ich glitt von Andrzej herunter und schaute in Stellas Richtung. Auch bei ihr

war alles in Ordnung. Ich setzte mich auf, griff nach dem Stock neben mir und stellte mich auf die Füße, wobei ich mich auf die Birke hinter mir stützte.
Jetzt schaute ich mich um. Ein Soldat, der nahebei im Schnee saß, griff nach seinem Bein, und seine Hand war mit Blut bedeckt. Hinter ihm lagen zwei Soldaten mit dem Gesicht nach oben, tot. Etwas weiter entfernt sah ich den Kommandanten, der zwischen den Bäumen im Zickzack hin und her ging, wobei er sich immer wieder bückte, aufrichtete und dann ein Stück weiterging. Er zählte seine Toten und Verwundeten.
»Er hat kein Recht, mein Kind noch weiter mit sich zu schleppen«, sagte Stella. »Überhaupt, was für ein Recht hat er dazu, Zivilpersonen zu zwingen, mit einer militärischen Einheit zu reisen, die alle paar Stunden unter Feuer ist? Komm, wir gehen und sagen ihm, daß wir genug haben.«
Wir warteten, bis er seine Inspektion beendet hatte, und gingen dann zu ihm. Als Antwort auf unsere Beschwerde sagte uns der Kommandant, daß wir nirgendwo hin könnten. Wir waren von Russen umgeben. Und indem er auf seine Pistolentasche schlug, beendete er seine Rede mit den beruhigenden Worten: »Macht euch keine Sorgen, ich werde euch nie in *ihre* Hände fallen lassen. Wenn es zum Schlimmsten kommt, so ist hier eine Kugel für jeden von euch und, natürlich, eine für mich selbst!«
Wir gingen zu unserem Schlitten zurück.
Später an diesem Tag weigerte sich eines der Schlittenpferde hinter uns, auch nur einen Schritt weiter zu gehen. Der ganze Schlittenzug wurde angehalten.
Das aufsässige Pferd wurde untersucht, getätschelt, angebrüllt und endlich ausgepeitscht. Das Pferd wieherte und startete dann mit wilden Augen zu einem aufgeregten Zickzacklauf, bis der Schlitten schließlich umstürzte und die Kisten und Säcke mit Futter und die verwundeten

Soldaten hinaus in den Schnee stürzten. Erneut stemmte sich das Pferd gegen den Boden und weigerte sich, in irgendeine Richtung zu gehen.
Der Kommandant befahl Kuntze, die verwundeten Soldaten auf die Schlitten vor dem unglücklichen Pferd zu laden und sich zum nächsten Dorf aufzumachen. Er selbst würde so bald wie möglich mit den übrigen Schlitten folgen.
Als wir von der Unglücksstelle und der Pistole des Kommandanten wegglitten, hatte ich eine Vorahnung, daß unser Schicksal eine günstige Wendung genommen hatte. Am Rand des nächsten Dorfes ließ Kuntze bei einem Bauernhof halten. Die Fahrzeuge einer anderen Einheit waren dort schon abgestellt.
Nach vier Tagen und Nächten im Freien empfanden wir ein starkes Verlangen, in die Wärme des Hauses zu kommen.
Ich hielt die große schweinslederne Tasche, die den als Geldkassette dienenden Kocher enthielt, eng an mich gepreßt, als ich Stella und Andrzej in die große, raucherfüllte Bauernküche folgte. Sie war mit deutschen Soldaten überfüllt, einige hockten auf dem Boden, andere saßen nachdenklich um den Ofen herum. Drei schnarchende Soldaten lagen völlig bekleidet auf einem Bett. Ich hätte alles für einen Platz auf diesem Bett gegeben, um mein schmerzendes Bein ausruhen zu können, aber es war nur genug Platz für Andrzej, den wir zwischen die Soldaten quetschten. Ich breitete meinen Mantel auf dem Fußboden aus, und meine Ledertasche diente mir als Kopfkissen. Allein schon in horizontaler Lage zu sein, war eine Erleichterung, und ich schlief auf der Stelle ein.
Schüttelte mich jemand? Rief jemand meinen Namen? Wie trunken vor Müdigkeit, konnte ich mich nicht aufrappeln, obwohl ich Stella schreien hörte: »Um Himmels willen, Cecylia, wach auf!«

Als nächstes fühlte ich, wie starke Hände meine Arme packten und wie jemand mich auf die Füße stellte. Als ich die Augen öffnete, fiel mein Blick auf das breite Gesicht von Kuntze.
»Raus hier!« brüllte er. »Die Scheune brennt. Wir werden beschossen!«
Wie betäubt blinzelte ich um mich. Alle waren fort. Das Bett war jetzt leer. Niemand war mehr in der Küche. Dann war ich draußen. Im Schein der Flammen, die in den nächtlichen Himmel loderten, rannten Soldaten umher. Artillerie dröhnte, Granatsplitter flogen umher. Schnee und Erde spritzten hoch. Ein Schlitten wurde getroffen. Das Pferd scheute und zog ein Feuerwerk aus explodierender Munition hinter sich her.
Während dieser ganzen Zeit schneite es friedlich weiter.
»Herr Leutnant, wo ist Stella?« schrie ich durch den Lärm.
»Sie ist davongerannt!« schrie er zurück. Dann brüllte er seinen Männern zu, sie sollten die Schlitten fertigmachen. Es gab einen ohrenbetäubenden Lärm, und plötzlich stand das Bauernhaus in Flammen. Ein Volltreffer.
»Meine Tasche!« schrie ich. Die Tasche mit dem elektrischen Kocher und den Goldmünzen. Und vor allem mit der Fotografie, der Fotografie meines Kindes . . .
Dort in dem brennenden Haus hatte ich Brunos Fotografie verloren, und ich hatte auch Stella verloren. Stella, meine einzige Freundin, und unser Kind . . .
Ich schrie durch das donnernde Getöse des Feuers und der Explosionen: »Steeeeeella! Aaaaaaaandrzej!« Dann lauschte ich auf eine Antwort, so, als wäre es möglich gewesen, etwas zu hören. Ich weigerte mich zu glauben, daß sie davongelaufen war. Jedesmal, wenn wir anhielten, um zur Toilette zu gehen, hatte sie mich ermutigt wegzulaufen. Ich hatte ihr gesagt, daß entweder wir alle drei flüchten würden oder keiner von uns. War es möglich,

daß Stella ihren Teil der Abmachung nicht hielt?
»Steeeeeella! Aaaaaaaandrzej!« brüllte ich.
Zuerst konnte ich nicht glauben, daß ich tatsächlich jemanden hörte, der meinen Namen rief, so schwach war der Klang. Aber ich bahnte mir einen Weg durch die umherrennenden Soldaten in die Richtung, aus der die Stimme gekommen zu sein schien.
Da war sie. Da war das Kind. Alle drei umarmten wir einander, weinten und lachten dann wieder. Ich hob Andrzej hoch, preßte ihn an mein Herz und küßte sein Gesicht. Ich schmeckte die salzigen Tränen auf seinen Wangen, fühlte den kindlichen Körper durch meinen schweren Mantel hindurch. Ich hatte nach dem Kind gesucht, und ich hatte es gefunden.
»Szarek!« Es war Kuntze, der da brüllte. »Szarek, auf den Schlitten!« schrie er durch die trichterförmig zusammengelegten Hände, und aus irgendeinem Grund sah er so aus, als wäre er enttäuscht darüber, daß ich Stella wiedergefunden hatte.
Meine Suche nach den beiden mußte in einem Umkreis von dreißig Metern stattgefunden haben, denn auch Brucke war da. Er schien ebenso wütend zu sein wie Kuntze. Er griff nach mir, hob mich hoch – nur der Wahnsinn konnte ihm soviel zusätzliche Energie gegeben haben – und warf mich auf das nasse Stroh. Meinen Stock warf er hinterher. Andrzej und Stella folgten.
»Wo sind die anderen Schlitten und die anderen Männer?« fragte ich Brucke.
»Was denken Sie? Die sind abgefahren. Die wollten nicht auf zwei dumme Weiber und ein verwöhntes Gör warten. Der Leutnant und ich und ihr drei, das sind alle. Es ist nur noch dieser Schlitten übrig.
Dem Kommandanten wird es nicht gefallen, aber hier können wir nicht auf ihn und die zwölf Schlitten warten. Wenn er es herausbekommt, müssen wir ihm

sagen, daß wir über den Verbleib der anderen nichts wissen.«

Es war ganz offensichtlich, daß die Männer auf den sieben Schlitten desertiert waren. Wenn Kuntze und Brucke nicht dem Befehl des Kommandanten so treu gefolgt wären, dann wären sie auch desertiert, und wir wären frei gewesen. Aber sie hielten ein Auge auf uns, wahrscheinlich glaubten sie immer noch an den Endsieg.

Während Stella und ich ein Nest aus Stroh und Decken für Andrzej zurechtmachten, erzählte Stella wild durcheinander. »Erst die Granaten . . ., und dann stand plötzlich die Scheune in Flammen. Ich habe dich gerüttelt, aber du wolltest nicht aufwachen. Ich rannte hinaus und sagte es Kuntze. Er lief in die Küche und trug dich hinaus. Schrapnellsplitter flogen überall herum, und ich rannte einfach weiter. Ich wußte nicht, daß ich rannte, denn zwischendurch sah ich immer wieder Brucke hinter mir oder vor mir. Dann suchte ich nach dir. Ich konnte dich nirgendwo sehen. Ich verlor fast den Verstand.«

Kuntze schwang sich auf den Fahrersitz neben Brucke. Fluchend versuchte er, das Pferd zwischen den verbleibenden Schlitten der anderen Einheit und zerbrochenen Kisten und allerlei Abfall hindurchzumanövrieren.

Unsere Fahrt wurde von anderen Fahrzeugen behindert, die ebenfalls versuchten, fortzukommen. Nachdem wir das Dorf durchquert hatten, fanden wir die Durchgangsstraße verstopft von Truppen auf dem Rückzug, defekten Autos und zusammengebrochenen Wagen. Wir waren ein leichtes Ziel für russische Bomber.

Das Pferd bäumte sich plötzlich auf, als wäre es wild geworden, und ich schnappte nach Luft, als ich sah, wie der Schlitten von der Straße fort auf die Bäume zuraste. Im nächsten Augenblick waren wir auf einem ruhigen Waldweg. Dann kamen wir in der Dunkelheit rasch

voran. Später blieb das Pferd ohne einen offensichtlichen Grund stehen, stemmte sich mit den Füßen gegen den Boden und weigerte sich, weiterzugehen.
Alle außer Andrzej stiegen vom Schlitten ab, aber das Pferd wollte sich nicht rühren. Ich kletterte zurück, um etwas von der Ladung abzuwerfen. Kuntze drehte sich zu mir um, die Peitsche in der Hand. »Du Schlampe! Du wirst zu Fuß gehen wie wir alle. Komm herunter oder ich bringe dich um!« Und er schlug mich. Glücklicherweise schützte mein schwerer Mantel mich vor dem Schlag. Aber Stella stürzte sich schreiend auf Kuntze und erklärte ihm, was ich vorgehabt hatte. Er richtete seine Wut gegen das Pferd.
Stella folgte mir auf den Schlitten hinauf und stieß den Koffer, der ihre wenigen Habseligkeiten enthielt, und das Bettzeug hinunter.
Wie leicht sie sich von ihrem Besitz trennte.
Ich verspürte einen leisen Schmerz, als ich ihrem Beispiel folgte. Ich warf drei Koffer hinunter. Dann faßten wir beide an einem Weidenkorb an, der mit Silbersachen gefüllt war, und ließen ihn hinunterfallen.
Das Klirren ließ Kuntze herumfahren. Er schrie: »Ich ziehe Sie für die Zerstörung von Eigentum der Ortskommandantur zur Verantwortung.« Mehr tat er jedoch nicht. Er wußte, es hieß – entweder das Silber oder wir.
Von all unserem Gepäck blieben nur mein Koffer, der so schwer war, daß wir ihn nicht heben konnten, und ein Sack Futter auf dem Schlitten. Das Pferd zeigte sich jetzt willig, die sehr viel leichtere Last zu ziehen.
Es war bitterkalt. Kuntze und Brucke auf ihrem Fahrersitz, der noch mehr der Kälte ausgesetzt war, schlugen sich mit den Armen auf den Rücken, um sich warmzuhalten.
Vor uns sahen wir die dunklen Umrisse einer Ortschaft.

41

Kuntze hielt an der ersten Hütte an. Sie war verschlossen, und auf unser Klopfen hin meldete sich niemand. Wir fuhren von einer Hütte zur anderen und bettelten auf polnisch und deutsch um Zuflucht. Wir mußten Kuntze anflehen, sich nicht gewaltsam Zutritt zu verschaffen. Schließlich gab er nach. Vielleicht war ihm endlich klargeworden, daß er und Brucke nichts anderes mehr waren als zwei einsame Soldaten auf der Flucht.

Endlich wurde eine Tür geöffnet. Ein Mann, dessen Gesicht von Falten durchfurcht war, hielt eine Laterne hoch, um sich uns anzuschauen. Er sagte, sein Name sei Wojtek. Er rief nach Walery, seiner Frau, und sie besprachen sich miteinander. Sie ließen uns hinein, holten Stroh aus der Scheune und breiteten es auf dem Boden eines Zimmers aus, in dem vier Kinder in zwei Betten schliefen.

Wir streckten uns völlig angezogen darauf aus, außer Kuntze, der stöhnte, als er seinen rechten Stiefel und seinen rechten Socken auszog, um einen schmutzigen Fuß mit einer eiternden Wunde zu entblößen.

Walery brachte ihm einen Eimer mit Wasser. Er war noch dabei, die Wunde zu baden und zu reinigen, als er zur Seite fiel und einschlief.

Stella und ich verabredeten flüsternd, daß wir warten wollten, bis wir sicher waren, daß Brucke schlief. Dann wollten wir hinausschlüpfen und in einem anderen Haus jemanden bitten, uns zu verstecken. Aber während wir darauf warteten, daß Brucke zu schnarchen begann, schliefen wir selbst ein, und als uns die Artillerie weckte, war es Tag, und beide, Kuntze und Brucke, waren schon auf.

Kuntze konnte kaum gehen. »Macht euch fertig!« befahl er. »Wir machen uns besser fort von hier.«

Uns fertig zu machen hieß lediglich, die Kapuzen über die Köpfe zu ziehen. Keine hundert Meter von Wojteks Hütte entfernt sahen wir einen brennenden Bauernhof. Dann sahen wir eine weitere brennende Hütte, das ganze Dorf vor uns war ein einziges Flammenmeer.
Stella faßte Leutnant Kuntze bei der Schulter und sagte: »Ich werde nicht weitergehen, selbst wenn Sie mich erschießen.«
»Das ist mir egal«, sagte Kuntze. »Runter vom Schlitten! Und von mir aus können Sie ruhig in die Hände der Roten fallen.« Er drehte sich auf seinem Fahrersitz zu mir um und fragte: »Was ist mit Ihnen, Fräulein Szarek?« Ich bemerkte, wie erschöpft er aussah.
»Ich werde bei Stella und dem Kind bleiben.«
»Tatsächlich?«
Er hielt den Schlitten an. »Steigen Sie ab, Mann!« sagte Kuntze zu Brucke, und Brucke verließ ebenfalls den Schlitten. Kuntze nahm ihm die Zügel ab, sprang vom Fahrersitz, streckte sie mir entgegen und sagte: »Behalten Sie das Pferd!«
»Ich?«
Er zuckte mit den Achseln. »Ach, zur Hölle. Brucke und ich werden uns in die Wälder schlagen.«
»In die Wälder?« Zum ersten Mal erlebte ich, daß Brucke das Wort eines Vorgesetzten anzweifelte.
»Wir werden weniger auffallen, und wir werden einige Kameraden treffen.«
»Aber Ihr kranker Fuß!« sagte ich.
»Zum Teufel, setzen Sie sich schon auf den Fahrersitz!«
Ich zögerte.
Brucke, wieder ganz der gehorsame Untergebene, wollte mich schon hinaufschubsen. Also kletterte ich hoch.
Ich hatte noch nie ein angeschirrtes Pferd geführt. Kuntze gab mir die Peitsche. Ich zog an den Zügeln

und das Pferd begann sich zu bewegen. Ich begriff nicht, was es von mir erwartete.
»Ho!« sagte ich, und das Pferd blieb stehen. Ich ließ es wieder gehen, wobei ich am Zügel zog, um den Schlitten zum Straßenrand zu lenken, so daß ich genug Platz zum Kehrtmachen hatte. Ich wollte so weit wie möglich von diesem Flammenmeer wegkommen.
Würde Kuntze uns gehen lassen? Oder würde er uns jetzt in den Rücken schießen?
Ich hatte zu viel Angst, um mich umzudrehen. Erst als eine Entfernung von ungefähr sechzig Metern zwischen uns lag, wagte ich zurückzuschauen.
Sie befanden sich auf halbem Weg in den Wald, mitten auf einem weißen Feld. Kuntze, dessen schwere Schultern gebeugt waren, humpelte.
»Schau mich an, Stella!« rief ich nach hinten. »Kannst du dir das vorstellen, das Pferd gehorcht mir. Was hältst du davon, wenn wir zu Wojtek zurückgehen, was meinst du?«
»Du bist hier der Chef!«

Wojtek nahm uns auf. Walery brachte uns Tee, und während wir uns aufwärmten, dachten wir uns eine Geschichte für sie aus. »Wir kommen aus Rodenkow«, begann Stella. »Das wurde bis auf die Grundmauern niedergebrannt. Wir sind geflohen, und diese beiden Deutschen haben uns überwältigt und gedroht, uns zu erschießen, wenn wir versuchten, davonzulaufen.
Aber heute morgen, als wir sie davon überzeugt hatten, daß wir vom Feind eingeschlossen waren, und als sie sahen, daß alle Bauernhöfe in Flammen standen, haben sie sich in den Wald geschlagen«, fuhr ich fort.
»Das Pferd gehört also euch?« fragte Wojtek und ließ seinen Blick zum Fenster gleiten.
»Ja, es gehört meinem Vater.« Dann sagte ich ihm, daß

wir kein Geld hätten, aber daß wir für unseren Aufenthalt mit Kleidern aus unserem Koffer zahlen wollten.
»Ich bin sicher, daß wir uns einigen können«, sagte er. »Ich bringe das Pferd jetzt in den Stall.«
Durchs Küchenfenster sahen wir, wie er mit Hilfe eines Nachbarn den schweren Schrankkoffer ablud. Er kam mit drei Granaten in der Hand wieder. »Gehören die euch?« fragte er mit einem schlauen Lächeln auf seinem runzligen Gesicht.
»Um Himmels willen!« rief Stella. »Die Deutschen müssen sie zurückgelassen haben.«
»Ich will das sofort dem Polizeiposten melden«, sagte ich.
»Der Polizist ist fort«, sagte Wojtek. »Sie müssen sich nicht bemühen. Ich werde es ihm sagen, wenn er zurückkommt. Bis dahin werde ich sie im Garten vergraben.«
Es war immer noch Morgen. Wir streckten uns auf dem Stroh aus und schliefen ein. Walery weckte uns zum Mittagessen. Ich war so müde, daß mir die Augen zufielen, während ich aß. Trotzdem aß ich alles bis zum letzten Bissen auf.

42

Stella! Stella! Wach auf, Stella. Die Russen sind da!« Stella rieb sich die Augen und murmelte: »Nicht so laut. Wojtek könnte dich hören.«
»Soll er mich doch hören. Es ist vorbei, Stella. Wir sind frei!«
»Das denkst du. Wenn Wojtek sieht, daß wir uns freuen, ahnt er vielleicht, daß wir Juden sind«, meinte Stella. »Ich sage dir, ich traue Wojtek ganz und gar nicht. Wenn er

den Verdacht hat, daß wir Juden sind, dann veranstaltet er vielleicht ein nettes kleines Pogrom auf eigene Faust, und das ganze Dorf wird ihn decken. Er ist hinter dem Schrankkoffer her. Also, um meines und seines Wohls willen«, sie schaute zu Andrzej hinüber, »sei nicht so aufgeregt – kein Pole wäre das.«
»Niemand kann uns hören. Wir sind befreit, Stella! Kein Verstecken mehr, keine Lügen, keine Verstellung. Komm zum Fenster. Schau sie dir an. Ihre Panzer sind riesig. Was für ein herrlicher Anblick!«
»Es ist so, als ob man vom Regen in die Traufe kommt. Erinnerst du dich an Lwow im Jahr 1939?«
»Bist du von Sinnen? Wenn wir den Mund aufmachten und auf Stalin schimpften, oder wenn wir beim Handel mit Schwarzmarktwaren erwischt wurden, dann bekamen wir Ärger. Aber dann bekamen ihn auch ihre eigenen Leute.«
»Ich traue keinem von ihnen. Kommunisten, Nazis, das ist doch alles eins.«
Als Stalin und Hitler Polen geteilt hatten und Lwow an die Russen fiel, hatten Juden und Polen gleichermaßen die Invasoren abgelehnt und sich natürlicherweise nicht für das, was man »die Eroberung, die ohne einen einzigen Schuß vollendet wurde«, nannte, begeistern können. So hart sie auch waren, die Russen verhielten sich nicht besonders diskriminierend den Juden gegenüber, als sie diesen Teil Polens besetzt hielten. Und nachdem ich fast vier Jahre lang unter deutscher Besatzung gelebt hatte, kannte ich den Unterschied und hieß die Russen von ganzem Herzen willkommen.
»Auch ich war in Lwow!« sagte ich. »Sie haben meinen Vater verhaftet, weil sie ihn der Schwarzmarktgeschäfte verdächtigten, aber sie waren bereit, meine Erklärung anzuhören, und sie ließen ihn frei. Bis zum heutigen Tag mache ich mir Vorwürfe, weil ich meinen Vater aus

diesem russischen Gefängnis befreit habe. Jetzt sind sie unsere Befreier, Stella.«

»Was ist mit den Greueltaten, die sie in Polen begangen haben? Hast du die vergessen?«

»Die Deutschen haben die Angehörigen einer ganzen Volksgruppe deportiert. Die Russen haben Leute aus allen Volksgruppen, einschließlich ihrer eigenen, verhaftet und deportiert, aber nur, wenn sie gegen ihre Art von Sozialismus opponierten. Aber sie haben den Leuten erlaubt, an ihre Familien zu schreiben und Pakete zu bekommen. Ich habe nie auch nur *eine* Nachricht von meinem Vater bekommen.«

»Es sind beides Mörder. Wenn die Deutschen die schlimmeren Verbrechen begangen haben, was schlägst du vor: sollen sie zweimal gehängt werden?«

Stella blieb auf dem Stroh sitzen und wartete. Ihr Körper war angespannt, und ihr Gesicht war hart geworden. Aber sie konnte meine Begeisterung nicht dämpfen.

»Bruno, mein Bruno, mein kleines Vögelchen, jetzt ist er schon fast neun Jahre alt. Bald, mein Sohn, bald sind wir wieder vereint.« Dieser eine Gedanke beherrschte mich im Augenblick völlig.

Durch die kleinen Fensterscheiben beobachtete ich, wie die russischen Panzer vorbeirollten, Panzer für Panzer mit Zweigen und Gesträuch getarnt. Auf den Panzern saßen erschöpft aussehende Soldaten in schweren braunen Mänteln. Den Panzern folgten Lastwagen, Kommandowagen und Geländewagen.

Ein Geländewagen hielt vor Wojteks Haus, und drei Russen kamen an die Tür. Ich hatte das Gefühl, ich müsse zu ihnen hinlaufen und sie umarmen. Stellas Warnung bedenkend, ging ich nur in die Küche, einfach, um ihnen nahe zu sein.

Sie fragten Wojtek, wann die letzten Deutschen durch Czuchow gekommen und in welche Richtung sie gegan-

gen seien. Sie baten um Wasser für ihren Kühler, und als Wojtek zur Pumpe im Hof ging, um einen Eimer zu füllen, ging ich, um meinen Befreiern die Hand zu schütteln.
Sie stellten sich, wie die Polen, mit einer Verbeugung vor, und mein Herz setzte einen Schlag lang aus, als ich hörte, daß der Name des Leutnants Jakubowicz war. Es erschien mir so phantastisch, daß ein Jude seinen Namen so beiläufig aussprach, daß ich ihn fasziniert anstarrte. Wäre er ein polnischer Jude gewesen, so hätten meine strahlenden Augen ihn auf die richtige Spur gebracht, aber er verstand es nicht und reagierte nur mit einem breiten Grinsen.
Die Tatsache, daß den ganzen Tag über russische Konvois Czuchow durchfuhren, ließ klar erkennen, daß wir jetzt hinter der Front waren.
Ich ging zurück und stellte fest, daß Stella immer noch mit Andrzej auf dem Stroh lag. Ich erzählte ihr, daß ich die Absicht hatte, mich sofort in Richtung Konstancin aufzumachen, um Frania zu besuchen. Wenn mit ihr alles in Ordnung war, würde ich anfangen, nach Bruno und nach meinen Eltern zu suchen.
Stella bat Andrzej, mit seinen Garnrollen zu spielen, und sagte zu mir: »Ich weiß nicht, wohin ich gehen soll. Darf ich mit dir gehen?«
»Natürlich. Ich vermute, daß wir fünf Tage brauchen, um Konstancin zu erreichen, ist dir das recht?«
»Mir ist es recht!«

Ich fragte Wojtek, ob er uns nach Konstancin fahren würde. Er sagte, daß die Wälder immer noch voller Deutscher seien und daß wir uns in Gefahr begäben. Egal, was ich ihm anbot, er weigerte sich.
Dann, am Abend, nahm er mich beiseite. »Hören Sie, Fräulein Szarek! Mein Nachbar wollte Sie schon bei den

Russen melden wegen der Granaten, die ich in Ihrem Schlitten gefunden habe. Es ist mir gelungen, ihn davon abzubringen. Aber wenn Sie keinen Ärger haben wollen, dann sollten Sie lieber gleich morgen früh verschwinden. Ich will Ihnen etwas sagen. Ich werde Sie fahren, aber nur bis Rybnik. Das liegt dreißig Kilometer entfernt von hier. Dann sind Sie weit genug weg. Als Bezahlung dafür geben Sie mir das Pferd.«
»Das Pferd? Was glauben Sie, wie wir von Rybnik nach Konstancin kommen? Sie wissen genau, daß es keine Züge und keine Busse gibt.«
»Lassen Sie den Schrankkoffer hier und holen Sie ihn später ab. Sicher werden zwei gutaussehende Mädchen wie Sie beide jemanden finden, der sie mitnimmt.«
»Und sollen wir mit dem Kind auf der eiskalten Straße herumstehen?«
»Es ist nicht Ihr Kind.«
Ich hatte Lust, ihn zu erwürgen. Aber ich hatte mich inzwischen daran gewöhnt, nur mit den Zähnen zu knirschen, und blieb ruhig. Ich sagte: »Ich habe die ganze Geschichte bereits den Russen gemeldet. Sie wissen schon von den Granaten.« Es war nur eine Lüge mehr, die zu den zahllosen Unwahrheiten dazukam, zu denen die Umstände mich gezwungen hatten. »Sie haben mir gesagt, daß sie zur Zeit mit einer solch unbedeutenden Angelegenheit nicht belästigt werden wollen. Sobald die Verwaltung wieder organisiert ist, werden sie den Vorfall zu den Akten nehmen. Und was unser Transportmittel angeht, so werden wir schon zurechtkommen.«
Da Wojtek sein Auge sowohl auf das Pferd wie auf den Schrankkoffer geworfen hatte, würde er sicher jeden Verrat begehen, um beides zu bekommen. Stella dachte, daß er uns vielleicht sogar im Schlaf erstechen würde.
Wir hielten abwechselnd Wache.
Am nächsten Morgen sah ich durch das Fenster in unse-

rem Zimmer, wie Wojtek den Hof mit den Handgranaten verließ. Ich rannte hinaus, erwischte ihn und fragte ihn, was das solle.
»Ich habe Angst, sie zu behalten«, stotterte er. »Sehen Sie, wenn die Russen sie finden würden, dann würden sie mir die Schuld geben, deshalb bringe ich sie zu den Russen.«
»Sie wollen, daß ich Schwierigkeiten bekomme?«
»Alles, was ich will, ist das Pferd, Fräulein Szarek. Geben Sie mir das Pferd, und ich werde die Granaten vergraben!«
»Sie wollen uns erpressen! Ich sage Ihnen: Das Pferd werden Sie nicht bekommen!«
Ich blieb ihm auf den Fersen, als er geradewegs auf eine Gruppe von Soldaten zurannte, die draußen umherlief. Zu meiner Erleichterung sah ich Jakubowicz unter ihnen, und noch bevor Wojtek den Mund aufmachen konnte, sagte ich in meinem gebrochenen Russisch: »Herr Offizier, diese Handgranaten gehörten denselben Deutschen, die auch mein Pferd beschlagnahmt und mich und meine Freundin als Geiseln mitgenommen haben. Erst nachdem wir es geschafft hatten, ihnen zu entkommen, fanden wir diese Handgranaten auf dem Schlitten.«
Verstand er mein Russisch?
Ruhig griff Jakubowicz nach einer der Granaten, die Wojtek immer noch in der Hand hatte, riß den Zünder ab und schleuderte sie in den Wald auf die Stelle zu, an der Kuntze und Brucke dreißig Stunden zuvor verschwunden waren. Als sie explodierte, warfen fünf Russen ihre Mützen in die Luft und jubelten freudig. Jakubowicz bot die zweite Granate einem Kameraden an, und ihr Wurf wurde in der gleichen Weise gefeiert. Mir wurde klar, daß sie glaubten, sie hätten einige Deutsche getötet, die sich in den Wäldern versteckten.

Mit offenem Mund schaute Wojtek zu, wie seine drei Handgranaten explodierten. Jakubowicz wischte sich die Hände ab und sagte: »*Charascho,* in Ordnung?«
Ich nickte dankbar. Aber ich wußte, je eher Stella und ich Wojteks Haus verließen, desto besser.
Als ich zur Hütte zurückkehrte, erzählte Stella mir, daß sie einen jungen Polen gefunden habe, der gerne unser Fahrer sein wollte. Er gehörte zu den Versprengten, die von den Deutschen in Warschau aufgegriffen und in eine Straßenbaukolonne gesteckt worden waren.
Kazik war ein kräftiger Mann in den Zwanzigern. Sein schlichtes Gesicht mit dem rötlichen Schnurrbart kam mir recht freundlich vor. Wir besiegelten unsere Vereinbarung mit einem Handschlag und gingen alle vier zusammen zum Stall.
Das Pferd war verschwunden.
Wir standen sprachlos da. »Mistkerl!« fluchte Kazik und rannte zur Hütte zurück.
Als ich die Küchentür aufriß, hatte Kazik Wojtek an der Kehle gepackt. »Du Hundesohn, ich werde dich umbringen!« brüllte er.
Walery schrie. Kazik lockerte seinen Griff gerade so weit, daß Wojtek ihm sagen konnte, wo das Pferd war. Mit keuchender Stimme gab er zu, daß er es einem Russen gegeben habe, und erklärte sich bereit, uns den Weg zu dem Bauernhof vor dem Dorf zu zeigen, wo mehrere Kompanien Quartier bezogen hatten.
»Wenn du irgendwelche Tricks versuchst«, sagte Kazik, »dann werde ich mein Versprechen halten, ich werde dich umbringen.«
Ich ging allein in das Haus, das Wojtek mir zeigte. Kazik blieb mit ihm draußen.
Ich fragte nach dem diensthabenden Offizier und hoffte, es würde Jakubowicz sein. Enttäuscht, einen Fremden vor mir zu sehen, sagte ich: »Der Mann da draußen hat

mein Pferd gestohlen, und jetzt hat es einer Ihrer Soldaten.«
»Meine Soldaten würden dem polnischen Volk nie etwas wegnehmen!« Er schaute aus dem Fenster. »Der alte Mann dort? Gewiß. Der war vorhin hier. Er gab sein Pferd Wassili als Dankgeschenk für die Befreiung.«
»Er hatte kein Recht, es zu verschenken. Es gehört mir.«
»Wassili«, sagte der Offizier zu einem untersetzten Soldaten, der irgend etwas auf dem Ofen zusammenbraute, »das Pferd, das du bekommen hast, gehört dieser Frau. Gib es ihr zurück!«
»Mein eigenes Pferd lahmt, Kamerad«, sagte Wassili. »Du willst doch wohl nicht, daß ich die Deutschen auf einem lahmen Pferd jage.«
»Dann gib ihr dein Pferd!«
Wassili murmelte etwas und sagte, ich solle mit ihm in den Stall gehen. »Warten Sie draußen!« sagte er. Es dauerte mindestens fünf Minuten, bis er mit einem Pferd herauskam, das so klein war, daß ich meinen Arm um seinen Hals legen konnte, ohne ihn zu heben.
Wassili streichelte den struppigen brauenen Leib. »Sybirek, alter Freund, das ist deine neue Herrin.« Als er sich zu mir umdrehte, waren seine Augen feucht. »Es ist ein feines Pferd«, sagte er zu mir. »Es ist den ganzen Weg über von meinem Dorf in der Nähe von Odessa bis hierher bei mir gewesen. Seien Sie nett zu ihm. Es mag Zucker.« Er berührte die Nüstern des Pferdes und sagte: *»Do swidania,* auf Wiedersehen . . .«, und ging rasch davon.
Ich streichelte das lahme kleine Tier. »Ich werde mich bemühen, daß es dir wieder gut geht, Sybirek«, sagte ich und führte es vom Hof.
Beide, Wojtek und Kazik, brachen in Gelächter aus, als sie Sybirek sahen. »Was haben Sie denn da?« fragte Kazik.

»Das haben sie mir im Tausch für mein Pferd gegeben.«
Wojtek lachte: »Da ist ja Rex, mein Hund, größer!«
»Besser als nichts«, sagte ich bescheiden.
»Wir wollen mal sehen, ob der Gaul es bis auf die andere Straßenseite schafft«, neckte mich Kazik. »Er tut Fräulein Szarek leid, weil er genauso hinkt wie sie.«
Ich starrte Kazik und Wojtek an. Noch vor kurzem Feinde, waren sie nun vereint in ihrem Spott über den bemitleidenswerten Sybirek. »Komm!« Ich tätschelte den Kopf des Pferdes.
Erst als ich in Wojteks Stall war, schaute ich es mir genau an. Obgleich es lahmte, hatte es kräftige Beine. Die schrägen Augen, die durch die lange Mähne blinzelten, waren so traurig wie die Augen seines früheren Herrn.
»Hör nicht auf sie, Sybirek. Du hast es von Rußland bis nach Polen geschafft. Da schaffst du es auch von Czuchow nach Konstancin.«
Als Antwort wieherte Sybirek.
Am nächsten Tag spannte Kazik Sybirek vor den großen Schlitten. Um ihn zu ermutigen, hielt ich ihm ein Stück Zucker hin. Er knabberte an meinen Fingern, als wolle er seine Dankbarkeit ausdrücken.
Ich kletterte neben Kazik auf den Vordersitz, nahm ihm die Peitsche aus der Hand und gab sie Andrzej, der zusammen mit seiner Mutter hinten saß. Dann waren wir auf dem Weg nach Konstancin.
Wojteks Hund, von dem sein Eigentümer sagte, er sei so groß wie Sybirek, rannte bellend hinter uns her. Er versuchte, auf den Schlitten zu springen, und Andrzej, der ihn liebgewonnen hatte, begann zu weinen, während ich rief: »Geh nach Hause, Rex, geh nach Hause!«
Der Hund hörte auf zu bellen, und als ich das nächstemal zurückschaute, war er verschwunden.

43

Obgleich er lahmte, trottete Sybirek stetig vorwärts. Bisweilen wurde die Stille der leeren Straße, die durch die Wälder führte, durch entfernte Schüsse gestört. Der Anblick von zwei toten Deutschen in Uniform, die neben der Straße lagen, gab mir ein Gefühl der Befriedigung. Dann, als ich immer mehr von ihnen sah, ebbte meine Freude ab. Wie bemitleidenswert sie aussahen, wie weggeworfene Puppen. »Wie klein sie sind!« sagte ich.

»Sie schrumpfen in der Kälte«, sagte Kazik. Er hatte kein Mitleid.

Nachdem wir zwei Stunden unterwegs waren, näherte sich eine Marschkolonne russischer Soldaten aus der entgegengesetzten Richtung. Wir machten uns bereit, unsere Personalpapiere zu zeigen, aber keiner hielt uns an oder stellte irgendwelche Fragen.

Sybirek begann schlimmer zu lahmen, so daß wir Erwachsenen vom Schlitten stiegen und neben hergingen. Abwechselnd ruhten wir uns auf dem Schlitten aus. Als ich an die Reihe kam, setzte ich mich dicht zu Andrzej und bedeckte meine Füße mit seiner Decke. Ich fühlte etwas Weiches und Warmes, das sich bewegte. Es war Rex.

»Andrzej!« schrie ich ärgerlich auf.

Das Kind brach in Tränen aus.

Es war Bruno, der weinte.

Bruno brachte eine schwarze Promenadenmischung nach Hause und bettelte darum, den Hund behalten zu dürfen. Mark sagte, der Hund wäre sicherlich krank, gab aber nach. Er warnte das Kind, wenn das Tier sich nicht benähme, müsse es weg.

Bruno machte keine Schwierigkeiten mehr, wenn er um acht ins Bett gehen, sich die Zähne putzen oder Spinat essen sollte, sondern fand sich mit allem aus Liebe zu Blacky ab. Eines Tages jedoch verschwand der Hund. Ich machte ihn schließlich bei einer meiner Nachbarinnen ausfindig. Sie erzählte mir, daß Bruno mit dem Hund auf ihrer Schwelle erschienen sei und gestanden habe, er habe den Pfeifenständer seines Vaters zerbrochen. Da er sicher war, daß sein Hund nun fortgeschickt würde, wollte er wenigstens gewiß sein, daß er ein gutes Heim bekam. So hatte er daran gedacht, daß sie ihm oft Plätzchen gab, und gehofft, daß sie auch gut zu seinem Hund sein würde. In seinem Taschentuch hatte er einige Stücke Fleisch vom Abendessen aufgehoben, und er hatte versprochen, mehr Nahrung zu bringen, so daß Blacky ihr nicht zur Last fallen würde.

Ich ließ den Pfeifenständer reparieren, ohne daß Mark und Bruno davon erfuhren. Als ich Bruno erzählte, daß der Pfeifenständer wieder in Ordnung war, sprang er in meine Arme, seine runden Augen glänzten, und dann rannte er los, um seinen Hund zurückzuholen.

Ich nahm Andrzej in den Arm und sagte: »Weine nicht, dann haben wir eben einen weiteren Mitreisenden . . .«

»Danke, *Pani* Cecylia, danke.« Er legte seinen Arm um den Hund, schaute mich an und sagte: »Gehört der Hund jetzt mir?«

»Ich denke ja. Er hat sich doch dich ausgesucht statt Wojtek, nicht wahr?«

Wir beschlossen, zum Essen bei einer Baumgruppe zu halten, die uns vor dem Wind schützte. Ich bat Kazik, eine gute Portion Hafer abzumessen, und als Sybirek seinen Kopf in den Futtersack steckte, streichelte ich seinen Hals. Stella gab jedem von uns ein Schweinekotelett zwischen zwei Scheiben Brot, das sie in Czuchow besorgt hatte, und die mit Tee gefüllte Flasche machte die Runde. Das war ein Festessen, auch wenn der Tee kalt war.

Als sich eine halbe Stunde später Andrzej beklagte, er habe Hunger, waren wir verwundert. Aber beim Abendessen erwischten wir ihn, als er seine Portion an Rex verfütterte.
»Das kommt nicht in Frage, du verwöhntes Balg!« wütete Kazik. »Verdammt, du ißt dein Essen selbst. Ich werde nicht weniger essen, nur weil du deine Portion dem Hund gibst.«
Als die Vorräte, die wir bei uns hatten, erschöpft waren, versuchten wir, etwas in den Dörfern zu kaufen, durch die wir fuhren, aber überall wurde uns gesagt, man habe nichts übrig. Ich hatte immer noch einen Diamanten in dem Lippenstift versteckt, den ich in meiner Manteltasche aufbewahrte, aber ich hatte Angst, ihn herauszuholen, denn in der herrschenden Unordnung hätte er leicht zum Motiv für einen Mord werden können.
Ich begann, kleinere Portionen für Sybirek abzumessen. Lahm und mit einer wunden Stelle vom Gewicht des Geschirrs, hungrig und oft auch durstig, mit einer Last, die zu schwer für ihn war, ging der tapfere kleine Sybirek dennoch weiter.
Im nächsten Dorf nahm ich ein Wollkleid aus dem Koffer und versuchte, es gegen Essen einzutauschen, aber schließlich mußte ich zum Schlitten zurückkehren und Stella mitteilen: »Nichts zu machen!«
»Ich werde es versuchen«, sagte Stella. Sie hob Andrzej aus dem Schlitten und ging ohne das Wollkleid mit ihm fort. Während ich auf ihn wartete, sah ich sie im Geiste vor mir, wie sie ängstlich an eine Tür klopfte und mit gerötetem Gesicht um ein Stück Brot für ihr Kind bettelte.
Es begann zu schneien. Der Wind blies Sybireks Mähne in alle Richtungen auseinander. Ich bat Kazik, das Pferd mit seiner Decke zu bedecken, aber er entgegnete sarkastisch: »Soll die feine Dame es doch selbst tun. Ich habe

genug. Warum soll ich mich mit dem verdammten Kind und dem blöden Hund herumschlagen, ohne etwas zu essen zu haben? Warum soll ich herumlaufen und nach einer Pumpe suchen und Wasser suchen und mir anhören: ›Kazik, tu dies, und Kazik, tu das‹? Ich werde mich bald davonmachen.«

»Dann verschwinde sofort!« sagte ich scharf.

»Ich gehe, wenn es mir paßt!« entgegnete er.

»Deck das Pferd zu!« befahl ich.

Er tat, was ich ihm gesagt hatte.

Die Kälte schnitt wie ein Messer in meine Lungen, und jetzt spürte ich bei jedem Atemzug Schmerzen. Das geht vorüber, sagte ich mir, und zog die Decke über meinen Mund.

Endlich sah ich Stella und Andrzej aus dem Schneetreiben auftauchen. Als sie bei mir waren, griff ich nach dem Jungen, wischte den Schnee von seinen Schultern und seiner Mütze und wickelte ihn schnell in eine Decke. Stella leerte ihre Manteltaschen: fünf Scheiben dunkles Brot, jede anders in Größe und Dicke; ein kleiner Krug, der eine winzige Menge Öl enthielt; ein hartgekochtes Ei; zwei Ziebeln; vier rohe Kartoffeln und eine Scheibe Weißbrot.

Andrzej griff nach dem Weißbrot, nahm einen Bissen und stopfte den Rest in das Maul des Hundes.

»Ich bringe den verdammten Hund um!« brüllte Kazik.

Rex entblößte die Zähne und knurrte ihn an.

Andrzej begann zu weinen.

Wir einigten uns, daß Andrzej das ganze Ei und alles, was er sonst noch essen konnte, bekommen sollte. Als er fertig war, teilte Stella die Reste in drei gleiche Teile. Die Kartoffeln würde sie später kochen, wenn wir für die Nacht anhielten.

Ich nahm Stellas Hände in die meinen, um sie irgendwie wissen zu lassen, daß mir bewußt war, welche Tortur das

Betteln für sie gewesen sein mußte. Am nächsten und am übernächsten Tag ging sie immer wieder los, um zu betteln.

Während der folgenden vier Tage wanderten Röcke und Blusen ebenso wie Stoffe und Bettücher aus meinem Schrankkoffer in den Wäscheschrank einer Müllersfrau. Wir aßen in ihrem Haus, wir wuschen uns, wir schliefen in Betten. Als die Müllersfrau alles bekommen hatte, was sie wollte, schickte sie uns fort.

Nichtsdestoweniger hatten die vier Tage Ruhe in einem warmen Haus und das warme Essen unsere Kräfte wiederhergestellt. Unser ziemlich erfolgreicher Kampf gegen Läuse und Kaziks Weggang hatten unsere Moral verbessert. Und als Krönung des Ganzen war ich in der Lage, das verschmähte Wollkleid gegen vier Pfund Zucker einzutauschen.

Sybirek war ausgeruht, und die Wunde an seiner Seite war geheilt. Als ich das große Geschirr anlegte, fragte ich mich, wie lange es dauerte, bis es die Druckstelle wieder aufreiben würde. Der Müller, der zuschaute, riet uns, das Pferd zu einem Hufschmied zu bringen.

Der Hufschmied fand einen Splitter, der sich in Sybireks Huf festgesetzt hatte, und entfernte ihn.

Ich zog aus meiner Bluse ein goldenes Armband, das ich als Ersatz für die Schmuckstücke, die mir von ›Glasauge‹ abgenommen worden waren, gekauft hatte. Das drückte ich dem Hufschmied in die Hand. Ohne ein Wort zu sagen, holte er ein kleineres Geschirr hervor, das Sybirek paßte.

Von dem Splitter befreit, frisch beschlagen und mit dem Geschirr gezäumt, trabte Sybirek wiehernd davon, mit dem Schweif schlagend und die Mähne schüttelnd. Es machte ihm jetzt nichts aus, den Schlitten mit uns dreien darin zu ziehen, und es war, als hätte das Schicksal eine Wende zum Besseren genommen, denn je näher wir an

Warschau herankamen, desto gastfreundlicher und großzügiger wurden die Leute.
Von den deutschen Besatzern befreit, schien sich ihr Herz denen zu öffnen, die versuchten, sich auf den Heimweg zu machen.
Stella und ich sprachen endlos miteinander. Wir sprachen über unsere Vergangenheit, und wir sprachen über unsere Pläne für die Zukunft. Stella beschrieb, wie ihr Mann vor ihrem Haus in Lwow erschossen worden war. Sie erzählte mir, daß sie ihm versprochen habe, mit Andrzej zu emigrieren.
»Wohin werdet ihr gehen?« fragte ich.
»Nach Palästina! Und du?«
»Zuerst muß ich herausfinden, ob Frania lebt. Dann gehe ich nach Zloczow und Niemirow, und dann werde ich mit Bruno nach Amerika gehen.«
»Hast du dort Verwandte?«
»Nein.«
»Warum dann Amerika?«
»Wegen Lincoln.«
»Lincoln?«
»Er war vor vielen Jahren der Präsident der Vereinigten Staaten. Zuerst war er ein Holzfäller und arm, zu arm, um in die Schule gehen zu können. Alles, was er wußte, hatte er sich selbst beigebracht. Und später wählten ihn die Amerikaner in das höchste Amt. Sie merkten, daß er ein ganz außergewöhnlicher Mann war, und seine schäbigen Kleider, sein merkwürdiges Aussehen und seine schüchterne Art störten sie nicht. Amerika wird aus Bruno einen solchen Mann machen, wie ich es mir wünsche.«
»Du sprichst ihre Sprache nicht. Wie willst du da deinen Unterhalt verdienen?«
»Ich werde ihre Sprache lernen. Alle, die vor mir dorthin gegangen sind, haben sie gelernt. Keiner ist zurückgekommen.«

Je näher wir an Warschau herankamen, desto belebter wurde die Straße. Schließlich war es ein ununterbrochener Strom von Menschen zu Fuß, in Schlitten, in Autos und auf Fahrrädern, wie eine Prozession von Pilgern zu einem Heiligtum.
Fragen wurden von Wagen zu Wagen gerufen.
»Woher kommt ihr?«
»Wohin haben sie euch verschleppt?«
»In welcher Straße in Warschau haben Sie gewohnt?«
»Ist es wahr, daß sie jedes einzelne Haus verbrannt haben?«
Ich stellte meine eigenen Fragen: »Ist Ihnen eine Familie namens Gorski begegnet? Ein Mädchen mit Namen Maria Lasocka? Nein? Vielleicht haben Sie Zosia Szarbecka getroffen?« Und einen grauhaarigen Polen, der am Straßenrand entlangging, fragte ich: »Wohin gehen Sie?«
»Nach Warschau, gnädige Frau!«
»Aber ich dachte, Polen wäre es verboten, Warschau zu betreten?«
»Nicht mehr. Der Bann wurde aufgehoben, sobald die Deutschen fort waren«, antwortete er mit der Stimme eines gebildeten Mannes. Ich wandte mich an Stella. »Wir gehen nach Warschau!« Und dann lud ich den grauhaarigen Herrn ein, zu uns in den Schlitten zu steigen.
Er stieg neben mir auf, nahm die Zügel aus meiner Hand und sagte: »Gnädige Frau, gestatten Sie?«
Was für ein gutes Gefühl es war, daß meine schwieligen Hände entlastet wurden.
Er schnalzte mit der Zunge, und Sybirek galoppierte los.
»Mein Name ist Lucien Skowron!« sagte er und verbeugte sich vor mir und Stella.
»Ich sehe, daß Sie wissen, wie man mit einem Pferd umgeht.«
»Das tue ich, und Sie haben wirklich ein hübsches kleines Pferd.«

In den Außenbezirken von Warschau versuchte Sybirek, uns über Schotter und Trümmerhalden zu ziehen. Wir stiegen alle aus, um ihm zu helfen, und schoben den Schlitten über die schlimmsten Stellen.
»Ich befürchte, das Vorwärtskommen wird schwieriger werden.« Skowron hielt inne, dann sagte er: »Ich habe nicht weit von hier eine Villa. Was halten Sie davon, wenn wir dorthin gehen und nachsehen, was übriggeblieben ist?«
›Was für ein Optimist‹, dachte ich. Aber da es bald Nacht sein würde, stimmten Stella und ich zu. Wir verließen die Hauptstraße und gingen neben dem Schlitten her, vorbei an den Zäunen der schneebedeckten Gärten. Die meisten der Villen waren ausgebrannt, einige von ihnen waren verschont geblieben, aber noch verlassen.
»Das sieht nicht so gut aus«, sagte Skowron. »Sollen wir weitergehen, oder sollen wir in einem der verlassenen Häuser bleiben?«
»Selbst wenn bloß Ihr Keller übrig ist, würde ich es vorziehen, auf Ihrem Grundstück Zuflucht zu suchen.«
Schweigend setzten wir unseren Weg fort, müde und voller Aufregung.
Plötzlich blieb Skowron stehen und rief mit Jubel in der Stimme: »Jesus, da ist es, Fräulein Szarek! Mein Haus! Es steht noch!«
Der Stuck war von Kugeln durchlöchert, ein Stück des Daches fehlte, Fensterscheiben waren zerschlagen, und die Eingangstür bewegte sich im Wind. Dennoch lachte Skowron vor Freude. Er fiel auf die Knie, bekreuzigte sich, stand auf, lud uns mit einer Verbeugung zum Eintreten ein und sagte wie ein Herzog, der die Gastfreundschaft seines Schlosses anbietet: »Willkommen!«
In dem zugigen Haus fanden wir viele Bücher, ein Klavier, einen Schreibtisch und ein paar Stühle. Skowron ging von Zimmer zu Zimmer und zählte laut die Orient-

teppiche, die Betten, Stühle, Lampen und die anderen Dinge auf, die verschwunden waren. Aber selbst diese Verluste schmälerten sein Glück nicht.

Die ländlich große Küche an der Rückseite des Hauses war unbeschädigt, und einige Fenster hatten sogar noch Scheiben. Stella griff in den Kasten mit Brennholz und entzündete ein Feuer im Ofen. Skowron nahm Sybirek das Geschirr ab, und seine Zuneigung zu meinem Winzling war so groß, daß er ihn durch die Eingangshalle und das Wohnzimmer in einen Raum führte, der früher einmal eine Mädchenkammer gewesen sein mußte. Er suchte ein paar Jutesäcke hervor, die er vor die offenen Fenster nagelte.

Um provisorische Betten für uns zu machen, hob er Türen aus den Angeln und legte sie quer über Stühle und Hocker. Jutesäcke und unsere Mäntel waren unser Bettzeug – eine Verbesserung gegenüber der gewohnten Strohschütte auf dem Boden.

In der Zwischenzeit hatte Stella die wenigen Kartoffeln, die sie gesammelt hatte, auf den Ofen gelegt, und Skowron stellte einige saure Gurken, die er im Keller gefunden hatte, auf den Tisch. Ein richtiges Fest. Das Schicksal war gut zu uns gewesen.

Gleich am nächsten Morgen, während Stella und Skowron auf Nahrungssuche gingen und sich in den Kellern der benachbarten Häuser nach Kartoffeln, Kohl, Eingemachtem und vielleicht sogar Lebensmittelkonserven umschauten, ging ich nach Warschau.

44

Die Stadt war vollständig zerstört. Hier und dort stand noch eine Mauer, die rauchgeschwärzten Fensteröffnungen sahen wie leere Augenhöhlen aus. Kamine, die der Zerstörung widerstanden hatten, streckten sich in den Himmel wie die Arme riesenhafter Leichen.
Mit Hilfe meines Stocks kletterte ich über die Schutthaufen und Sandsackbarrikaden. Hier und da mußte ich mir meinen Weg um umgestürzte Straßenbahnen herum suchen. Die einzigen unbeschädigten Gebäude hatten die Spezialeinheiten beherbergt, die das systematische Niederbrennen der Stadt überwacht hatten.
Gegenüber dem Drei-Kreuze-Platz, wo Rolf erschossen worden war, war die Vorderfront eines fünfstöckigen Gebäudes weggerissen, und ich konnte in die Zimmer schauen, als ob ein Bühnenvorhang hochgezogen worden wäre. Das Kinderzimmer mit seiner Blumentapete, der Wiege und der weißen Kommode mit einem Teddybären darauf ließen in mir den Eindruck entstehen, als ob jeden Augenblick eine Mutter mit einer Babyflasche in der Hand eintreten könne.
Von dem Fotoladen, in dem Rolf seinen letzten Einkauf machte, bevor er ermordet wurde, war keine Spur zu sehen.

Leute stocherten in dem Schutt herum, holten eine Pfanne, ein Brett, einen Nagel, eine nasse Decke hervor. Ein Stück gelbe Pappe auf einem Besenstiel verkündete in handgeschriebenen Buchstaben, daß es ein Restaurant gab, in dem heiße Suppe, heißer Tee und Brot zu haben waren. Ich sammelte alle meine Kräfte und stieg über den Schuttberg dorthin.
In einem Zelt hieß mich die junge Besitzerin willkommen. Ihre Ausstattung bestand aus einem Spirituskocher

und einem großen, dampfenden Topf. Der Vorgeschmack auf einen heißen Teller Suppe und ein Stück Brot machte mir den Mund wäßrig. Nachdem ich den Kocher mit den Goldmünzen verloren hatte, konnte ich nur einige Kleidungsstücke aus dem Koffer im Tausch gegen Lebensmittel anbieten. Ich wagte es immer noch nicht, den Diamanten aus dem Lippenstift zu nehmen. Was konnte ich ihr für eine Mahlzeit geben? Ich setzte mich, um nachzudenken. Dann hatte ich einen Geistesblitz. Ich bot der Besitzerin meine Lederhandschuhe an. Sie freute sich, mich bedienen zu dürfen.
Erfrischt machte ich mich auf den Weg zum Bahnhof, der nach Angaben der Restaurantbesitzerin jetzt das Zentrum der Hauptstadt geworden war. »Die Leute kommen von überallher zuerst dorthin und gehen dann zu ihren Häusern, um zu sehen, ob sie etwas von ihrer Habe finden können. Für diejenigen, die schon in der Stadt wohnten, ist es ein Treffpunkt geworden. Es ist nicht weit von hier«, sagte sie und zeigte mir eine Abkürzung.

Auf Mauerreste und die Seitenwände einiger erhalten gebliebener Straßenbahnen waren Papierzettel geklebt, und auf leere Streichholzschachteln waren mit Tinte, Bleistift oder Lippenstift Namen und Mitteilungen gekritzelt, daß Sowieso lebte, hiergewesen war und unter der angegebenen Anschrift erreicht werden konnte.
Ich brauchte zwei Stunden, um jeden Zettel, jede Streichholzschachtel genau zu betrachten, doch ohne Ergebnis. Ich fand niemanden, den ich kannte.
Um mich herum waren viele Leute auf der Straße. Einige blieben stehen und lasen, wie ich selbst, über die Schultern der anderen hinweg. Plötzlich setzte mein Herz einen Schlag aus. Da war Zosia!
Sie war es ganz unzweifelhaft. Gekleidet war sie in ein Paar Männerhosen, eine dicke karierte Jacke, den wei-

chen Filzhut eines Mannes – offensichtlich war es das, was Warschaus Frauen in diesen Tagen trugen. Ich rief ihren Namen, und sie stieß einen Freudenschrei aus. Im nächsten Augenblick lagen wir einander in den Armen. Schließlich sagte Zosia: »Laß uns von hier weg zu meinem Haus gehen!«
»Steht es noch?«
Sie lächelte pfiffig. »Du wirst schon sehen«, meinte sie.
Ich hätte weder die Szopenastraße noch Zosias Haus erkannt. Wie alle anderen Gebäude war es ein einziger Schutthaufen, der sich an die Ecke zweier Außenwände anlehnte, die noch standen und sich hoch über den Schutt erhoben.
Ungerührt ging Zosia auf dem Weg nach oben voran. Das Fortkommen war gefährlich, denn Schnee bedeckte die losen Bretter. »Ich habe die Stufen selbst gebaut, aber der schmelzende Schnee und der Regen lockern sie immer wieder.«
Erst jetzt merkte ich, daß ich Stufen unter den Füßen hatte. »Gib mir deine Hand!« sagte Zosia. »Das letzte Stück ist steil.« Und sie zog mich auf die Spitze des Schuttberges, von wo aus wir wie von einer großen Terrasse auf die Straße schauten. Hinter uns, in die Ecke zweier Mauern geschmiegt, war eine Hütte. Es war widersinnig zu sehen, daß Zosia einen Schlüssel in die Tür steckte. Ein einziger Tritt, so schien es, würde den ganzen Bau zum Einsturz bringen. Als sie die Tür öffnete, mußte sie sie festhalten, so daß sie nicht aus den Angeln fiel. Sie verbeugte sich feierlich, wie es Skowron getan hatte, und bat mich herein.
Ein Messing-Doppelbett nahm fast den gesamten Raum ein. Bunte Orientteppiche bedeckten die Wände und den Fußboden. Zwei Korbstühle standen zu beiden Seiten einer Holzkiste, die mit einem bestickten Tischtuch aus Madeiraspitze bedeckt war.

Die Zimmerdecke war aus alten Türen gebaut.
Das Zimmer erinnerte mich an das Geheimversteck eines Kindes. Es war bezaubernd. »Ich erinnere mich nicht an dieses Bett und an diese Teppiche«, sagte ich.
»Natürlich nicht. Was uns gehört, ist hier drunter begraben«, sie deutete auf den Fußboden. »Wer weiß, wann wir in der Lage sein werden, es auszubuddeln. Aber wie alle anderen auch sind wir auf ›Szaber‹-Expeditionen gegangen.«
»Szaber?«
»Plündern«, sagte sie. »Bis jetzt sind Waclawa und ich gut zurechtgekommen.«
»Du und Waclawa, ihr seid zusammen?«
»Wir haben uns zusammengetan, um zu überleben. Die Leute in Warschau leben jetzt in Gruppen zusammen.«
»Ich kann es kaum erwarten, sie zu sehen!« rief ich, überglücklich zu hören, daß Waclawa lebte. Mit ihr konnte ich offener über Rolf reden.
»Zur Zeit ist sie auf der Suche nach Lebensmitteln.«
»Hat sie irgend etwas von ihrem Bruder gehört?«
»Nicht ein Wort.«
Ich konnte blauen Himmel durch die Decken-Türen hindurch sehen. »Was ist, wenn es regnet?« fragte ich.
»Wir schlafen unter Regenschirmen und trocknen unser Bettzeug draußen, wenn der Regen aufgehört hat.« Sie lächelte mich an. »Warum ziehst du nicht bei uns ein? Das Bett ist groß genug für drei.«
»Danke schön, Zosia, aber zuerst muß ich mich um ein paar Dinge kümmern. Dazu brauche ich mindestens einige Wochen. Wenn ihr mich dann immer noch haben wollt, nehme ich vielleicht euer Angebot an.« Ich war müde und wollte mich hinsetzen.
»Nicht auf die Stühle!« schrie Zosia. »Waclawa muß sie erst noch reparieren. Sie ist fürs Praktische in diesem Haushalt verantwortlich. Setz dich aufs Bett.«

Bei einem Glas Tee aus einer Thermosflasche erzählte sie mir von der Evakuierung aus Warschau in das Übergangslager Pruszkow, von dort aus in das Dorf Skiernice. Sie erzählte mir von ihrer Arbeit auf einem Bauernhof. Dann sprach sie von Maria.
Maria hatte Nachricht von ihrem Bruder erhalten, den Rolf einst aus dem Gefängnis befreien konnte, wohin er von den Deutschen wegen Verletzung irgendwelcher Postvorschriften geschickt worden war. Ihr wurde mitgeteilt, daß er jetzt vom polnischen Untergrund festgehalten würde, weil man ihn beschuldigte, den Deutschen durch geheime Zeichen die schwachen Stellen im Verteidigungssystem der Stadt verraten zu haben.
Maria hatte angenommen, daß das Bekenntnis, daß ihr Bruder Jude war, ihn automatisch von jedem Verdacht reinigen würde. Sie irrte sich. Der polnische Untergrund durchsuchte sie, fand tausend amerikanische Dollar bei ihr und hielt sie genauso fest wie ihren Bruder.
Zosia, die für Marias Patriotismus bürgen wollte, wurde Haft angedroht, wenn sie sich nicht um ihre eigenen Angelegenheiten kümmere.
Maria Losocka und ihr Bruder wurden als deutsche Spione erschossen.

Maria hatte von ihrem Gehalt beim Vinetta tausend Dollar gespart, damit sie, wenn der Krieg endlich zu Ende war, ein gebrauchtes Klavier und einige hübsche Kleider kaufen könne, um dann ›die Welt zu erobern‹. Statt dessen hatte ihr mühsam Erspartes ihr den Tod gebracht. Und ich war daran beteiligt.
Einen Tag vor dem Aufstand hatte sie eine ihrer sarkastischen Bemerkungen gemacht: »Wenn der Krieg noch ein bißchen länger dauert, werde ich mein Ziel erreichen.« Ihr Ziel war es, genau tausend Dollar zu haben. Es fehlten ihr zweiundfünfzig.

Aus einem Impuls heraus gab ich ihr zweiundfünfzig Dollar. Dann sagte ich: »Jetzt gibt es nichts mehr, was verhindert, daß der Krieg zu Ende geht.«
In einem ihrer seltenen Gefühlsausbrüche schlang sie die Arme um mich, und wir lachten beide glücklich. Der Aufstand gegen die Deutschen stand unmittelbar bevor, und wir glaubten, daß die polnische Exilregierung in allernächster Zukunft aus England eintreffen würde. Und vor allem, wir lebten. Es gab Grund genug, zu lachen und großzügig zu sein.

Aber anstatt hübsche Kleider zu tragen und ›die Welt zu erobern‹, war Maria tot. Einmal in ihrem Leben war sie bereit gewesen, etwas für jemand anderen zu tun, und jetzt war sie tot.
In gewisser Weise beneidete ich sie.
»Zosia, glaubst du, daß Marias Bruder ein Spion war?«
»Bist du verrückt? Er war Jude, aber kein Spion. Das eine schließt wohl das andere aus. Das Geld war schuld. Und ich glaube, es war nicht der Untergrund, ich glaube, daß in dieser schrecklich verworrenen Situation ein paar Gangster die Kontrolle übernommen haben. Bislang war es mir unmöglich festzustellen, wer es war, aber warte nur, bis ich diesen Bastard von Ermittler finde.«

Am folgenden Morgen ging ich trotz Stellas Vorhaltungen, daß meine Erkältung schlimmer geworden sei, erneut nach Warschau. Ich las die Namen auf den Zetteln, die an die zerbröckelnden Wände geklebt waren, und schaute prüfend die Gesichter der Menschen auf der Straße an.
»Wer sind diese Skelette in den gestreiften Schlafanzügen?« fragte ich die Restaurantbesitzerin, die damit beschäftigt war, auf ihrem Spirituskocher *Bigos* zu kochen, ein polnisches Gericht, das aus eingelegtem

Kohl, frischem Kohl, getrockneten Pilzen, Knochen, Fleisch, Gemüse und Resten zubereitet wird.
»Jüdische Überlebende aus den Todeslagern.«
Ich lief zu zweien dieser lebenden Geister. »Haben Sie Lejzor Brand gesehen?« fragte ich. Und dann wunderte ich mich über mich selbst. In meinen wildesten Träumen konnte ich mir meinen Vater nicht ohne chassidisches Gewand vorstellen und ihn mit Skeletten in solch einer Aufmachung in Verbindung bringen.
Sie schüttelten verneinend die Köpfe.
Drei weitere Überlebende der Todeslager schlurften vorbei. Ich fragte: »Kennen Sie zufällig einen Lejzor Brand? – einen Rechtsanwalt Rathauser? – einen Julius Fischer? – einen Hersch Halbertal?«
Hohle Augen starrten mich an. Ein Kopf, der einem Totenschädel glich, wurde verneinend geschüttelt.
Ich war nicht sicher, ob er mich verstand.
Ich fragte andere. Ich fragte und fragte und fragte.
Aber erst, als ich einen von ihnen zu einem Teller Suppe einlud, begann ich, die Wahrheit zu ahnen. Ein Augenzeuge erzählte mir, was sich in Majdanek, in Treblinka, in Auschwitz und in Dachau ereignet hatte. Jetzt wurde mir klar, daß all die schrecklichen Nachrichten in den Untergrund-Zeitungen und all die unglaublichen Gerüchte wahr gewesen waren. Jetzt ging mir Marias makabrer Scherz über Kowalskis Verwandlung in Lavendelseife in all seiner Furchtbarkeit auf.
»Sie sind alle tot, alle sind tot . . .«, sagte der Überlebende, während er ein kleines Stück Fleisch aus der Suppe aß.
Auch mein Vater? Perele, Fischer, Mark?
Aber es gab Überlebende. Vielleicht suchte mein Vater gerade in diesem Augenblick irgendwo auf den Straßen von Warschau nach mir.
Und mein Kind –?

Meine Augen blickten prüfend in das Gesicht jeden Kindes. Ich schaute nach der Farbe des Haares, dem Gang, dem Ausdruck. Ich hielt viele von ihnen an und erschreckte sie mit meinen Fragen. Ich fragte einen dürren kleinen Burschen: »Bist du sicher, daß du nicht Bruno genannt wurdest, vor langer Zeit, als du klein warst?«
Mein Beobachtungsposten war vor einem Trödlerladen an der belebtesten Ecke in der Nähe des Bahnhofs. Die Ladenbesitzerin, eine ältere Frau, kam heraus, um mich wegzujagen, weil ich, wie sie sagte, die Aussicht auf ihr Schaufenster versperrte. Mit Tränen in den Augen versuchte ich, ihr verständlich zu machen, warum ich meinen Posten nicht verlassen konnte. Sie zuckte mit den Achseln und ließ mich, wo ich war.
Ein kleiner Junge ging vorbei und murmelte: »Zwei Schachteln Streichhölzer – zwei Schachteln Streichhölzer – zwei –«
»Wie heißt du?« fragte ich. »Heißt du Bruno?«
Er starrte mich an.
»Hast du ein Muttermal auf deiner linken Schulter?«
Er rannte davon.
Ich sank auf den Bordstein nieder. Ich fühlte mich völlig erschöpft und begann zu weinen.
Die Ladenbesitzerin half mir auf und brachte mich in den Laden. »Sie haben Fieber«, sagte sie. Sie goß mir ein Glas Tee ein, gab mir ein Stück Zucker und sagte: »Wo in Warschau haben Sie denn den Jungen gelassen?«
»Ich habe ihn in Zloczow gelassen ... Bei einer polnischen Familie ...«
»In Zloczow? Sie warf mir einen seltsamen Blick zu. »Gehen Sie nach Hause, meine Liebe, gehen Sie nach Hause. Ihrem Kind geht es gut ... Weinen Sie nicht, es geht ihm gut, ich versichere es Ihnen.«

45

In dieser Nacht konnte ich nicht aufhören zu husten. Als Stella mich am Morgen anschaute, sagte sie, ich sähe aus, als ob ich Fieber hätte. Ich solle mich sofort nach Konstancin aufmachen, wo ich möglicherweise einen Arzt fände. Ich wußte, daß sie recht hatte, aber ich hatte Angst, mich vielleicht mit einem weiteren Verlust abfinden zu müssen. Gleichgültig, an was ich dachte, immer war da die Frage: Hatte Frania den deutschen Rückzug und den russischen Angriff überlebt? Ich sagte Stella, ich müsse meine Reise nach Konstancin verschieben. Bevor ich Warschau verließ, mußte ich Rolfs Grab besuchen.

Der deutsche Friedhof war, wie ich feststellte, jetzt von Russen bewacht, und ich wagte nicht zuzugeben, daß ich gekommen war, um das Grab eines Deutschen zu besuchen.

Ich tat so, als hätte ich mich verirrt. Sie wiesen mir die Richtung zum polnischen Friedhof, und da sie mir nachschauten, mußte ich in die Richtung gehen, die sie mir gezeigt hatten.

Ich schloß mich einer Gruppe Trauernder an, die um ein frisches Grab stand.

Und dort, am Grab eines Fremden, trauerte ich um meine Liebe.

46

Auf dem Weg vom Friedhof schüttelten mich Hustenanfälle. Mir war abwechselnd heiß und kalt, und ich hatte offensichtlich Fieber. Ich fragte mich, ob ich genug Kraft haben würde, Skowrons Villa zu erreichen.

Der Fahrer half mir bis zur Eingangstür. Stella führte mich ohne ein Wort zu einem Stuhl am Ofen. Sie zog meine Stiefel aus und trocknete meine Füße mit einem Stück Sackleinwand. Dann reichte sie mir ein Glas Wodka und sagte: »Trink alles auf einmal!«

»Frania, ich brauche dich!« sagte ich.

»Ich bin nicht Frania, ich bin Stella.« Ich hörte ihre besorgte Stimme wie aus weiter Entfernung. »Bleib, wo du bist, Cecylia, bis wir fertig zur Abreise sind. Heute abend bist du in Konstancin. Ich verspreche es dir.«

Mir war undeutlich bewußt, daß sie hin und her rannte, Skowron rief, Andrzej rief, Rex rief.

Das nächste, was ich merkte, war, daß ich auf einem Strohhaufen auf dem Schlitten lag. Skowron saß auf dem Fahrersitz. Oder war es Kuntze? »Leutnant, bitte, nicht so schnell, wir fahren gegen den Baum!«

Waren Minuten oder Stunden vergangen, als ich fühlte, wie Stella mich aufrichtete? Zu verstehen, was sie wollte, erforderte mehr Kraft, als ich aufbringen konnte.

»Cecylia, meine Liebe, ist dies das Haus?«

»Das Haus . . .« Ich zog meine Fäustlinge aus, rieb mir die Augen und sah als erstes Antonys Torhaus und Franias Gesicht hinter dem Fenster.

»Lieber Gott, laß es kein Traum sein«, betete ich.

Ich stolperte vom Schlitten. Als meine Füße den Boden berührten, war Frania da, und sie und ich, wir lagen einander in den Armen.

47

Einige Wochen später erzählte mir ein jüdischer Überlebender aus Zloczow, daß Mark, Bruno und Marks Familie unter den ersten gewesen waren, die deportiert wurden.

Ich reiste von einem Ende des Landes zum anderen, aber ich fand keine Spur von ihnen.

Ich war von der Lungenentzündung genesen, hatte endlich meinen Stock weggeworfen und arbeitete nun für die Landwirtschaftsabteilung im Industrieministerium, das von Minister Minc geleitet wurde.

Auf eigenes Verlangen wurde ich einer Delegation zugeteilt, die nach Stettin reiste. Unser Auftrag: Inventur bei deutschen Geschäften und Fabriken zu machen, die von der polnischen Regierung zurückverlangt wurden.

Die Delegation, die aus drei Männer und mir bestand, war mit Vollmachten ausgerüstet, die uns alle Türen öffneten. Wir wurden im besten Hotel von Stettin einquartiert, und wir waren zu unserem eigenen Schutz bewaffnet.

Das Letztgenannte war der Grund, warum ich mich freiwillig für diese Aufgabe gemeldet hatte.

Zu dieser Zeit, nur sechs Wochen nach dem deutschen Rückzug, herrschte in Stettin noch immer das totale Chaos.

Im Gegensatz zu der gesitteten Weise, in der die siegreiche russische Armee die Gebiete durchquerte, die von Polen und Ukrainern bewohnt wurden, trieben sich die Soldaten in Stettin, einer von Deutschen bewohnten Stadt, in den Straßen herum, belästigten deutsche Staatsangehörige und taten, was sie wollten. Gewalt war an der Tagesordnung. Ich erinnerte mich an ihr diszipliniertes Benehmen, als sie Czuchow eingenommen hatten, wie sie mich aus Wojteks Klauen befreiten. Es fiel mir schwer, mir vorzustellen, daß dieselben Männer in Stettin plünderten, vergewaltigten und mordeten. Auf den Straßen und in Wohnungen wurden Leichen gefunden, und nach ein paar einleitenden Ermittlungen der provisorischen Stadtverwaltung folgte keine weitere Untersuchung.

Fünfzig Deutsche wurden uns täglich zur Hilfe bei der Aufnahme des Inventars zugeteilt. Sie bekamen einen geringen Lohn und hatten keinerlei Schutz.

Endlich sah ich die Möglichkeit, meinen Schwur, acht Deutsche zu töten, wahrzumachen.

Obgleich meine Kollegen viel weniger Grund hatten als ich, die Deutschen zu hassen, hatten sie doch genug Schweres durchgemacht, um nicht zu protestieren, wenn Rache geübt wurde. Und ich war immer noch Cecylia Szarek, eine Polin, eine der ihren. Bei ihnen ging ich kein Risiko ein, selbst wenn sie mich auf frischer Tat ertappten.

Ich machte einen Plan nach dem anderen, wie ich die Sache angehen wollte, aber keiner war durchführbar.

Eines Morgens erschien eine junge deutsche Frau, die uns zugeteilt worden war, mit ihrer siebenjährigen Tochter und erklärte, sie hätte niemanden, bei dem sie das Kind lassen könnte. Sie bat darum, sie von der Arbeit zu entschuldigen, aber das wurde ihr verweigert.

Das Haar des Mädchens war zu zwei schmutzigen Zöpfen gebunden. Von Zeit zu Zeit hob es den Saum seines Kleides, um sich die laufende Nase abzuwischen. Die Tatsachen bewiesen etwas ganz anderes, dachte ich, als die angebliche fanatische Sauberkeit der Deutschen. Mit einem Mal wurde der Anflug von Mitleid mit dem Kind von einer Welle des Abscheus weggewischt.

»Sei brav, Anni!« sagte ihre Mutter und ging nach oben. Anni begann, in dem großen Lagerhaus hin und her zu rennen. Sie kletterte auf Kisten, lief die Stufen in den Keller hinunter, öffnete Bürotüren und warf sie laut krachend zu, lachte und kreischte, als wäre sie auf dem Spielplatz. Sie wurde mehr als einmal gescholten, aber das änderte nichts.

Viele der landwirtschaftlichen Maschinen waren im Untergeschoß gelagert, das von tunnelartigen Gängen durchzogen war. Irgendwann wurde mir klar, daß Anni schon seit ziemlich langer Zeit dort unten war.

Der Schatten eines Gedankens begann in einer dunklen Ecke meines Gemüts zu wachsen, aber ich verbannte ihn und machte mich wieder an die Arbeit. Der Schatten tauchte wieder auf. Das Kind wäre ein Anfang.

Ich begann, darüber nachzudenken.

Ihr Kind für mein Kind. Ihr Schmerz für meinen Schmerz. Ich mußte mich entscheiden.

Mein Herz hämmerte, während ich langsam die Stufen ins Untergeschoß hinabstieg. Meine Augen brauchten einige Zeit, um sich an das trübe Licht zu gewöhnen, das von einer einzelnen Glühbirne kam, die von der Decke herabhing.

»Anni!« rief ich, und am Echo hörte ich, daß meine Stimme zitterte.

Anni tauchte auf und verschwand wieder. Dann hörte ich sie dumm kichern.

»Anni, komm hierher!« Meine dünne schrille Stimme, deren Worte von dem hallenden Echo wiederholt wurden, muß sie erschreckt haben, denn sie blieb stehen und kam hinter einer großen Kiste hervor und stand mir mit ernstem Gesicht gegenüber.

»Ich habe dir gesagt, du sollst hierher kommen! Hierher!« Ich zeigte auf den Zementfußboden direkt vor mir.

Anni ging langsam ein paar Schritte in meine Richtung und blieb in ungefähr drei Metern Entfernung stehen, direkt vor einer Mähmaschine.

»Hast du Brüder oder Schwestern?« fragte ich.

»Nein.«

»Wo ist dein Vater?«
»Ich weiß nicht.«
»Anni, hör auf, in der Nase zu bohren!«
Ich hätte kein passenderes Opfer aussuchen können.
Meine Stimme, die nicht länger zitterte, wurde zu der des Offiziers, der Bruno befahl, sich auszuziehen, bevor er vergast wurde.
Ich sah mein blasses, zarthäutiges Kind, seine runden blauen Augen waren bestürzt, als er dem Nazi-Befehl gehorchte. Ich sah ihn jetzt nackt, und ich sah, wie er schnell das Muttermal auf seiner linken Schulter bedeckte.
Und das war der Augenblick, als meine Hand in meine Tasche griff und nach dem Revolver faßte. Meine Finger umschlossen das kalte Metall, und ich hörte, wie mein Vater sagte: ›Du hast mir versprochen, einen Tempel zu meinem Gedächtnis zu bauen. Ist dies der Eckstein?‹
›Vater, dies tue ich für dich‹, antwortete ich. Aber warum schaute er mich so grimmig an? Warum begann er, mir den Rücken zu drehen? ›Vater, ich tue es für deine Perele und für deinen einzigen Sohn und für seine kleine Lisa und für deine beiden Töchter. Ich sage dir etwas, Vater, ich töte nur diese eine, Vater. Nur diese eine. Ich verspreche es.‹
Ich fühlte den Sicherungsriegel an meiner Handfläche.
»Anni, um Gottes willen, steh still!« schrie ich.
Aber sie hatte sich nicht bewegt. Sie stand wie ein Stein und starrte mich mit ihren großen blauen Augen an.
»Anni, steh still, du dreckiges Balg. Nein, komm her, du Ungeziefer. Komm her!«
Das Kind machte zwei weitere Schritte nach vorn. Jetzt war sie ein perfektes Ziel.
Als ich das Klicken der Waffe hörte, die nun schußbereit war, begann ich, ihre Mutter zu beschimpfen, ihren Vater, ihre mörderischen Landsleute. »Komm hierher!« schrie ich, so laut ich konnte.
Plötzlich eilte sie herbei, blieb direkt vor mir stehen und

winselte immer wieder: »Mutti, ich will meine Mutti . . .«
»Halt den Mund, du Bestie! Das bist du, eine Bestie, von Bestien geboren und aufgezogen!«
Unerklärlicherweise hatten meine Finger ihren Halt um die Waffe gelockert. Ich versuchte, fester zuzupacken, aber die Waffe rutschte mit ihrem schlaffen, feuchten Griff auf den Grund meiner Tasche. Meine Hand fühlte das glatte Einwickelpapier eines Schokoladenriegels. Wie von einem eigenen Willen gelenkt, ergriff sie den Riegel, zog ihn heraus und warf ihn Anni zu.
Sie sprang hoch, um ihn mit ihrer schmutzigen kleinen Pfote zu fangen. Dann rannte sie an mir vorbei und begann, die Treppe hinaufzulaufen. Sie heulte.
Ich mußte endlich zugeben, daß ich nicht fähig war, meinen Schwur zu erfüllen. Als ich das wußte, stand meiner Emigration nichts mehr im Wege.

48

Die Amerikaner nennen diese Art von Wetter *Indian Summer* – Indianersommer«, sagte einer, der wie ich emigrierte, als wir an Bord der ›Ernie Pyle‹ vor dem Hafen von New York am Schreibtisch der Immigrationsbehörde der Vereinigten Staaten Schlange standen.
Da ich in Wien geboren war, fiel ich unter die österreichische Quote. Deshalb befragte mich der Beamte, als ich an die Reihe kam auf deutsch.
Er stellte mir so viele Fragen, daß mir bald klar wurde, daß etwas nicht in Ordnung war. Dann verstand ich, daß er mir unterstellte, ich sei eine Deutsche, die versuchte, sich illegal ins Land einzuschleichen.

Ich begann, mit einem Vertreter des Amerikanischen Vereinigten Hilfskomitees Jiddisch zu sprechen und zählte einige jüdische Feiertage auf, aber immer noch erhielt ich nicht die wichtige Plakette, die alle vor mir schon an ihre Jacke geheftet hatten.
Wenn es nicht so wichtig gewesen wäre, hätte ich gelacht. Meine Situation war bizarr, das war das mindeste, was man von ihr sagen konnte.
Mit meinem Taschentuch tupfte ich mir die Schweißtropfen vom Gesicht und dachte angestrengt darüber nach, welche Argumente ich benutzen konnte, um nachzuweisen, daß ich Jüdin war.
Ein Wort kam mir in den Sinn, das im Warschauer Ghetto einundzwanzig Juden vor der Deportation gerettet hatte.
»A wade – selbstverständlich«, sagte ich mit besonderer Betonung, während ich den Vertreter des Vereinigten Hilfskomitees direkt anschaute. Lächelnd zwinkerte er mir zu, indem er für eine Sekunde ein Auge schloß. Dann drehte er sich zu dem Einwanderungsbeamten um und sagte etwas auf englisch zu ihm, das ich nicht verstand. Schließlich bekam ich meine Plakette, heftete sie schnell an meine Bluse, hob meinen Koffer auf und ging zum Ausgang. Dort blieb ich stehen, nicht in der Lage, mich zum Verlassen des Schiffes zu zwingen. Ich setzte mich auf meinen Koffer. Neuankömmlinge wurden von Verwandten und Freunden begrüßt. Ich hörte, wie Namen gerufen wurden, und ich sah freudige Umarmungen. Ich hatte niemanden hier.
Ich hatte kein Geld. Ich sprach kein Wort Englisch.
Ich hatte Angst.
Durch meine tränenfeuchten Augen sah ich, wie sich der junge Mann vom Vereinigten Hilfskomitee näherte. Ich schaute zu ihm hoch, als er mich auf Jiddisch fragte: »Wie ist doch gleich Ihr Name?«

»Mein richtiger Name oder mein angenommener Name?«
»Haben Sie keine Angst! Ihr richtiger Name natürlich!«
Ich holte tief Luft. »Roma Brand!« sagte ich. Zum ersten Mal nach vielen Jahren der Lüge sprach ich *meinen* Namen klar und deutlich aus.
»Also, Roma«, sagte der Mann, »warum gehen Sie nicht an Land?«
»Ich weiß nicht, wohin ich gehen soll, ich habe hier niemanden.«
Er lächelte mich an. »Sie haben uns alle«, sagte er sanft. Dann griff er nach meiner Hand und zog mich hoch.
Er hielt mich weiterhin fest, hob meinen Koffer mit der anderen Hand auf und führte mich zur Gangway. An der Seite dieses jungen Mannes betrat ich amerikanischen Boden.

Epilog

Für mich ist mein Kind lebendig geblieben. Es ist bei mir, wann immer ich es will. Schließe ich meine Augen nur für einen Augenblick, so bringt mir das meinen Sohn zurück, er zieht an meinem Rock und stellt mir die endlosen Fragen, die er mir vor Jahren stellte. Manchmal sehe ich ihn, wie er Fahrrad fährt, manchmal klettert er auf Sybireks Rücken. Sybirek trottet daher, und Bruno, der leuchtende blaue Augen hat und wilde Schreie ausstößt, ermutigt ihn, schneller und immer schneller zu galoppieren. Er beugt sich vor und preßt sein blasses Gesicht in Sybireks fliegender Mähne. Ein anderes Mal plätschert er im Wasser seiner Zinkbadewanne und reibt seine Nase gegen meine, wenn er sieht, wie ich ihm zuschaue und ihn anlächle. Dann gibt es Zeiten, in denen er sich neben mir im Bett zusammenrollt, und ich lasse ihn so lange dort liegen, wie er will. Jetzt schimpfe ich nie mehr mit Bruno, das ist vorbei.

»Bruno, du bist das einzige Kind, das ich je hatte«, flüstere ich leidenschaftlich dem kleinen Jungen zu, den nur ich sehen kann. »Nichts mehr kann uns trennen!«

Andrea De Carlo im Diogenes Verlag

»Jugend ist vieles, auch eine besondere Schärfe des Blicks, die eine nahezu unendliche Anzahl von Nuancen wahrnimmt, ist eine Unersättlichkeit der Augen, die das Schauspiel der farbigen Welt – wie durch ein Teleobjektiv vergrößert – aufnehmen und in winzigen Fotogrammen im Gedächtnis speichern. Wenn Andrea De Carlo schreibt, scheint er die Kamera durch die Feder ersetzen zu wollen, und sein Stil, weit entfernt von jedem literarischen Vorbild, erinnert an die Bilder der Maler des amerikanischen ›Fotorealismus‹.«
Italo Calvino

»Andrea De Carlo hat sich mit Geschichten über Hoffnungen seiner Generation, die Folgen der rasanten Industrialisierung und die Schattenseiten des haltlosen Hedonismus ein großes Publikum erschrieben.«
Maike Albath / Neue Zürcher Zeitung

Vögel in Käfigen und Volieren
Roman. Aus dem Italienischen von Burkhart Kroeber

Creamtrain
Roman. Deutsch von Burkhart Kroeber

Macno
Roman. Deutsch von Renate Heimbucher

Yucatan
Roman. Deutsch von Jürgen Bauer

Techniken der Verführung
Roman. Deutsch von Renate Heimbucher

Zwei von zwei
Roman. Deutsch von Renate Heimbucher

Arcodamore
Roman. Deutsch von Renate Heimbucher

Guru
Roman. Deutsch von Renate Heimbucher (vormals: *Uto*)

Wir drei
Roman. Deutsch von Renate Heimbucher

Wenn der Wind dreht
Roman. Deutsch von Monika Lustig

Das Meer der Wahrheit
Roman. Deutsch von Maja Pflug

Als Durante kam
Roman. Deutsch von Maja Pflug

Sie und er
Roman. Deutsch von Maja Pflug